Enrico Baccarini

India

la Civiltà Perduta

Alla scoperta del diluvio universale,
tra India, Pakistan, Sri Lanka e Maldive

Introduzione

La storia indiana è carica di fascino e leggende millenarie, tradizioni e storie, che affondano le loro radici nell'alba stessa della civiltà umana. Tra tutte, una in particolare ha attirato la nostra attenzione ovvero il mito che narra di un antichissimo cataclisma, cui sarebbe seguito un Diluvio che avrebbe distrutto interamente una civiltà precedente alla nostra. Quasi tutte le grandi culture del nostro pianeta possiedono un mito di tale catastrofe; a oggi sono stati identificati non meno di 650 tradizioni che parlano di un evento cataclismatico di proporzioni epocali che distrusse la civiltà umana in un remoto passato[1]. Ne è un esempio lo studio di Wim van Binsbergen[2], pubblicato nel 2010, che ha permesso di creare una mappa aggiornata di queste tradizioni e della loro distribuzione globale.

Sulle tracce di questi miti, e avvalendoci delle più recenti scoperte scientifiche e archeologiche, abbiamo tentato di capire e analizzare se anche le "tradizioni" del subcontinente indiano possedessero un fondamento concreto e reale, scoprendo inaspettatamente come non solo i loro testi più sacri raccontino la medesima storia ma ancor più come numerose scoperte

---

[1] M. Isaak, *Flood Stories from around the World*, 1997 – www.talkorigins.org/faqs/floodmyths.html

[2] W. van Binsbergen, *The heroes in Flood myths worldwide, Seeking to capture prehistoric modes of thought by means of quantitative contents analysis*, paper prepared for the 4th Annual Meeting, International Association for Comparative Mythology, Department of Sanskrit and Asian Studies, Harvard University, Cambridge (ma), usa, 8-9 October 2010.

archeologiche e scientifiche compiute negli ultimi due decenni abbiano dato valore e sussistenza a questa realtà.

Il nostro è stato un viaggio di riscoperta, in cui realtà storica e leggenda sembrano essersi fusi in un'unica verità, un percorso da cui sono emersi indizi concreti sulla nostra storia tali da portarci necessariamente a doverla riscrivere.

I dati oggi a nostra disposizione indicano l'esistenza di almeno una civiltà altamente tecnologica e avanzata, precedente alla nostra, che fu distrutta da un evento definito "Diluvio Universale", il *Pralaya* indiano. I superstiti di quell'antica civiltà lasciarono, almeno in India, chiare tracce del loro retaggio immettendo parte del loro sapere in quei testi che sarebbero diventati i libri più sacri dell'induismo.

Attraverso numerosi viaggi, ricerche sul campo e contatti diretti con diversi studiosi universitari è stato instaurato un confronto costruttivo nel tentativo di comprendere la più remota storia di questo paese.

Siamo i superstiti di una civiltà precedente e le tradizioni di tutto il pianeta raccontano la verità sulle nostre origini? Una domanda alla quale è difficile rispondere ma attraverso queste pagine cercheremo di ricostruire i tasselli di una storia dimenticata, analizzando tradizioni e linee sapienziali che sembrano aver conservato frammenti di questi eventi.

Capitolo I - La Genesi

Vittime di una visione stereotipata, troppo comune all'Occidente, abbiamo spesso considerato l'India come una terra patria di sognatori e di mistici, versata unicamente alla trascendenza e al divino. Tale visione non risulta però del tutto adeguata e conforme ai sublimi trionfi architettonici, ingegneristici, tecnologici e scientifici, raggiunti soprattutto nel passato da questo popolo.

Se il lato spirituale di questa civiltà costituisce la sua faccia più profonda e nota, l'anima stessa di questo paese, le opere sopravvissute fino ai giorni nostri dal suo remoto passato, si presentano come testimonianze silenziose che hanno sfidato le ingiurie del tempo, retaggio di una civiltà che raggiunse – anche nel campo della tecnica e della scienza – vette ineguagliate.

Tali conquiste presuppongono tuttavia una raffinata quanto incessante ricerca scientifica, tecnologica e sperimentale che, solo in rari casi, è però riemersa dal silenzio in cui era caduta.

Le transizioni tra la religiosità vedica e quella induista, la nascita del buddismo e la proliferazione del giainismo, le invasioni islamiche e il colonialismo britannico, hanno in parte cancellato questo patrimonio o, quantomeno, lo hanno costretto a una clandestinità forzata.

Attraverso la *Sruti*, la conoscenza tramandata oralmente, questa sapienza si è preservata fino ai nostri giorni riemergendo nella sua grandezza e profondità solo grazie alla consapevole accortezza dei suoi custodi.

L'India è considerata da sempre messaggera e apportatrice di una cultura eterna definita *Sanatana dharma,* una dottrina preservatasi dalle contaminazioni, codificata e messa in forma scritta solo in tempi moderni.

Tali opere possiedono una collocazione storica del tutto anomala, una datazione che ci viene fornita dagli stessi resoconti induisti, epici o sacri, in cui furono descritte accuratamente le disposizioni degli astri in corrispondenza degli specifici eventi narrati. La ricerca archeo-astronomica compiuta su tali opere ha, infatti, fornito risultati sbalorditivi laddove vennero descritte con estrema precisione eclissi, fenomeni astronomici o disposizioni di costellazioni osservabili unicamente in epoche come l'8.000 a.C.

Come è possibile conciliare queste date con una storia ufficiale in cui si afferma che l'uomo avesse appena imparato i rudimenti dell'agricoltura e della tecnica e vivesse ancora nell'età della pietra? I dati forniti sono talmente accurati da aver richiesto per la loro formulazione strumenti indubbiamente precisi ma, ufficialmente, del tutto inesistenti in tali epoche, e in molte di quelle successive. La trasmissione sapienziale indiana avvenne per svariati millenni solo per via orale, come nel caso a noi più vicino dei druidi celtici. Solo in tempi storici molto più recenti questa conoscenza fu trasferita su supporti scritti. C'è infine da aggiungere che, storicamente, la civiltà indiana è indubbiamente anteriore al 3.000 a.C. in quanto i siti di Harappa e Mohenjo Daro testimoniano la fioritura finale di una civiltà molto più antica, iniziata almeno con gli insediamenti di Mehrgarh, tra il 7.500 e l'8.000 a.C.

La nascita dell'agricoltura

In una lacuna estremamente ampia e ancora oggi persistente di dati, sappiamo dagli studi compiuti fin dalla più tenera età come dopo il Paleolitico, ovvero l'età della pietra caratterizzata dal nomadismo e da gruppi di cacciatori e raccoglitori, si fosse sviluppato il cosiddetto periodo Neolitico con la nascita dell'agricoltura e dell'allevamento, ciò in funzione dello stanziamento sedentario di popoli precedentemente ritenuti nomadi.

Una *consecutio* logica che non sembra fare una piega, ma domande ancor più banali sembrano ancora oggi non aver trovato una risposta. Come è possibile che agricoltura e allevamento si siano sviluppate dal nulla? Come è possibile che questi eventi si siano verificati nello stesso periodo storico e quasi in contemporanea in tutto il pianeta? Dall'estremo Oriente alle regioni più estreme del Sud America si assiste allo sviluppo di "arti" che avrebbero cambiato il corso stesso della storia e dell'evoluzione umana. Gli studiosi sono quasi tutti concordi nell'affermare che 12.500 anni fa si sviluppò prima l'agricoltura e solo in un secondo momento l'allevamento. Altrettanto sicuri sono sul fatto che entrambe provengano dal Vicino Oriente e che quasi in maniera concomitante si svilupparono in Europa e in India. Il dato incredibile è che la domesticazione di piante e animali indigeni sarebbe avvenuta spontaneamente e quasi contemporaneamente. Come ci ricorda J. Diamond nella sua opera *Armi, acciaio e malattie*:

«In breve, l'agricoltura e l'allevamento comparvero in modo spontaneo in poche aree del pianeta, con tempi assai diversi, e si diffusero da questi nuclei originari in due modi: tramite l'apprendimento delle tecniche da parte dei popoli confinanti, o con l'invasione da parte dei primi agricoltori. [...] In alcune aree in cui le condizioni climatiche erano favorevoli, tuttavia, l'agricoltura non nacque mai spontaneamente, né fu portata in tempi preistorici, e l'uomo vi continuò a vivere per millenni come cacciatore e raccoglitore fino a quando non venne in collisione con il mondo moderno. Possiamo ben vedere che, senza un qualche intervento, l'uomo avrebbe comunque continuato a praticare le sue attività di caccia e raccoglimento. Quindi: cosa o chi ha permesso all'uomo in alcune zone del globo di "evolversi" e iniziare così a praticare agricoltura e allevamento? Questo è un problema che rimane ancora oggi aperto nello studio della preistoria».

Non esiste una risposta ma sicuramente possiamo proporre delle ipotesi avvalendoci degli strumenti e dei dati a nostra disposizione. Anzitutto il vero nome di quella che abbiamo definito con il termine di rivoluzione agricola è in realtà la *rivoluzione neolitica*. Si tratta della prima delle rivoluzioni agricole, note, che si siano succedute nella storia dell'umanità.

Ebbe luogo in periodi diversi della storia recente umana e in varie aree del mondo e portò alla transizione da un'economia di sussistenza, basata sulla caccia e la raccolta, all'addomesticazione di animali e alla coltivazione di piante.

Le più antiche evidenze archeologiche di questa transizione sono riscontrabili nel Vicino Oriente (nell'area della Mezzaluna Fertile) e risalgono al X millennio a.C. circa[3].

La definizione fu introdotta negli anni '20 del XX secolo da Vere Gordon Childe[4] ma la prima vera teorizzazione è possibile farla risalire al botanico e genetista russo Nikolaj Ivanovič Vavilov (18871943).

Antesignano degli studi sulla biodiversità, come obiettivo principale di tutta la sua ricerca ebbe l'individuazione delle zone di origine delle principali piante alimentari coltivate e delle specie primitive dalle quali derivarono[5]. Ebbe modo di effettuare una lunga serie di spedizioni in Medio ed Estremo Oriente, in America Settentrionale e nel Centro e Sud America durante le quali raccolse un enorme quantitativo di sementi, pari a 50.000 piante da coltivazione[6].

Dagli studi che negli anni successivi effettuò sul materiale raccolto[7] ebbe modo di classificare i luoghi di origine e la

---

[3] A. K. Gupra, *Origin of Agriculture and Domestication of Plants and Animals Linked to Early Holocene Climate Amelioration*, Current Science, vol. 87, n. 1, 10 luglio 2004.

[4] V. Gordon Childe, *The Dawn of European Civilization*, Routledge & Kegan Paul Ltd, 1925 Londra, con edizioni successive, la sesta e ultima delle quali nel 1957, anno della morte dell'autore; tradotto in italiano come *Preistoria della società europea*, Sansoni editore, 1979 Firenze, traduzione di J. P. le Divelec).

[5] V. N. Ivanovič in *Enciclopedia Italiana*, II Appendice, Treccani, 1949 Roma.

[6] Vavilov, tra il 1920 e il 1930, attuò un piano di "esplorazione mondiale" nel corso del quale, con oltre cento viaggi al suo attivo in 64 paesi, mise insieme una enorme collezione costituita da più di 50.000 varietà di piante selvatiche e da 31.000 campioni di grano che furono conservati in un enorme bunker costruito sotto l'Istituto, a San Pietroburgo. [7] *The origin, variation, immunity and breeding of cultivated plants: Selected writings of Nikolai Ivanovich Vavilov*, in Chronica Botanica, 13/1-6, 1951.

diversificazione delle specie coltivate, identificando quelli che ancora oggi portano il suo nome: i Centri di Vavilov[7].

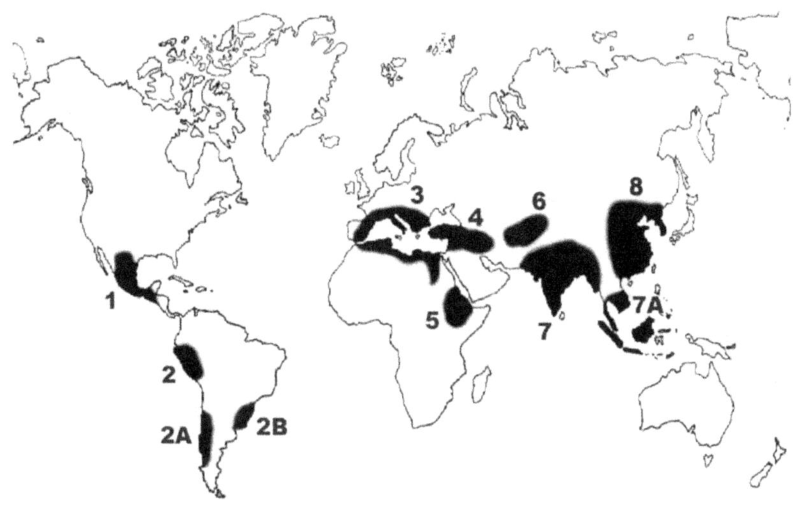

Distribuzione geografica dei Centri di Vavilov.
(1) Messico-Guatemala (2) Peru-Ecuador-Bolivia (2A) Cile meridionale (2B) Brasile meridionale (3) Mediterraneo (4) Medio Oriente (5) Etiopia (6) Asia centrale (7) India-Birmania (7A) Indocina (8) Cina e Corea.

Nondimeno Vavilov scoprì che l'agricoltura ebbe inizio contemporaneamente in tutto il mondo negli altipiani e a un'altitudine di almeno 1.500 metri[8]. Gli studi di Vavilov e di J. R. Harlan dimostrarono che l'agricoltura ebbe il suo inizio circa 11.600 anni fa[9]. Siamo davanti a un *non sense* logico.

---

[7] N. I. Vavilov, *Origin and geography of cultivated plants*, a cura di Doris Love, interpr., Cambridge University Press, 1992 Cambridge.

[8] V. Nikolaj, *L'Origine delle piante coltivate, i centri di diffusione della diversità agricola*, Pentàgora, 2015 Savona.

[9] La stessa data a cui Platone fa risalire la distruzione di un continente mitico, Atlantide. Platone dice che Atlantide fu distrutto 9.000 anni prima di Solone,

Perché i primi focolai dell'agricoltura si svilupparono in montagna e non in zone pianeggianti? L'unica possibilità logica ipotizzabile è che le pianure non potessero permettere lo sviluppo di queste arti.

Perché? Siamo in un'epoca di profondi cambiamenti in cui alla fine dell'ultima glaciazione sembra affiancarsi anche un enorme impatto meteorico che avrebbe cambiato il clima del nostro pianeta. Siamo in un'epoca usualmente definita "Era Glaciale" a sua volta suddivisa, per la sua vasta estensione temporale, in diversi periodi intermedi. Nella nostra analisi riveste un'importanza primaria il periodo denominato "glaciazione Würm", o "wurmiana", che rappresenta l'effetto prodotto su una zona estesa a livello globale dell'ultima era glaciale terminata definitivamente tra il 9.600 e il 9.700 a.C., circa 12.500 anni fa[10].

In questa fase i livelli dei mari erano più bassi di circa 120-140 metri rispetto a quelli attuali[11]. Le enormi masse di ghiaccio presenti sulla terra ferma iniziarono a sciogliersi riversando una quantità inimmaginabile di acqua nei mari. Da questo sconvolgimento, come dicevamo, i livelli globali dei mari

---

se consideriamo che visse 2600 anni fa abbiamo che la fine di Atlantide fu nel 9.600 prima dell'era volgare, 11.600 anni fa, esattamente la data calcolata dai botanici.

[10] L' ultima era glaciale iniziò nel Pleistocene e si estese temporalmente tra i 110.000 e i 12.000 anni fa.

[11] Si vedano i seguenti articoli scientifici. Milne, Glenn A., Antony J. Long and Sophie E. Bassett, *Modelling Holocene relative sea-level observations from the Caribbean and South America. Quaternary Science Reviews* 24 (10-11): 1183-1202, anno 2005. E anche Fleming, Kevin, P. Johnston, D. Zartz, Y. Yokoyama, K. Lambeck and J. Chappell. *Refining the eustatic sea-level curve since the Last Glacial Maximum using far - and intermediate - field sites.*
Earth and Planetary Science Letters 163 (1-4): 327-342, anno 1998.

aumentarono in modo considerevole distruggendo letteralmente tutto ciò che si trovava nelle antiche fasce costiere.

La specie umana già esisteva da svariate migliaia di anni, così come raccontatoci nella tradizione indiana del Pralaya e da oltre 650 "miti" in tutto il pianeta, diventa pertanto logico ipotizzare che eventuali superstiti scampati a questo cataclisma planetario si fossero rifugiati sulle vette più alte da dove avrebbero iniziato lentamente a ricreare una nuova civiltà.

Per quanto incredibile possa sembrare, tutti gli elementi fino a oggi raccolti, sembrano condurci verso questo scenario. Questo dato ci permette di considerare, inoltre, una realtà comunemente emarginata dall'archeologia ufficiale ovvero la concreta possibilità che lungo i litorali costieri del pianeta si potessero trovare insediamenti umani abitati e civilizzati molto tempo prima di quanto la storia stessa ci abbia fino a oggi dimostrato. Questa condizione sembra confermarsi nelle scoperte archeologiche sottomarine compiute sul litorale indiano così come in molti altri luoghi del pianeta dal Giappone a Cuba, dal Sud America all'Inghilterra e alle zone scandinave di antiche città sommerse databili a prima della fine dell'ultima glaciazione.

Il pane prima dell'agricoltura?

Il 17 luglio del 2018 il noto magazine di divulgazione scientifica «Le Scienze» pubblicava un articolo oltremodo interessante intitolato, *Il pane prima dell'Agricoltura.*

Nell'articolo si riportava la scoperta[12] di resti carbonizzati di una focaccia di 14.000 anni fa rinvenuti nel sito archeologico di Shubayqa 1, in Giordania. Il fatto sconcertante è stato che la scoperta retrodata di almeno 4000 anni l'uso di cereali lavorati a fini alimentari e quindi, indirettamente, anche gli albori dell'agricoltura stessa. Punto nevralgico sussurrato dai suoi scopritori, in quanto non in linea con le versioni ufficiali della storiografia, è il fatto che molto tempo prima che fosse inventata l'agricoltura già si possedeva una tecnica per la "creazione" del pane. Come era possibile? I ricercatori dell'Università di Copenaghen, in Danimarca, dello University College London e dell'Università di Cambridge, autori della scoperta non si sono pronunciati ma la domanda è rimasta nell'aria e ha suscitato non poche perplessità.

Amaia Arranz Otaegui, archeobotanica e coautrice dello studio ha dichiarato

«La presenza di centinaia di resti di cibo carbonizzato nei caminetti di Shubayqa 1 è un reperto eccezionale, che ci ha dato la possibilità di caratterizzare pratiche alimentari risalenti a 14.000 anni fa. I 24 resti analizzati in questo studio mostrano che gli antenati selvatici di cereali domesticati come orzo, farro e avena erano stati macinati, setacciati e impastati prima della cottura».

Tobias Richter, dell'Università di Copenaghen, che ha diretto la ricerca ha invece affermato che

<hr>

[12] A. Arranz-Otaegui, L. Gonzalez Carretero, M. N. Ramsey, D. Q. Fuller, and T. Richter, *Archaeobotanical evidence reveals the origins of bread 14,400 years ago in northeastern Jordan*, pnas July 31, 2018 115 (31) 7925-7930.

«Il pane a forma di focaccia trovato a Shubayqa 1 è la prima prova della produzione di pane finora scoperta, e dimostra che la cottura è stata inventata prima che avessimo la coltivazione delle piante [...] È possibile che la produzione precoce di pane a base di cereali selvatici sia stata una delle forze trainanti della successiva rivoluzione agricola, quando i cereali selvatici furono coltivati per fornire fonti di cibo più convenienti».

La domanda fondamentale è come si sia arrivati a un tale tipo di lavorazione senza l'apporto dell'agricoltura che, ufficialmente, sarebbe nata alcuni millenni dopo.

La produzione del pane sottolineano gli stessi ricercatori, è un'attività complessa che richiede la decorticazione e la macinazione dei cereali, l'impastamento e la cottura al forno. Tecniche che già prese singolarmente necessitano di una scoperta e di uno sviluppo non indifferenti per poi arrivare a essere "unite" tra loro per produrre appunto il pane. Sarebbe come realizzare una macchina prima ancora di aver inventato e creato i suoi pezzi e meccanismi!

Il fatto che sia stato realizzato prima che fossero sviluppati i metodi di coltivazione ha suggerito agli studiosi che fosse considerato un "alimento speciale", probabilmente utilizzato non solo a scopi alimentari ma anche religiosi e, aggiungiamo noi, forse era anche il retaggio – data la complessità di realizzazione *ex nihilo* – di una cultura precedente e di conoscenze salvatesi da una distruzione globale che proprio in quel periodo storico interessò il nostro pianeta?

Gli elementi e i dati collezionati fino a ora sembrano portarci verso questa strada e scoperte apparentemente scollegate come questa appena menzionata sembrano dirigerci verso una sola soluzione.

Un meteorite 13.000 anni fa?

La fantascienza ha descritto molte volte gli effetti che un meteorite avrebbe avuto impattando o esplodendo in quota sul nostro pianeta. Già nel 1908, nonostante siano ancora ignote le cause, l'esplosione avvenuta sui cieli della Tunguska (Russia) distrusse una zona pari a 2150 km^2 di territorio (il corrispettivo di una bomba tra i 10 e i 15 megatoni). Una inezia, se paragonato a cosa avrebbe causato un oggetto grande solo quanto un normale autobus di linea che fosse deflagrato nella nostra atmosfera.

Nel corso degli ultimi decenni si è fatta sempre più largo tra gli studiosi la possibilità che un meteorite fosse esploso nella nostra atmosfera producendo effetti tali da aver cambiato drasticamente il clima del pianeta.

A suffragare questa ipotesi troviamo una serie di ricerche condotte nell'ultimo decennio ma, in particolar modo, uno studio pubblicato nel 2014 sul «*Journal of Geology*» che dimostra come, sul finire del Pleistocene, vi siano stati a livello climatico e ambientale drastici cambiamenti globali che avrebbero condotto all'estinzione di buona parte della mega fauna presente in varie zone del pianeta. Mastodonti, orsi dal muso corto, bradipi giganti, tigri dai denti a sciabola, mammut, cammelli e cavalli americani – per citarne solo alcuni – scomparvero repentinamente 13.000 anni fa. La causa di questa massiccia estinzione è stata per lungo tempo dibattuta e ricercata e, indubbiamente, la fine dell'ultima glaciazione giocò un ruolo predominante in tali "cambiamenti", ma qualcosa di molto più oscuro sembra essersi palesato sotto la lente degli studiosi. Le ricerche condotte dal Prof. James Kennett[13], della u. c. di Santa Barbara, nonché professore emerito presso il Dipartimento di Scienze della Terra, hanno dimostrato come la collisione di una cometa nell'atmosfera terrestre abbia svolto un ruolo non indifferente nell'estinzione di massa di questi animali.

Tale impatto[14] avrebbe causato un improvviso stress ambientale verso il 10.900 a.C.[15] e avrebbe contribuito all'estinzione della maggior parte delle specie di grandi animali che abitavano le Americhe. Secondo Kennett, l'impatto e il conseguente cambiamento climatico avrebbero anche condotto alla scomparsa della cultura preistorica di Clovis.

Il punto di forza degli studi di Kennett è stata la concentrazione della distribuzione di nanodiamanti, un tipo di materiale prodotto durante una tale collisione di un corpo extraterrestre. Il team (composto da 21 università di 6 paesi) ha identificato una grande varietà di questi piccoli diamanti distribuiti su oltre 50

---

[13] R. B. Firestone, A. West, J. P. Kennett, et altri (October 2007), *Evidence for an extraterrestrial impact 12,900 years ago that contributed to the megafaunal extinctions and the Younger Dryas cooling,* Proc. Natl. Acad. Sci. U.S.A. 104 (41): 16016–21.

[14] Teoria generalmente indicata con il termine *Younger Dryas impact hypothesis* o *Clovis comet hypothesis* databile al 10.900 a.C.

[15] Si veda T. E. Bunch, R. E. Hermes, A. M. Moore; et altri (June 2012), *Very hightemperature impact melt products as evidence for cosmic airbursts and impacts 12,900 years ago".* Proc Natl Acad Sci u.s.a. 109 (28): E1903–12. E anche Firestone, Richard; West, Allen; Warwick-Smith, Simon (4 June 2006), *The Cycle of Cosmic Catastrophes: How a Stone-Age Comet Changed the Course of World Culture,* Bear & Company, p. 392.

milioni di chilometri quadrati[16], ovvero il 10% del pianeta, in tutto l'emisfero settentrionale (Nord America, Europa e Medio Oriente) al confine dello Younger Dryas (ydb). Nella pubblicazione scientifica Kennett affermava:

> «Abbiamo definitivamente identificato uno strato sottile su tre continenti, in particolare in Nord America e in Europa occidentale, che contiene un ricco insieme di nano-diamanti, la cui produzione può essere spiegata solo da un impatto cosmico… Abbiamo anche trovato materiali vetrosi e metallici del ydb formati a temperature superiori a 2200 gradi Celsius, che non potevano essere generati da incendi, vulcanismo o flusso meteoritico, ma solo da impatto cosmico».

A fianco dei nano-diamanti il gruppo di studiosi ha identificato anche quantità più grandi del normale di sferule da impatto cosmico, vetro fuso ad alta temperatura, ammassi di fuliggine a grappolo, carbone di legna, sferule di carbonio, osmio, platino e altri materiali. Esistono, a oggi, solo due strati geologici in cui sono stati identificati i nano-diamanti e sono appunto lo ydb di 12.800 anni fa e il ben noto limite Cretaceo-Terziario di 65 milioni anni fa, che contrassegnò l'estinzione di massa dei dinosauri.

A suffragare ulteriormente questa ipotesi troviamo gli studi realizzati nel 2010 da Bill Napier, Professore Emerito del Centro di Astrobiologia dell'Università di Cardiff (Gran Bretagna).

Secondo i suoi studi[18], circa 13.000 anni fa, nell'arco di pochissimo tempo, migliaia di frammenti cometari colpirono la Terra dando luogo a una delle epoche storiche più oscure della

---

[16] Questo sottile strato ricco di carbonio è spesso visibile come una sottile linea nera a pochi metri sotto la superficie.

storia recente del nostro pianeta. L'enorme quantità di polveri e vapore che si generarono nell'atmosfera indussero un drastico cambiamento climatico con un conseguente raffreddamento globale di circa 8° C. Un valore apparentemente piccolo ma che interruppe drasticamente il riscaldamento che si era instaurato con la fine dell'ultima era glaciale causando un nuovo raffreddamento globale con conseguente avanzamento dei ghiacciai. In base alla sedimentazione ritrovata, e citata negli studi di Kennett, Napier ha stimato che l'impatto fosse stato causato da un asteroide o da una cometa, di circa 4 km di diametro. La nuova mini era glaciale che si venne a creare durò per più di 1000 anni e il suo inizio coincise, come dicevamo precedentemente, con la rapida estinzione di non meno di 35 specie di mammiferi del Nord America, oltre che con l'interruzione della cultura Paleoindiana.

Questi studi paralleli sembrano dimostrarci chiaramente che un evento apocalittico sconvolse il pianeta migliaia di anni fa. Ancor più sconcertante è il fatto che si trovino indizi archeologici precisi di questi eventi in un complesso creato dall'uomo e oggi in Turchia.

La cosiddetta "Stele dell'Avvoltoio" di Gobekli Tepe.

La stele dell'Avvoltoio a Gobekli Tepe

L'archeologia ufficiale, quasi sempre restia a dover corroborare eventi o realtà che siano più antiche di 4000 anni, questa volta ha dovuto necessariamente piegarsi all'evidenza dei fatti confermando come nel complesso di Gobekli Tepe, datato al 13.000 a.C., siano stati chiaramente raffigurati gli sconvolgimenti climatici di cui ci siamo occupati fino a poco fa. Un gruppo di ricercatori dell'Università di Edimburgo ha identificato le prove nel più antico libro dell'umanità: i bassorilievi portati alla luce nel 1995 nel Sud della Turchia. Coordinatore dello studio è stato il Prof. Martin Sweatman, che ha pubblicato gli esiti sulla rivista «*Mediterranean Archaeology*»[17].

Un particolare interesse ha riguardato la cosiddetta "Stele dell'Avvoltoio" che riproduce, attraverso simbolismi animali, una serie di costellazioni localizzandone la posizione nel cielo. Attraverso l'utilizzo di software per il calcolo delle posizioni stellari, è stato possibile stabilire che le stelle raffigurate sul monolite si trovavano in quella posizione esattamente nel 10.950 a.C., cioè alla fine del Pleistocene. Altri bassorilievi del sito archeologico - raffigurano la caduta dello sciame di comete mentre un uomo scolpito senza testa sembra chiaramente indicare la perdita di molte vite umane.

È fondamentale ribadire come la stele confermi non solo gli studi di Napier e Kennett, ma indichi chiaramente come una civiltà umana avanzata "registrò" questi eventi epocali sulla roccia.

Il tutto 13.000 anni fa ovvero quando, per l'archeologia ufficiale, l'uomo si trovava ancora nelle caverne o quasi…

---

[17] M. B. Sweatman* and D. Tsikritsis, *Decoding Göbekli Tepe with archaeoastronomy: what does the fox say?*, Mediterranean Archaeology and Archaeometry, Vol. 17, No 1, (2017), pp. 233-250. doi: 10.5281/zenodo.400780.

Ai dati scientifici citati si aggiunge il fatto che nel periodo glaciale noto come "Dryas Recente"[18] sia riscontrabile la cosiddetta "anomalia dell'iridio"[19], osservabile soprattutto in Nord America e risalente all'11.000-10.000 a.C. L'iridio è un elemento scarsamente presente nel suolo terrestre ma quando uno strato geologico ne è ricco, o i suoi valori sono superiori alla media, gli studiosi sanno che quell'anomalia indica chiaramente che un meteorite o una cometa lo portarono sulla Terra.

Senza ombra di dubbio Gobekli Tepe è il tempio più antico dell'umanità, almeno tra quelli identificati fino a questo momento storico, e oltre a essere usato per svolgere cerimoniali e riti religiosi è stato utilizzato anche per l'osservazione del cielo.

Senza una causa apparente, durante il periodo preistorico, il sito fu abbandonato e completamente ricoperto di terra perché nessuno lo potesse individuare o forse per conservare nel tempo quella enorme mole di documenti che sono le sue pietre incise.

L'archeologia e l'antropologia collocano ufficialmente proprio nel Dryas recente le prime tracce della civiltà umana, un'epoca in cui iniziò a svilupparsi anche l'agricoltura (si vedano i centri di Vavilov) e in cui iniziarono a costituirsi i primi villaggi del Neolitico.

---

[18] Dal nome di un fiore della tundra.

[19] Hecht, John, *Did a comet swarm strike America 13,000 years ago?*, New Scientist, 2 April 2010. E per l'articolo scientifico W. M. Napier, *Palaeolithic extinctions and the Taurid Complex*, *Monthly Notices of the Royal Astronomical Society*, 2010, doi: 10.1111/j. 1365-2966.2010.16579.

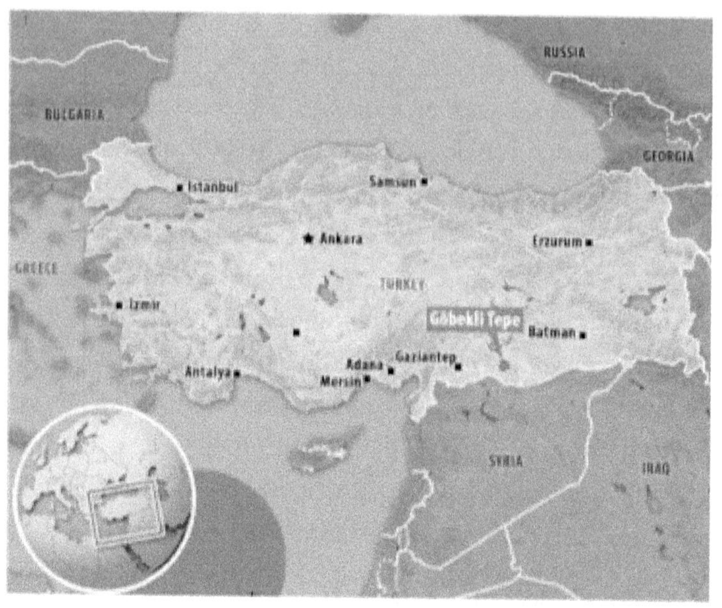

Prove di un'antica civiltà?

Anche questa volta recuperiamo un contributo importante dell'archeologia cosiddetta "classica". La possibilità che prima della nostra epoca possa essere esistita una civiltà progredita distrutta da un diluvio, costituisce un'ipotesi di lavoro oltremodo interessante quanto affascinante ma deve, ovviamente e necessariamente, strutturarsi entro binari che possano dimostrarne la plausibilità se non, alla fine dei giochi, confutarla. A tale riguardo è oltremodo interessante osservare un diagramma pubblicato nel 2010 dalla rivista «*New Scientist*» in cui sono stati raccolti i simboli ritrovati in tutto il pianeta nel corso di oltre un secolo di indagini, e riferiti alle prime forme di scrittura note utilizzate in epoca preistorica dalle diverse comunità umane. Questo studio ha portato a identificare almeno 32 simboli comuni in tutto il pianeta, appartenuti a gruppi umani organizzati[20]. Il range temporale entro cui si collocano copre 26.000 anni di storia e si estende a quasi tutto il pianeta. Come è possibile che le stesse simbologie siano presenti dal Sud America all'Australia, all'India etc.? Come è possibile che gli stessi simboli possiedano gli "stessi significati" per gli uomini preistorici? L'unica alternativa logica, e dettata dal buon senso, è ritenere che fossero parte di un linguaggio comune[21], andato perso a seguito di un evento che per ora definiremo come "sconosciuto"!

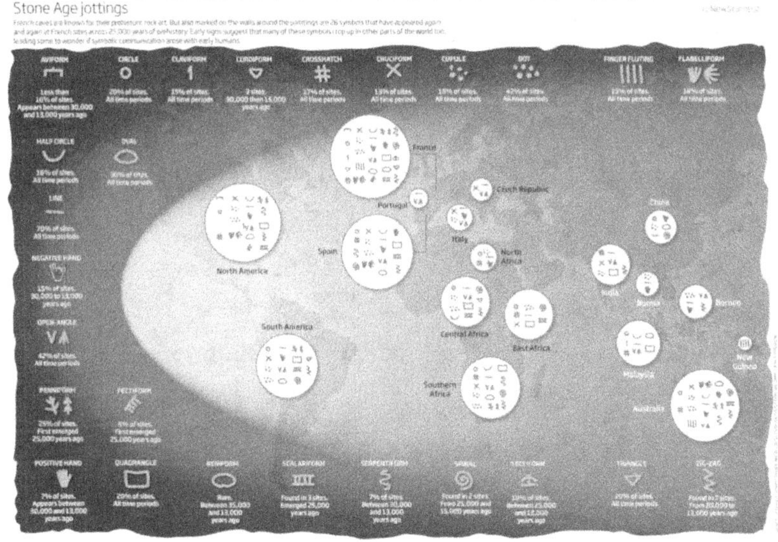

The writing on the cave wall, Kate Ravilious, New Scientist at sott.net, Feb 17, 2010.

---

[20] A. George, *Code hidden in Stone Age art may be the root of human writing*, di News Scientist, 9 November 2016.

[21] K. Ravilious, *Messages from the Stone Age*, New Scientist, 205 (2010) 2748, pp. 30-34.

Questi studi traevano le loro origini dal lavoro di Jean Clottes[22], già direttore delle ricerche a Chauvet nonché autore del database sui petroglifi francesi databili tra i 35.0000 e i 10.000 anni, realizzato insieme a Genevieve von Petzinger e April Nowell dell'Università di Victoria (Canada).

Tra i dati sconcertanti evidenziati dal team di studio troviamo anche il fatto che i dipinti sulle pareti delle grotte preistoriche erano accompagnati da un codice ricorrente di segni, ma questo ben 25.000 anni prima delle più antiche testimonianze alfabetiche.

La presenza di una codificazione astratta nel Paleolitico superiore, in un'epoca che spazia tra i 13.000 e i 30.000 anni fa, periodo tradizionalmente considerato "muto" dal punto di vista alfabetico e della scrittura, se non per affreschi parietali a soggetto animale come quelli riscontrabili ad Altamira o Lascaux o per incisioni anamorfiche (si suppone di tipo calendariale) su manufatti, lascia intuire un livello intellettivo già evoluto e in grado di strutturare forme abbastanza avanzate di scrittura ideografica.

Le due studiose canadesi hanno confrontato i 26-32 segni ricorrenti presenti su pareti di antiche grotte australiane, asiatiche, europee, americane e africane, ammettendo che le stupende pitture a soggetto animale portarono gli studiosi a "distrarsi dai simboli" senza riconoscere l'importanza dei piccoli ma costanti segni che le accompagnavano[24].

Già nel 1879 Marcelino Sanz de Sautuola li segnalò alla comunità accademica internazionale, ma anche allora erano stati ignorati

---

[22] J. Clottes, *Chauvet Cave: The Art of Earliest Times*, University of Utah, 2003. [24] G. Sermonti, *L' alfabeto scende dalle stelle. Sull' origine della scrittura*, Mimesis, 2009 Milano.

perché non corrispondevano all'idea vigente di "cavernicoli" e furono quindi ritenuti non autentici dagli accademici. Come dicevamo, il fatto sbalorditivo è stata l'evidenza di una diffusione di questo insieme di segni talvolta uguali tra loro in tutto il mondo, un evento che studiosi come il prof. Iain Davidson dell'Università del New England, ha ritenuto dovuto all'improvvisa "emersione", circa 40.000 anni fa, di una trasformazione cognitiva strutturale nella razza umana.

Quindi, secondo questa teoria, uno sviluppo mentale repentino sarebbe stato la causa primaria che portò quasi nello stesso momento storico alla creazione di una proto-forma di scrittura ideografica? Ci sembrerebbe più consono e realistico ipotizzare che quegli stessi segni riscontrabili dall'India al Sud America potessero essere, invece, il retaggio di una forma di scrittura precedente e che la sua dispersione e uguaglianza – in zone e culture diametralmente distanti del pianeta – potesse essere invece dovuta a una diaspora umana.

Una tesi, questa, forse più logica ma che certamente non collima con la "versione ufficiale" a oggi propugnata. Ricordiamo che nel periodo storico in oggetto era in corso un cambiamento climatico che avrebbe condotto millenni dopo alla fine dell'ultima glaciazione!

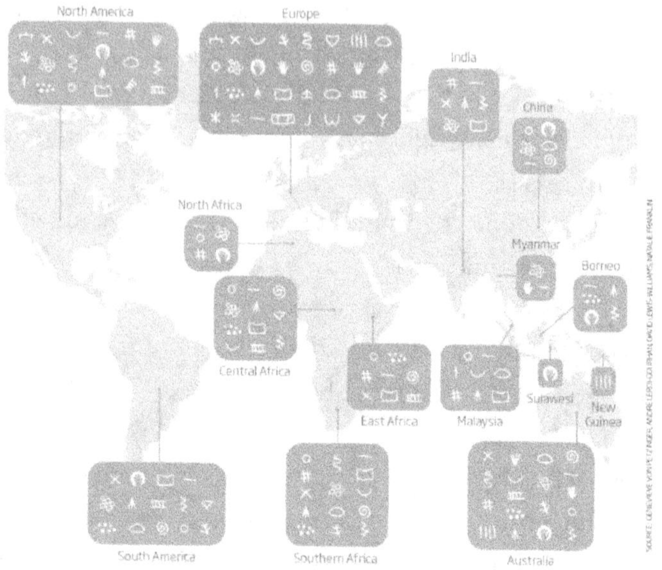

Il caso indiano

In base a quanto presentato, risulta naturale porsi la domanda se questi *indizi* sparsi per il globo possano costituire unicamente delle tracce casuali e "tentativi" di civilizzazione non sistematizzati oppure possano rientrare a pieno titolo entro un quadro più ampio e coerente che chiami in causa l'esistenza di gruppi umani altamente più civilizzati rispetto all'epoca di riferimento.

Le risposte non sono ancora oggi univoche ma, almeno a nostro giudizio, risulta del tutto inoppugnabile che esistano delle ampie lacune storiche che solo in tempi recenti stanno iniziando a colmarsi e che ci presentano un panorama molto diverso da quanto fino ad oggi creduto e studiato.

In tutto il pianeta possiamo confrontarci con una estrema varietà di prove, indizi, testimonianze e anche resti archeologici che spostano inesorabilmente la lancetta degli orologi della storia molto più indietro rispetto a quanto credessimo.

Uno dei casi più interessanti, e che da antropologo studio da molti anni, è quello del subcontinente indiano in cui, nel corso dei millenni, si sono sedimentate (e raramente cancellate) molte stratificazioni di conoscenze, nonché resti archeologici, che ci impongono inevitabilmente di rivedere il nostro passato con occhi diversi.

L'India è un conglomerato di culture, popoli, tradizioni, filosofie e culture che nel corso di epoche estremamente lunghe si sono amalgamate assieme trasportando ciò che era antico in una nuova veste ogni volta che veniva effettuato un cambio di paradigma.

È per questo motivo che leggendo gli antichissimi testi sanscriti, e apprendendo le loro tradizioni, è stato possibile far riemergere conoscenze estremamente avanzate e sapienze inaspettate.

Tutto questo rientra a pieno titolo in quanto avete potuto leggere fino ad ora e, nel proseguo del testo, avrete modo di toccare con mano quanto le conoscenze moderne siano solo un frammento di una storia ancora da riscoprire e riscrivere in molte sue pagine. Vediamone alcuni esempi.

Il sanscrito, i misteri della "perfezione"

Il sanscrito è la lingua degli dèi, la lingua perfetta che non muta e non è soggetta alle modifiche che si generano nella lingua parlata. Il termine sanscrito deriva dal vocabolo sam.skr.tam (संस्कृतम्) che significa letteralmente "perfezionato".

Non si tratta di una lingua naturale sviluppatasi autonomamente come il greco o il latino ma è una lingua grammaticale nata per schematizzare e codificare l'antico sapere indiano.

La sua forma scritta è denominata "devanagari" che significa letteralmente *"scrittura della città divina"*. La sua nascita non fu voluta semplicemente per codificare un processo linguistico di tipo comunicativo ma per poter trattare tematiche sacre appartenenti al sanscrito vedico e patrimonio dell'élite bramhinica, e renderle maggiormente comprensibili. Esistono due tipologie differenti di sanscrito legate ai periodi in cui avvenne la sua diffusione, il sanscrito cosiddetto classico e quello vedico, il più antico.

Il sanscrito classico nacque e fu utilizzato nell'India brahmanica che per 1500 anni trasmise il suo sapere e la sua conoscenza. Si fonda sulla grammatica di Patanjali, antico filosofo indiano vissuto probabilmente intorno al I secolo a.C.

A fianco di Patanjali troviamo altri due grammatici, Panini (IV sec. a.C.) e Katyayana (II sec. a.C.). Lo sforzo congiunto di questi uomini portò a una codifica e a una descrizione completa del sanscrito classico. Il sanscrito vedico è invece la lingua dei *Veda*, i più antichi testi religiosi dell'India. Il più antico dei quattro libri è il *Rigveda*, composto indicativamente nel II millennio a.C., anche se molti studiosi lo ritengono molto più antico.

Attraverso questa lingua è possibile disquisire su qualunque argomento. La sua grammatica, completa e perfetta, è in grado di analizzare ogni meccanismo linguistico lasciando al contempo la possibilità alla lingua di essere produttiva sul piano semantico senza per questo cambiare la sua struttura profonda, in modo tale da potersi adeguare alla trasformazione del pensiero e della cultura e rimanendo essa stessa fuori da ogni cambiamento.

La domanda è come sia stato possibile che la grammatica sanscrita abbia preceduto il sanscrito stesso. Il più antico dei grammatici menzionati, Panini, su cui si basa l'opera degli altri due, dedicherà il suo studio alla lingua vedica (e che lui chiama "i versi") e alla definizione della lingua corretta (che lui chiama "parlata") appannaggio della classe sacerdotale. Nell'opera di Panini si sviscerano i meccanismi grammaticali fondamentali del vedico (che sono gli stessi del sanscrito), quindi principalmente l'utilizzo dei casi (concetti di soggetto, oggetto e complementi vari), i concetti di sostantivo aggettivo e pronome, i generi e i numeri, la coniugazione verbale (concetti di persona, modo, tempo, voce, ecc.) e l'utilizzo degli indeclinabili (particelle, avverbi, forme verbali non coniugate).

Il fatto è che la grammatica di Panini definisce le regole morfologiche "dietro" alla formazione delle parole, identificando i concetti di radice, suffisso, terminazione e definendo le regole (anche da un punto di vista semantico) con cui tali elementi della parola agiscono e si uniscono fra loro. Furono quindi Katyayana e Patanjali a chiarire e ampliare il lavoro di Panini ponendo le basi per una emancipazione, avvenuta a partire dai primi secoli d.C., del sanscrito sia da un utilizzo limitato agli ambienti sacerdotali sia dalle complessità linguistiche della lingua dei *Veda*. È la natura di una lingua agile e perfetta, perché interamente "contenuta" nella sua grammatica, a rendere ancor più unico e stupefacente il Sanscrito. Da un punto prettamente religioso, era la lingua dei Deva, gli "dei", e per tale motivo durante il periodo Vedico (6.000 – 8.000 anni fa) fu conosciuta con il nome *Daivi Vak*, "la lingua divina".

Le sue parole erano costruite partendo da un certo numero di radici, ciascuna delle quali è considerata possedere una qualità intrinseca che incarna il significato stesso e non costituisce un semplice simbolo. Il suono è considerato il più sottile di tutti i cinque elementi e il suo controllo può manipolare la materia, come avviene tramite il canto dei mantra. Questo la rendeva anche una lingua sacra e per tale motivo, per un lungo periodo, appannaggio della sola casta braminica.

In aggiunta, costituendo il più antico linguaggio al mondo, costituì per tre millenni la lingua franca del subcontinente indiano. Fu la lingua della scienza, del sapere, della spiritualità e della cultura. Tutta la letteratura vedica fu scritta in sanscrito inclusi i testi classici dello Yoga, il *Vedanta* e altri testi spirituali e filosofici. Il *Veda*, le *Upanishad*, la *Bhagavad Gita*, il *Mahabarata*, il *Ramayana* e i *Purana* per citarne solo alcuni, furono tutti composti in questa lingua sublime. La tradizione vedica afferma che nell'antichità gli uomini erano fisicamente e intellettualmente superiori all'uomo attuale. La conoscenza era quindi trasmessa solo per via orale e per tale motivo la scrittura non era assolutamente necessaria. All'alba della nostra era, il Kali Yuga iniziato nel 3.102 a.C. con la morte di Krishna, la mente umana iniziò a degradarsi perdendo le qualità superiori di cui era dotata e si rese quindi necessario codificare il sanscrito per preservare la conoscenza. Fu così che circa 5.000 anni fa Vyasa rese fruibile e formalizzò i quattro *Veda*, le *Upanishad*, i *Purana* e il *Mahabharata*. Non creò alcuna nuova conoscenza ma cercò semplicemente di preservare l'originale sapere umano per le generazioni successive.

Con l'avanzare del Kali Yuga i dialetti, detti "praktra", si diffusero sempre più sino a superare il linguaggio puro originale.

Secondo i *Veda*, il sanscrito non è il risultato di una lingua praktra, ma furono queste che si svilupparono dall'originale linguaggio sanscrito. Le varie vocali e consonanti che costituiscono le parole sanscrite sono composte da radici sonore denominate "bija". Secondo l'induismo i Rishi dell'antichità percepirono all'alba del tempo questi suoni-seme[23] e da questi riconobbero e identificarono ogni cosa del creato. Ogni forma materiale, nell'induismo, è infatti associata a un suono che è quell'elemento attraverso cui tale forma si è concretizzata nel mondo materiale. Una parola sanscrita, pertanto, non è un nome scelto per indicare qualcosa ma il riflesso del suono inerente tale oggetto, concetto o fenomeno. La pronuncia giusta di una parola sanscrita replicherebbe quindi per gli induisti, l'esatta natura o essenza di ciò a cui ci si riferisce.

L'affascinante complessità e natura del sanscrito fino a ora presentata non avrebbe mai potuto però mostrare alcune sue correlazioni moderne legate alla scienza e alla tecnologia.

Il Sanscrito sembra infatti essere un vero e proprio linguaggio per computer. Nel luglio del 1987 la rivista «*Forbes*» ospitava un articolo intitolato "Il sanscrito è la lingua ideale per la programmazione di software per computer" ma già due anni prima un ricercatore della nasa era giunto a conclusioni ancor più sorprendenti. Nel 1985 Rick Briggs, studioso di intelligenza artificiale del Roacs nasa Ames Research Center di Moffett Field in California, aveva pubblicato un articolo scientifico intitolato «*Sanskrit and Artificial Intelligence — nasa Knowledge Representation in*

---

[23] *Shabda*, ovvero il suono che trasformò l'energia potenziale di Brahma in materia.

Sanskrit and Artificial Intelligence»[24]. Nel suo abstract, Briggs affermava

«Nell'antica India l'intenzione di individuare la Verità divenne così consumante che, in questo processo, scoprirono forse lo strumento più perfetto per soddisfare tale ricerca che il mondo abbia mai conosciuto, la lingua sanscrita Oltre a opere di valore letterario, esisteva una lunga tradizione filosofica e grammaticale che ha continuato a esistere con immutato vigore fino al secolo attuale. Tra le realizzazioni di questi grammatici si può ritenere che abbiano scoperto una lingua, il Sanscrito, che è identico non solo nella sostanza ma nella sua forma con il lavoro corrente sull'intelligenza artificiale. Questo articolo dimostra che un linguaggio naturale può anche servire come lingua artificiale e molti studi sull'intelligenza artificiale non sono altro che un inconsapevole riappropriarsi di studi molto più antichi».

Briggs analizzò le reti semantiche nei primi anni '80, allora di recente creazione, e trovò una loro impressionante somiglianza con la lingua sanscrita. Una lingua antica almeno 6.000 anni sembrava essere a tutti gli effetti un idioma così perfetto da consentire di interfacciarsi con i moderni sistemi informatici. Tale particolarità potrebbe sembrare del tutto casuale ma nella realtà dei fatti si dimostra come la più alta rappresentazione di quel concetto di perfezione che costituì l'animus del pensiero indiano e della lingua sanscrita stessa. Forse anche questa retaggio di una civiltà superiore vissuta prima dell'epoca storica a noi nota!

---

[24] R. Briggs, *Sanskrit and Artificial Intelligence* – *nasa Knowledge Representation in Sanskrit and Artificial Intelligence*, ai Magazine, Vol. 6, N.1, Primavera 1985.

La leggenda del fiume Saraswati

Un elemento oltremodo affascinante nella nostra ricerca, è stata la scoperta di un elogio presente nel *Rigveda* al Saraswati, un immenso fiume il cui letto avrebbe raggiunto in certi punti i 7 km di larghezza. Negli inni sacri il Saraswati è identificato come il fiume dalle acque creatrici, purificanti e nutrienti al punto da averlo personificato con la dea femminile, omonima, divenuta incarnazione della conoscenza e delle arti della comunicazione[25].

Per secoli il Saraswati è stato considerato dall'establishment accademico occidentale esclusivamente un mito, una leggenda priva di qualsiasi fondamento reale, laddove nessuna traccia sembrava convalidare l'esistenza del corso d'acqua, così come gli stessi testi vedici erano stati egualmente e unicamente valutati come una complessa collezione di poesie, di leggende e di recite mistiche.

Recenti fotografie satellitari hanno invece dimostrato la validità della narrazione mitica ovvero la reale esistenza, nell'antichità, di un fiume oggi essiccatosi che sicuramente fu il Saraswati. In Italia la notizia non occupò che qualche breve articolo di giornale, quasi nessuna rivista del settore le dedicò spazio, ma il 27 giugno del 1999 il «Corriere Scienza», supplemento del «Corriere della Sera», ospitava un articolo di Viviano Domenici

---

[25] Alcuni riferimenti al Saraswati possono essere trovati in rv 6.61, rv 7.95 e rv 7.96. In rv 2.41.16 il fiume è definito "la miglior madre, il miglior fiume, la più grande dea". Altre preghiere in suo onore includono rv 6.61.8-13, rv 7.96, rv 10.17, Rg 1.164.49, Rg 1.3.10, Rg 1.3.13, Rg 1.3.12, Rg 2.30.8, Rg 6.61.2, rv 3.23.4, Rg 10.75.5, rv 2.41.16, Rg 7.36.6, Rg 7.95.1, Rg 7.95.2, Rg 1.164.49, Rg 1.3.10, Rg 1.3.13, Rg 1.3.12, Rg 2.30.8, Rg 66 61, Rg 2.61.2, Rg 33 23, Rg 4.23.4, Rg 1010.75.5, Rg 2.41.16, Rg 75.5, Rg 2.41.16, Rg 7.36.6, Rg 7.95.1, Rg 7.95.2.

dal titolo "Misteriosi messaggi dal fiume scomparso". Nella sua disamina l'autore riprendeva e commentava le immagini catturate dal satellite americano Landsat mss già ai primordi degli anni '80 ma che avevano permesso di identificare l'alveo fossile del grande fiume Saraswati solo in tempi più recenti, dimostrando l'esistenza di un corso d'acqua che anticamente raggiunse, in alcuni tratti, la larghezza di ben 14 chilometri[26].

La scoperta chiarì la presenza di oltre 300 siti archeologici appartenuti alla civiltà Harappa la cui ubicazione era rimasta inspiegabile fino ad allora, dato che non potevano essere messi in relazione al corso dell'Indo.

Sovrapponendo la mappa del corso dell'antico Saraswati a quella dei siti archeologici[27] Harappa, si vide come questi ultimi fossero stati disposti in gran parte lungo le sponde del grande fiume.

Da tali riscontri, e dalle evidenze emerse, l'indologo americano David Frawley propose un'interessante ipotesi cioè che i Sumeri, fino ad allora considerati di origine iraniana, potessero in realtà essere stati una tribù originaria dell'India migrata in Mesopotamia, luogo in cui avrebbero elaborato la loro scrittura pittografica/cuneiforme[28]. Ai riscontri evidenziati da Frawley si aggiunsero le testimonianze provenienti da reperti sottomarini che indussero a ipotizzare come la civiltà Harappa/Saraswati, fiorita si suppone fin dal 5000 a.C., vide una fuoriuscita dei

---

[26] H.S. Saini e S.A.I. Mujtaba, *Luminescence datind of the sediments from a buried channel loop in Fatehabad area, Haryana: insight into Vedic Saraswati river and its environment*, Geochronometria, 37, Febbraio 2010, pp. 29-35.

[27] Studio compiuto nel 1991 dall' americano Jonathan M. Kenoyer.

[28] Si vedano anche gli studi di J. V. Kinnier Wilson, autore del libro *Indo-Sumerian: a new approach to the problems of the Indus script*, Clarendon Press, 1974.

Sumeri verso il 3500 a.C. con una loro ricollocazione nella Bassa Mesopotamia e la nascita di alcune città fino a Ur. Gli Accadi si sarebbero invece posizionati nell'Alta Mesopotamia nel corso del III millennio a.C. raggiungendo il predominio con la stirpe di Sargon. Tale situazione giustificherebbe gli scambi commerciali che come l'archeologia ha documentato intercorsero tra la civiltà Harappa e l'area mesopotamica[29].

La teoria più autorevole ipotizza quindi che questo antico corso d'acqua fosse costituito dal vecchio percorso dell'attuale Yamuna, che scorreva per un tratto parallelamente al fiume Indo sul letto dell'odierno Ghaggar-Hakra, per andare a sfociare nel Rann di Kutch, che all'epoca era parte integrante del Mar Arabico[30]. Un gran numero di siti archeologici del Nord dell'India hanno inoltre rivelato, nel corso di questi due ultimi decenni, che le vestigia delle città vediche e Harappa si estendevano proprio lungo l'antico corso del Saraswati[31]. Dunque il fiume di cui parla il *Rigveda* non è solamente un mito ma è esistito veramente. I *Veda*, perciò, descrivono correttamente la realtà dell'epoca in cui furono composti. Ciò che sorprende è che il Saraswati si prosciugò nell'arco di alcuni secoli per sparire completamente verso il 1900 a.C. Per poter aver racchiuso informazioni sulla sua esistenza, il *Rigveda* deve essere stato scritto necessariamente ben prima di questa data. Tra il XX e il XVII secolo a.C., il fiume cambiò il suo corso –

---

[29] Si veda a tale riguardo anche Enrico Baccarini e Andrea Di Lenardo, *Dall' India alla Bibbia*, Enigma Edizioni, 2018 Firenze.

[30] J. K. Tripathi et al., *Is River Ghaggar, Saraswati? Geochemical Constraints*, Current Science, Vol. 87, No. 8, 25 October 2004.

[31] K. S. Valdiya, *Sarasvati, the River that Disappeared*, Indian Space Research Organization & Hyderabad, Universities Press, 2002.

probabilmente a causa di attività di subsidenza sul suo scorrere – lo Yamuna divenne un affluente del Gange mentre alcuni suoi affluenti confluirono nell'Indo riducendo notevolmente la sua portata d'acqua[32]. I testi vedici parlano di questo evento definendolo *Vinasana*, letteralmente "la sparizione", indicando chiaramente come il Saraswati fosse confluito nel Gange diventando un fiume invisibile.

Secondo alcune interpretazioni, la moderna sacralità del Gange deriverebbe anche dalla presenza nelle sue acque dell'antico fiume sacro donatore di vita.

I *Veda* costituirono la base delle grandi tradizioni yogiche e mistiche dell'Asia, una sapienzialità unica nel loro genere e quasi del tutto ignorata dal mondo occidentale che le attribuì unicamente un valore poetico e leggendario.

Sottovalutata e sminuita, la letteratura vedica venne inoltre separata dalle imponenti vestigia archeologiche della civiltà Harappa a cui, invece, si legò profondamente.

Tale scissione lasciò un vuoto ingiustificabile in cui l'India divenne detentrice di una letteratura senza una civilizzazione che l'avesse generata mentre gli Harappa si trasformarono in una civiltà senza una propria letteratura.

Nella realtà le due culture si fusero assieme, si amalgamarono in un cammino millenario che diede origine a ciò che conosciamo come la civiltà indiana e, successivamente, l'induismo.

Un'interessantissima testimonianza dell'antichità di tale cultura e della sua conoscenza proviene da un sigillo appartenuto al popolo Harappa in cui è chiaramente ravvisabile un dio nella tipica posizione Yoga datato al IV millennio prima di Cristo.

---

[32] R. Kochhar, *On the identity and chronology of the Rigvedic river Sarasvatī*, in *Archaeology and Language III; Artefacts, languages and texts*, Routledge (1999).

Sigillo di Rudra/Shiva in un'asana dello Yoga (Mulabandhasana). Scoperta a Mohenjo Daro e risalente al IV millennio a.C.

Mehrgarh

Nel 1974 fu scoperto in Belucistan, Pakistan, il sito neolitico di Mehrgarh. Autore del sensazionale ritrovamento fu l'archeologo Jean-Francois Jarrige che, attraverso i suoi studi[33], permise di capire come da questo insediamento fosse fiorita successivamente la civiltà dell'Indo-Sarasvati. Nella lingua Balochi, Mehrgarh significa "Il cielo per amore".
Le rovine di Mehrgarh sono ancora oggi sepolte sotto depositi alluvionali che hanno evidenziato chiaramente come la vita comunitaria di questo agglomerato urbano contò 25.000 individui che vissero senza interruzione nel sito dal 7.000 al

---

[33] J. F. Jarrige e R. H. Meadow, *Gli antecedenti della civiltà dell'Indo*, pubblicato su «Le Scienze» (Scientific American), N. 146, ottobre 1980, p. 76-88.

2.600 a.C.[34]. Un valore veramente elevato se rapportato alla popolazione mondiale di quei periodi storici!

Campagne di scavi condotte negli anni hanno inoltre permesso di portare alla luce un esteso complesso di strutture di grandi dimensioni che furono realizzate con mattoni ottenuti da fango essiccato. Il loro uso, però, rimane ancora oggi incerto; si ritiene infatti che molte di queste strutture fossero state utilizzate prevalentemente per lo stoccaggio di viveri e dei prodotti dell'agricoltura piuttosto che per scopi abitativi.

Lo storico Mohammad Marri ha fatto notare che «Mehrgarh è una delle più antiche civiltà del mondo, risalente a 11.000 anni fa, è più vecchia delle civiltà egiziane e mesopotamiche»[35].

In base ai ritrovamenti archeologici e al tipo di struttura urbana emersa, Marri ritiene che la città fosse organizzata come una società altamente sviluppata e che intrattenesse rapporti commerciali con il Badakhshan – una provincia dell'Afghanistan confinante con la Cina e il Pakistan nota fin dal III millennio a.C. – per la presenza di preziose miniere di lapislazzuli.

Non conosciamo quasi nulla, e al momento molto poco è emerso dagli studi archeologici, sul loro sistema religioso ma è da evidenziare come siano state rinvenute numerose statuette in terracotta raffiguranti una figura femminile seduta e con elaborate acconciature. Nonostante si possa chiamare in causa un possibile culto della Dea Madre risulta oltremodo prematuro

---

[34] J. F. Jarrige, *Mehrgarh: Neolithic Period Seasons*, 1997-2000, Pakistan, Éditions de Boccard, 2013.

[35] M. Ahmed, G. Khan, *The History of Baloch and Balochistan: A Critical Appraisal*, A Research Journal of South Asian Studies, Vol. 32, N. 1, January – June 2017, pp. 39 – 52.

poter avanzare qualsiasi tipo di argomentazione sul loro sistema religioso.

Analizzando le sepolture rinvenute nel sito di Mehrgarh, gli archeologi hanno constatato l'uso di ocra rossa sui defunti, mentre la grande presenza di conchiglie e lapislazzuli provenienti da Afghanistan, India e Arabia, ha comprovato l'esistenza di una fiorente rete commerciale che probabilmente costituì uno degli assi portanti dell'economia di Mehrgarh, così come della successiva civiltà della valle dell'Indo.

Ogni analisi compiuta fino a oggi ha dimostrato la natura totalmente indigena di questa civiltà ovvero non sono stati trovati segni di alcuna natura che dimostrino la presenza di influenze esterne nella loro evoluzione sociale e culturale. È vero, infatti, esattamente il contrario, cioè che tutti i dati e gli indizi fino a oggi raccolti dimostrano inderogabilmente come la civiltà di Mehrgarh fu il nucleo di propagazione di ciò che si sarebbe successivamente trasformato nella civiltà della Valle dell'Indo.

Le evidenze archeologiche hanno portato anche a constatare come Mehrgarh fosse, non solo, una realtà in cui si sviluppò l'agricoltura e l'allevamento ma in cui si attuarono le prime forme di lavorazione dei metalli, in particolar modo del rame.

Il sito può essere annoverato tra i primi centri al mondo in cui si iniziarono a sviluppare diverse tecniche. È, a esempio, attestato il primo utilizzo del cotone nella storia dell'umanità, così come ha evidenziato uno studio pubblicato nel 2002 sul «*Journal of Archaeological Science*»[36].

---

[36] C. Moulherat, M. Tengberg, J. F. Haquet, B. Mille, *First Evidence of Cotton at Neolithic Mehrgarh, Pakistan: Analysis of Mineralized Fibres from a Copper Bead*,

Parallelamente, laddove Mehrgarh sviluppò l'agricoltura già nel 7000 a.C., è oltremodo logico supporre che si siano registrate anche le prime forme di addomesticamento animale. Essendo stata da sempre una zona in cui l'orzo e il grano costituivano coltivazioni importanti, questo tipo di colture furono affiancate dalla domesticazione di specie native come pecore, capre, zebre, il bue selvaggio e l'antenato del pollo.

Come riferivamo precedentemente, la loro economia si basò anche su una fiorente attività commerciale sviluppatasi sul rame, stagno e lapislazzuli dagli altopiani del Belucistan; mentre dalle coste meridionali del Pakistan giungevano le conchiglie e, tramite i corsi d'acqua dell'Himalaya, il legname. L'oro, invece, proveniva dall'Asia meridionale e l'agata dal confinante Gujarat.

Tutte queste materie prime furono utilizzate anche per produrre raffinati manufatti che, assieme al cotone e alla ceramica, furono esportati ampiamente in Mesopotamia, Persia e Asia Centrale. La loro rete commerciale, assieme a quella della successiva civiltà Harappa, fu talmente estesa che testimonianze in ceramica delle loro produzioni sono state trovate anche nel sito di Ra's al Junayz sulla costa est dell'Oman, come documentato dall'archeologa Jane McIntosh della Cambridge University.

La studiosa, e le ricerche effettuate nel sito, hanno evidenziato anche tracce di canne e corde bitumate, portando a ritenere che già nel III millennio a.C. fossero impiegate da questa civiltà navi calafatate, ovvero impermeabilizzate con l'inserimento nel fasciame di canapa impregnata di bitume.

Journal of Archaeological Science, Volume 29, Issue 12, December 2002, pp. 1393-1401.

Dal 2600 a.C. l'insediamento di Mehrgarh fu progressivamente abbandonato, e la sua popolazione si spostò sulle rive del fiume Indo.

La civiltà dell'Indo

La civiltà della Valle dell'Indo sembra essersi diffusa lungo una direttrice da ovest verso est.

I siti localizzati verso l'India sembrano, infatti, aver avuto la loro massima fioritura dopo il declino di Harappa e di Mohenjo-Daro. Verso il 1900 a.C. si assiste alla comparsa delle prime criticità interne a questa cultura, situazione che porterà ben presto alla sua diaspora e scomparsa. Parallelamente al declino si assiste a uno spopolamento in massa dei grandi centri urbani, come Mohenjo Daro città che, come minimo, contò 40.000 abitanti (ma alcune stime recenti arrivano a parlare di una popolazione di circa 100.000 abitanti). Dopo solo un secolo, intorno al 1800 a.C., la maggior parte delle 1200 città oggi conosciute e appartenenti a tale civiltà risultavano essere già prive di popolazione e abbandonate.

Ad oggi nessuna scoperta, rinvenimento archeologico o teoria è riuscita a spiegare le motivazioni che indussero tali esodi di massa ed esistono solo scarni indizi sulle loro successive destinazioni. Sono state formulate molte ipotesi a riguardo ma nessuna in grado di riuscire a spiegare complessivamente tale dispersione.

Un dato oggi abbastanza certo è però l'evidenza che sia esistito un forte legame tra la civiltà Harappa e quella Vedica, antesignana del successivo induismo, se non un vero e proprio collegamento, attraverso il quale queste due realtà possono essere considerate come le due facce di una stessa medaglia.

Alcune caratteristiche dell'India moderna sembrano inoltre avere dei forti richiami con ciò che è stato possibile ricostruire della cultura Harappa,[37] ma un nesso storico e logico tra le due realtà ancora oggi non è stato identificato.

Lo studio e la valorizzazione degli antichi testi indiani hanno concesso agli studiosi di avvicinarsi a questo affascinante mondo perduto e di iniziare a delineare un primo quadro generale sulla loro natura e tradizione storica. Si è reso quindi necessario cercare di capire quale fosse stata la culla da cui queste tradizioni si sono originate e di comprenderne l'evoluzione nel corso del tempo.

Quale cultura, civiltà o popolo può aver creato questi "miti" e, ancor di più, padroneggiato conoscenze scientifiche tali da condurre alla costruzione di strumentazione con un così alto grado tecnologico, come documentatoci da molti antichi testi in sanscrito? Il tentativo di comprendere le origini della scienza e delle tradizioni indiane ci porta inesorabilmente verso un solo punto, ovvero le civiltà che la precedettero e che preservarono e tramandarono nel tempo tradizioni, miti e conoscenze fino a quando non confluirono in ciò che abbiamo definito "induismo".

La civiltà vedica si sviluppò in prevalenza nell'attuale regione del Punjab, tra India e Pakistan, e costituì il fulcro sapienziale che andò successivamente a comporre (ovvero a trasporre da tradizione orale in forma scritta) i testi religiosi conosciuti come

---

[37] Come ad esempio l'importanza che sembra attribuita alle abluzioni e alla pulizia del corpo e la sua apparente non-violenza.

Veda, parola derivata dalla radice sanscrita *vid* che significa "conoscenza".

I *Veda* costituirono l'incarnazione di ogni saggezza e insegnarono «*Il modo di ottenere la purezza del cuore abbandonando le impurità*». Secondo l'induismo la loro rivelazione avvenne all'alba dei tempi e fu ininterrotta e infinita. Il più antico dei quattro libri che lo compongono, il *RigVeda*, si suppone sia stato composto nel II millennio a.C. con un uso del dialetto vedico nella composizione dei testi sacri che perdurò fino circa al V secolo a.C. quando iniziò a emergere il sanscrito classico grazie all'opera del riformatore grammaticale Panini. Molti studiosi, sia indiani sia europei, discordano però da questa datazione classicistica ritenendo che i *Veda* siano molto più antichi. Ne sono un esempio gli studi compiuti dall'italiano Michelguglielmo Torri che afferma

«I due punti di forza di questa teoria[38] fanno riferimento al fatto che, fermo restando l'indicazione del 1000 a.C. come data di completamento della composizione degli inni raccolti nel *RigVeda*, non è affatto certa quale sia la data d'inizio. Questa potrebbe essere assai più antica del 1500 a.C. e risalire al 3000, al 4000 o addirittura al 7.500 a.C. Il primo elemento a supporto di questa è tratto dall'astroarcheologia, cioè dal fatto che all'interno dei *Veda* vi sia una serie di riferimenti astronomici che, una volta decodificati, fanno pensare che i compositori degli inni vedici abbiano vissuto sotto un cielo caratterizzato da configurazioni stellari e da parabole solari caratteristiche di periodi ben più antichi del 1500 a.C.»[39].

---

[38] Cioè dell'origine autoctona della civiltà vedica.
[39] M. Torri, *Storia dell'India*, Laterza, 2000 Bari, p. 32.

Gli stessi studi sono stati compiuti su poemi epici come il *Mahabharata* e il *Ramayana* fornendo date estremamente vicine. È proprio nella misteriosa cultura vedica che sembrano confluire ed essere presenti retaggi e conoscenze veramente avanzati. Sempre in questo periodo si collocano molte di quelle figure che, tra leggenda e realtà storica, le tradizioni affermano avessero codificato e trasmesso ai posteri le più elevate conoscenze di un'epoca estremamente più antica.

Tale sapienza era stata tramandata «Da bocca a orecchio», da maestro a discepolo, attraverso il sistema denominato "Sruti". Con tale termine si indica ancora oggi la «Conoscenza udita al principio dei tempi» e trasmessa oralmente dalla casta sacerdotale dei brahmini. È quindi proprio in questo periodo di transizione, tra il VII e il V secolo prima di Cristo, che si verifica una trasformazione della civiltà e della religiosità indiana. La sapienzialità vedica muta e confluisce nella religiosità induista mentre, parallelamente, nel VI secolo a.C. inizia a sorgere e proliferare il buddismo.

Questa confluenza di eventi e tradizioni storiche non portò a una cancellazione degli antichi retaggi bensì a una loro trasformazione, a una loro fusione all'interno di queste nuove correnti filosofiche e religiose.

È forse per tali motivi che ancora oggi l'induismo e il buddismo in primis, sembrano ammantarsi di una sacralità senza eguali ma anche di un misticismo, un fascino e una profondità uniche nel loro genere.

Nell'analisi di questo quadro così eterogeneo e diversificato emergono prepotentemente alcune realtà che, anche in questo caso, ci impongono di vedere con oggi diversi ciò fino ad oggi credevamo come assodato. Un caso particolare sono i gruppi etnici che abitavano questo ampio territorio.

I Kalash del Pakistan

Un antico retaggio preservatosi per millenni? Un gruppo etnico presente ancora oggi in Pakistan potrebbe, forse, avvicinarci ad alcune risposte. Ci riferiamo all'etnia Kalash, un popolo che, a prima vista, sembra costituire un *non sense* etnico all'interno di uno stato e di una zona geografica dalle marcate caratteristiche

etniche e fenotipiche. I Kalash sono biondi, occhi azzurri o verdi, possiedono le tipiche caratteristiche che oggi definiremmo di una popolazione "nordica", discostandosi totalmente dall'incarnato scuro, gli occhi neri, i capelli del colore della notte tipici di quasi tutte le popolazioni di questi luoghi.

L'ipotesi è sempre stata che i Kalash discendessero dalle guarnigioni di Alessandro Magno ma qualcosa sembra mettere in dubbio questa possibilità. Gli stessi esponenti (ormai pochi) di questa isoletta "infedele" e minacciata, circondata da un mare islamico, sostengono di provenire dalla fusione tra i greco-macedoni, che si sarebbero spinti fino al Kafiristan nel IV secolo a.C., e le donne locali. Come nota però Sergio Stocchi, dopo aver verificato l'assoluta assenza di comuni tratti linguistici e culturali

«[…] Non è facile accettare l'ipotesi della origine greca dei Kalash. Molto più convincente invece, e non meno suggestiva, è l'ipotesi che si tratti di un esemplare superstite della popolazione autoctona, gli arii. Quegli stessi arii, o ariani, portatori della religione vedica, che migrando millenni or sono dai monti dell'Asia centrale scesero nelle pianure del sub-continente indiano e, mescolandosi con i preesistenti popoli dravidici, diedero origine alle attuali popolazioni dell'India. Piccoli e scuri i dravidi; alti, forti e di pelle chiara gli arii. Sono i due estremi etnici ancora evidenti oggi in India confrontando i tamili del sud con i pungiabi del nord».

Secondo un recente studio genetico[40], sembra infatti che i Kalash siano effettivamente un "isolato genetico" ma di più antica costituzione rispetto alle invasioni ariane precedentemente citate. Le analisi del dna portano a localizzare la nascita di questo gruppo etnico tra i 10 e i 13.000 anni, differenziandosi dal circostante gruppo asiatico centromeridionale. Inoltre, una parentela genetica con i popoli europei orientali della cultura delle tombe a fossa di Jamna (tra l'altro antenati in parte dei norvegesi) sembra indicare che i caratteri fisici dei Kalash siano di tipo europeo da millenni e non frutto di una mescolanza in età classica.

Tali dati ci portano a considerare seriamente la possibilità che questa enclave risalga non solo agli albori della civiltà asiatica ma possa costituire anche un isolato genetico di quel popolo Ario, "nobile", che per millenni avrebbe governato sull'India e su molte altre terre.

---

[40] Q. Ayub, M. Mezzavilla, L. Pagani, M. Haber, A. Mohyuddin, S. Khaliq, S. Q. Mehdi and C. Tyler-Smith, A. J. Hum Genet, *The Kalash Genetic Isolate: Ancient Divergence, Drift, and Selection*, 2015 May 7; 96(5): 775–783.

La genetica conferma

Quanto andremo ad esporre in questo paragrafo è di profondo aiuto per ampliare quanto precedentemente evidenziato riguardo non solo gli intensi scambi commerciali che occorsero tra le popolazioni della Valle dell'Indo e la Mesopotamia, almeno dal III millennio a.C., ma anche e soprattutto per evidenziare come parte del loro patrimonio genetico sia comune e si perda in epoche così remote che la nostra storiografia ancora non è riuscita a decifrare. I dati che presenteremo sono un punto di partenza in costante evoluzione e che, a tutti gli effetti, sembrano andare in controtendenza rispetto a quanto prospettato fino a poco tempo fa. Ricercando nella letteratura scientifica scopriamo che in un articolo[41] apparso sull'«*American Journal of Human Genetics*» nel febbraio 2006, a firma di Sengupta e collaboratori, si affermava che:

> «[…] La nostra conclusione generale è che nell'Olocene un'espansione precoce nell'India nordoccidentale (tra cui la Valle dell'Indo) ha contribuito a portare i cromosomi R1a1-M17 sia alle tribù dell'Asia centrale sia del Sud asiatico prima dell'arrivo degli Indo-Europei […] non c'è alcuna prova per concludere quindi che l'Asia centrale sia stata necessariamente il donatore recente, e non il recettore, dei lignaggi R1a».

L'Olocene citato ha avuto convenzionalmente origine 11.700 anni fa (quindi nel 9.700 a.C.) e si colloca fra il massimo freddo dell'ultima glaciazione e l'optimum postglaciale posto circa 7.000 anni fa (quindi nel 5.000 a.C.).

---

[41] www.pubmedcentral.nih.gov/articlerender.fcgi?artid=1380230

Le analisi condotte da Sengupta implicano che le teorie sull'origine centrasiatica del gene R1a1 non hanno dimostrato definitivamente la loro plausibilità ma sembra oltremodo veritiero l'esatto contrario, ovvero che l'Asia centrale abbia avuto una presenza più recente, rispetto all'area indiana, dell'R1a1, il gruppo genetico candidato a rappresentare gli indoeuropei.

Per quanto l'articolo di Sengupta continui a considerare valido il dogma dell'invasione indoeuropea non fornisce parimenti nessuna prova di tale migrazione. I dati però confermano l'antichità di questo marcatore genetico, soprattutto nelle zone indo-pakistane. Gli studi[42] dell'antropologo k.a.r. Kennedy sugli scheletri rinvenuti ad Harappa (Pakistan) lo hanno portato a concludere come l'antica civiltà dell'Indo sia del tutto affine alle popolazioni attuali e non vi siano discontinuità sostanziali riscontrabili nel loro genotipo tra il 4.500 e l'800 a.C., quindi nemmeno nel periodo indicato per l'invasione ariana, ovvero il II millennio a.C.

Ciò significa che la cosiddetta "invasione ariana" viene inesorabilmente confutata dalla genetica e, nonostante non si possano negare flussi di popoli entro quelli che sarebbero diventati successivamente i confini indiani, tale invasione non ebbe mai luogo così come ci è stata prospettata fino a poco tempo fa dalla storia. Lo studio di Kennedy ci dice inoltre che una parte della civiltà Harappa non emigrò dagli antichi confini ma rimase stabilmente in quei territori, formando la successiva civiltà vedica, antenata del moderno induismo. L'elemento fondante di tale filo conduttore è stato il marcatore genetico denominato aplotipo R1a1 presente sul cromosoma Y. Si ribaltano quindi i fattori, e dalle analisi genetiche condotte risulta

---

[42] Kennedy 1995, pp. 32-66.

evidente come non vi sia stata alcuna invasione "verso" l'India bensì dall'India verso altri territori, tra cui quello europeo e del Vicino Oriente.

La prova genetica della migrazione dall'India all'Europa

Gli studi del genetista americano P.A. Underhill sul gruppo R1a[43] sembrano gettare nuova luce su quanto evidenziato fino a questo momento. La mappa sotto riportata mostra, nella sua parte più grande, la frequenza dell'aplogruppo R1a1a-M17, mentre la mappa più piccola (in basso a sinistra) l'età calcolata in diverse regioni dell'Eurasia.

Appare evidente come l'area più antica corrisponda al Sind e al Gujarat, con un'espansione verso ovest che trova nuove apparenti aree di irradiazione nel Caucaso e in Polonia. Di non minor conto è una presenza quasi isolata, ma per noi di grande interesse, nel bacino mesopotamico a indicare che un flusso migratorio sostenuto si irradiò anche in quei territori. Nello studio di Underhill si afferma chiaramente come nella Valle dell'Indo l'aplogruppo R1a1a, risulti più antico del 12.000 a.C., mentre in Polonia, Slovacchia e Creta risalirebbe al 9.200 a.C. circa. Proseguendo, lo studio rileva come nel Kirghizistan, che possiede un'alta percentuale di individui portatori dell'R1a1a, l'antichità di questo aplogruppo sembra risalire solo al 3600 a.C. mentre nell'Altai al 6.100 a.C.

Sulla base di tali valori, forniti dalla ricerca genetica, possiamo desumere che una popolazione sud-asiatica si diffuse prima

---

[43] Underhill et altri, 2010, pp. 479-484.

verso l'Europa, e più tardi verso l'Asia centrale. Non c'è dunque una migrazione antica dall'Europa verso l'Asia meridionale, o dall'Asia centrale verso quella meridionale, ma l'esatto contrario. Automaticamente, quindi, la cosiddetta "teoria dell'invasione ariana" perde necessariamente ogni possibile validità storica.

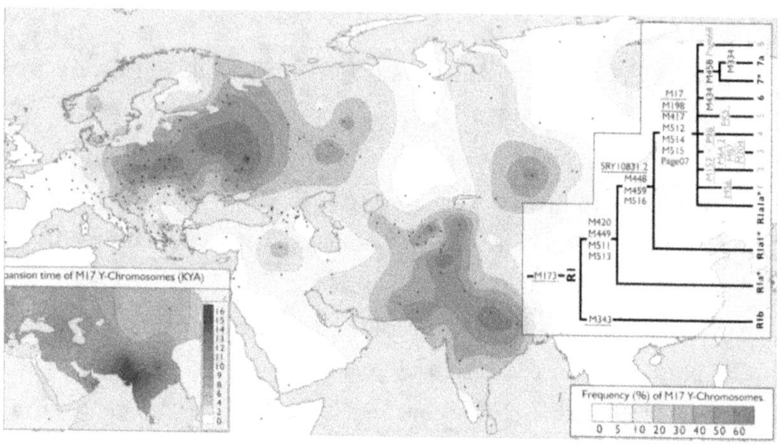

Mappa della distribuzione genetica dell'aplogruppo R1a1a che mostra
la sua irradiazione dall'India verso l'Europa.

Se volessimo identificare o associare l'aplogruppo R1a1a con i così detti Indoeuropei dovremmo ammettere che la loro origine fosse nell'Asia meridionale, e non nell'Europa orientale, laddove l'R1a1a sembra essere il solo aplogruppo che unisca con frequenze significative Indoarii, Iranici, Anatolici, Greci, Slavi e Germanici.

Le origini dei brahmani e degli indoeuropei

Uno studio[44] pubblicato il 9 gennaio 2008 sul «*Journal of Human Genetics*» riportava, invece, una notizia riguardante le origini genetiche della casta dei brahmani. Il Dr. Swarkar Sharma e i suoi collaboratori hanno evidenziato come, diversamente dalla teoria dell'invasione "ariana", la casta braminica non provenga da regioni esterne a questo territorio ma siano una realtà profondamente autoctona e presenti da millenni nel sub-continente indiano, condividendo una forte presenza e differenziazione (quindi antichità) del gruppo genetico R1a1 con le popolazioni tribali come i Saharia, che non parlano alcuna lingua indoeuropea, e i Munda del gruppo austroasiatico. Da quanto si deduce, se tale aplogruppo fosse originario della regione indiana, diversamente da una precedente teoria che lo voleva originario dell'Ucraina[45], significherebbe che l'origine degli Indoeuropei potrebbe essere proprio in quest'area, come supposto dai primi sanscritisti europei già nel XIX secolo, come a esempio Friedrich von Schlegel! Naturalmente non bisogna confondere genetica e linguistica, ma questo è un dato da non ignorare nelle future discussioni sull'origine etnica degli indoeuropei.

Gli studi genetici[46] ci permettono di chiarire[47] come la popolazione indiana sia il risultato di due componenti principali, una meridionale più antica, databile a 65.000 anni fa e

---

[44] Sharma et altri, 2009, pp. 47-55.

[45] www.en.wikipedia.org/wiki/Haplogroup_R1a_(Y-DNA)

[46] www.nature.com/nature/journal/v461/n7263/full/nature08365.htm

[47] www.nature.com/nature/journal/v461/n7263/extref/nature08365-s1.pdf-s1.pdf

identificabile con il fenotipo dravidico, e una settentrionale apparsa nel subcontinente indiano circa 45.000 anni fa[48][49]. Tale componente settentrionale è affine alle popolazioni centrasiatiche, mediorientali ed europee, mentre quella meridionale si rivela molto isolata, anche se nel corso dei millenni si è ampiamente mescolata con quella settentrionale, dando origine agli Indiani attuali.

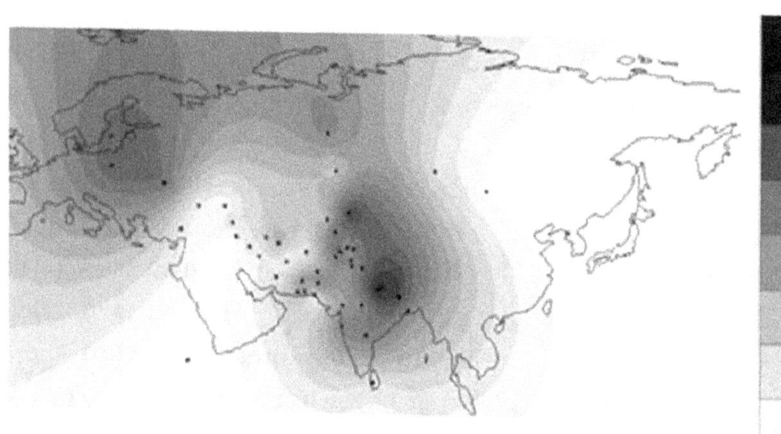

Questa cartina ci mostra l'intensità della frequenza di questo aplogruppo (del cromosoma Y, quindi del lignaggio maschile) R1a1, mostrandoci che è ben presente anche nell'Europa orientale, quindi, unendo popoli parlanti indoeuropeo come gli Indiani, alcuni Iranici e molti Slavi (nell'Europa occidentale è più raro), è stato candidato a marcatore degli Indoeuropei.

Se volessimo, quindi, estrapolare un nesso tra i dati riportati, ovvero genetica e linguaggio, potremmo ipotizzare che il

---

48 www.dnaindia.com/scitech/report_indians-are-one-people-descended-from-two-tribes_

49 tribes_1292864tribes_1292864
www.timesofindia.indiatimes.com/news/india/Aryan-Dravidian-divide-a-myth-Study/ articleshow/5053274.cms

protoindoeuropeo si sia formato nell'Asia meridionale occidentale in popolazioni R1a1a, che si sono poi espanse sia nell'India settentrionale sia nell'Asia centrale e nell'Europa orientale, creando un'area protoindoeuropea (la "*Aryan belt*" di Sethna, tra Ucraina e India settentrionale) in epoca neolitica. Questi dati ci permettono di riscrivere in parte la nostra storia perché dimostrano, genetica alla mano, come una parte considerevole non solo della popolazione orientale ma anche delle loro conoscenze e tradizioni sia confluita in territori a noi più vicini, influenzando e forse anche indirizzando molte culture nei secoli e nei millenni successivi.

Itihasa, ciò accadde realmente

Possiamo comprendere quanto appena detto attraverso il termine *Itihasa*. Il vocabolo deriva dal sanscrito e significa "ciò accadde realmente". Si riferisce, in modo collettivo, alle scritture epiche e sacre dell'induismo, testi che descrivono le gesta di "incarnazioni" divine manifestatesi sulla Terra e in cui furono – nella loro poliedricità – affiancate, sofisticate, esposizioni filosofiche che sono ancora oggi considerate autentici punti di riferimento per l'etica e le pratiche spirituali. Nonostante tali opere siano definite in ambito occidentale come "mitologia" o "letteratura indiana", questa classificazione non coglie minimamente la centralità dei profondi significati religiosi e spirituali intrinseci allo stesso del termine *Itihasa* alle quali, attualmente, credono la maggior parte degli Induisti. Le *Itihasa* più importanti sono il *Ramayana* e il *Mahabharata*, di cui la *Bhagavad Gita* costituisce una parte. Nella loro estensione includono anche un voluminoso gruppo di opere note come

Purana. Le epiche del *Mahabharata* e del *Ramayana* sono scritture epiche ma allo stesso tempo religiose e indissolubilmente compenetrate nella filosofia induista, ricoprono la funzione di parabole e costituiscono fonti di devozione (*Bhakti*). Prima di tutto sono considerate però "eventi accaduti realmente", fatti storici che sono stati successivamente trasposti, attraverso la prosa e la poesia, in uno strumento educativo, ovvero che ricordasse il più antico passato di questi popoli e delle loro tradizioni millenarie.

Tradizione Orale

> *«I Veda ci rivelano la Verità dell'Uno nella forma di molte Divinità.*
> *L'adorazione di ciascuna di queste è come un ghat sul fiume chiamato Veda*
> *[…] Queste diverse forme sono come rami che hanno una radice medesima».*
>
> Shankarachaya di Kanchi Sri
> Chandrasekharendra Saraswati

L'essenza dell'Induismo è contenuta nel *Vedanta*, un'epitome che racchiude assieme la tradizione scientifica e teologica di questa religione. Secondo il mito si tratta di una sapienza senza tempo scaturita dai *Veda*, i testi sacri, e definita *Apaurusheya* cioé "rivelata dall'Assoluto e non composta da mano umana", nonché eterna, *anadi*.

Il *Veda* delinea i confini dell'ortodossia indù, ne è l'autorità suprema, *pramana*. Al suo interno si ritrovano i fondamenti della cultura, della spiritualità, delle arti, delle tradizioni e delle scienze induiste. I suoi contenuti e richiami hanno attratto l'attenzione di alcune delle menti scientifiche e filosofiche più elevate che siano apparse negli ultimi secoli, figure come Erwin Schrödinger, Robert Oppenheimer, Albert Einstein, Aldous Huxley, Arthur Schopenhauer, Herman Hesse, Carl Gustav Jung e molti altri ancora.

Nella sua complessa vastità il *Vedanta* descrive miliardi di anni di storia e di evoluzione, la creazione dell'universo, le scienze medicinali, metallurgiche, viaggi nello spazio, embriologia, arte, musica e moltissime altre discipline. Non è un'esagerazione affermare che non esista branca del sapere umano che non sia stata trattata o affrontata nei *Veda*. La tradizione orale dei canti vedici, ovvero della recitazione sotto forma di "cantilene" dei contenuti appresi mnemonicamente, è stata inoltre dichiarata dall'unesco "Patrimonio Intangibile dell'Umanità" il 7 novembre del 2003[50].

Il termine *Vedanta* indica la parte finale della letteratura vedica e comprende le quattro *Samitha* (*Rigeda, Samaveda, Yajurveda* e *Atharvaveda,* composte – ovvero messe in forma scritta – tra il 2000 a.C. e il 1100 a.C.), i *Brahmana* (composti intorno al X secolo a.C.), gli *Aranyaka* (composti anch'essi intorno al X secolo a.C.) e infine le *Upanishad* (composte tra l'800 e il 500 a.C.).

In questo senso con il termine *Vedanta* si indicano le *Upanishad* vediche, considerate la "conclusione" (*anta*) di tutta la

---

[50] At Paris, Mr. Koichiro Matsuura, Director-General of unesco, declared the chanting of Vedas in India an outstanding example of heritage and form of cultural expressions. The proclamation says that in the age of globalization and modernization when cultural diversity is under pressure, the preservation of oral tradition of Vedic chanting, a unique cultural heritage, has great significance.

conoscenza. L'*Advaita Vedanta* è probabilmente la più nota fra tutte le scuole Vedanta della religione induista. Letteralmente il termine Advaita significa "non duale", ma viene anche utilizzato per indicare il sistema monistico su cui si fonda il principio dell'indivisibilità del Sé o Atman dall'Unità (Brahman). I testi fondamentali da cui derivano i *Vedanta* sono le *Upanishad*, o commenti ai *Veda*, e i *Brahma Sutra*, anche conosciuti come *Vedanta Sutra*, nei quali si concentra la discussione sulla natura intima delle *Upanishad*.

Il primo grande codificatore dell'*Advaita Vedanta* fu Adi Shankara (788-820) un personaggio che, come abbiamo avuto modo di vedere[51], incanalò all'interno della sua riforma religiosa anche una serie di conoscenze "segrete" provenienti dalle antiche scuole sapienziali. La filosofia che propose fu così influente che capitalizzò negli anni il monismo dormiente e la conoscenza mistica sull'esistenza proseguendo anche la linea di pensiero di alcuni Rishi espressa nelle *Upanishad* e, in particolar modo, la testimonianza di Gaudapada esposta nella sua opera principale, *Karika*, scritta come commento alla *Mandukya Upanis.ad*.

Shankara espose la dottrina dell'Advaita, che afferma la realtà assoluta come unica realtà e la realtà fenomenica come continuo divenire. Quindi l'unica realtà possibile è quella non duale, mentre il mondo, soggetto al continuo divenire, ha una natura illusoria, in quanto impermanente. Adi Shankara è oltremodo importante nella nostra trattazione perché la sua linea sapienziale divenne depositaria di quella conoscenza che preservò e custodì testi come il *Vymanika Shastra*. Il *Vedanta*, come abbiamo visto,

---

[51] E. Baccarini, *I Vimana e le Guerre degli Dei*, Enigma Edizioni, 2014 Firenze.

costituisce un'epitome scientifica e religiosa della tradizione induista e Shankara ne fu il principale conservatore e codificatore per le generazioni future.

La Conoscenza

> «*Non vi è nulla di coperto che non sarà svelato,*
> *nulla di nascosto che non sarà conosciuto*».
>
> Luca, 12, 2

Abbiamo rilevato più volte come l'antica conoscenza vedica fosse stata tramandata per via orale nel corso delle generazioni. Nel *Rigveda*[52] leggiamo

«Un uomo illetterato può non vedere il linguaggio anche se questo sia visibile e può non comprenderlo anche se lo ascoltasse. Ma lei (il linguaggio) espone il suo corpo a una persona letterata come una moglie lo svela al suo marito».

Secondo Raja Ram Mohan Roy, autore di *Vedic Physics*:

«La conoscenza contenuta nei *Veda* è profondamente ermetica e va oltre la comprensione ordinaria degli esseri umani. Tuttavia i saggi vedici codificarono la conoscenza in una forma più semplice che potesse essere compresa da chiunque.

Il *Rigveda* stesso testimonia come nei versi sacri fosse presente[53] un significato nascosto. Il saggio Bharata, nel suo testo *Natyasastra*[54], parla ai saggi e sapienti che conoscono il significato nascosto dei Veda.

---

[52] *Rigveda* 10.71.4.
[53] *Rigveda* 4.3.16.
[54] *Natyasastra* 2.23.

Questa codificazione della sapienza si dimostra essere veramente ottimale per disseminare la conoscenza tra la gente comune. Ciò spiega anche perché siano state compiute iniziative straordinarie per preservare i *Veda* e il perché sia stato tributato così tanto onore a questo testo sacro dagli induisti, nonostante il suo vero significato sia poco compreso ancora oggi. Alla vigilia della Guerra del Mahabharata, i nostri antenati credettero che la loro conoscenza fosse in pericolo di essere perduta. Essi poterono metterla in forma scritta ma gli scritti avrebbero potuto essere distrutti pertanto fu memorizzata e trasmessa in forma orale. Oggigiorno l'*Avesta*, le scritture religione degli antichi iraniani, sono disponibili solo in parte. Alessandro quando invase l'Iran nel 326 a.C. e dopo una guerra estremamente sanguinosa, distrusse ogni copia che trovò dell'*Avesta*»[55].

Disponiamo quindi solo di una parte di questa antica religione e della sua sapienza millenaria nonostante si sia cercato di preservarla a ogni costo.

Quale è il significato del linguaggio (*Viik*)? Le parole pronunciate non possono essere visibili, ovvero comprensibili, a tutti ma il *Rigveda* asserisce che il *Vàk* è visibile anche se non può essere visto. Secondo l'induismo più antico e rigoroso, le parole scritte sono manifeste ma non sono e non possono essere espressione vocale. Il semplice osservare non è sufficiente a comprenderle e dobbiamo leggerle e vocalizzarne i suoni per comprenderne la natura essenziale.

Il *Rigveda*[56] afferma che le parole e le lettere dei versi contenute al suo interno sono «da casa degli Dei nel cielo». Una parola scritta è eterna se comparata a una parola vocalizzata destinata a svanire

---

[55] Raja Ram Mohan Roy, *Vedic Physics*, Mount Meru Publishing, 2015.
[56] Rigveda 1-164-39.

immediatamente. Gli indiani considerano le parole contenute nel *Rigveda* come *Aksara*, non deperibili, perché destinate a preservarsi eternamente nel tempo oltre che nella memoria dei saggi, nelle rocce, sulle foglie di palma, ecc.

Sempre secondo Raja Ram Mohan Roy, e in particolar modo per i Purana, l'universo attuale iniziò 15.5522×10^{13} di anni fa e finirà tra 15.5518×10^{13} anni. Quindi il modello indiano dell'universo, fin dall'antichità più remota, risulta essere 10^4 volte più antico di quanto predetto dalla moderna, teoria del Big Bang.

Sempre secondo le antiche scritture indiane, l'universo visibile è solo uno degli innumerevoli universi esistenti e, in questo, accoglierebbe 8.4×10^6 specie viventi[57].

Secondo il sistema religioso indiano la biodiversità dipenderebbe dai differenti livelli della coscienza che, a sua volta, evolverebbe secondo il principio della trasmigrazione delle anime.

Ovviamente la sapienzialità induista fonde nozioni scientifiche ad altre religiose creando un'unione indissolubile tra le due realtà. In occidente abbiamo volontariamente voluto dividere scienza e religione in due entità distinte, e talvolta antitetiche, ma non potremo mai conoscere la realtà ultima delle cose e quindi non potremo mai assolutamente negare che il "sistema indiano" possa, nella sua essenza, contenere elementi di verità o la Verità stessa.

Il *Vedanta* costituisce quindi la dottrina scientifica e teologica dell'induismo e mostra nei suoi principi come non esista alcun conflitto tra principi scientifici e religiosi considerandoli "semplicemente" due facce di una stessa medaglia. Nel *Vedanta* questi due aspetti sono "complementari" principalmente in

---

[57] Raja Ram Mohan Roy, *ibidem.*

ragione del fatto che la comprensione di questi due domini è ben delineata e codificata. Nell'induismo esistono due categorie legate alla conoscenza; la prima è la *para vidya* ovvero la "conoscenza spirituale", mentre la seconda è la *apara vidya*, la "conoscenza materiale".
Per l'induismo la conoscenza materiale conduce a quella spirituale.

Capitolo - II Il Pralaya, il grande Diluvio

Il mito della creazione

Quanto appena esposto si colloca come una possibilità scientificamente plausibile ma certamente estrema rispetto a periodi temporali a noi molto più vicini e indagabili, come quelli presi in considerazione in questo libro, e con gli strumenti attualmente a disposizione.

Nel nostro viaggio all'interno della tradizione indiana risulta fondamentale approfondire il loro mito della creazione al fine di poter proseguire la nostra trattazione e analizzare meglio il loro mito del diluvio. I miti cosmogonici induisti sono numerosi e li ritroviamo già nei *Veda* ma troveranno ulteriore sviluppo con le *Brāhman.a* e le *Upanishad* così come nelle epiche del *Mahābhārata* e del *Rāmāyan.a* e nei *Purān.a*[58]. Per quanto possano differire in alcuni loro contenuti e leggende, nondimeno, in quasi tutti Brahma è rappresentato in veste di creatore e demiurgo. I miti induisti si discostano notevolmente, ed in modo evidente, da quelli biblici o dei sumeri che sono di tipo creazionistico e nei quali l'uomo è "generato" da un essere divino.

---

[58] Poupard 2007, *Dizionario delle religioni*, Mondadori, alla voce "cosmogonia nell' induismo" di Jean Varenne, pp. 369-371.

Il mito indiano più comune narra che all'alba dei tempi l'uovo cosmico denominato *Hiranyagarbha*, o "grembo d'oro"[59] galleggiava nell'oceano primordiale avvolto dall'oscurità della non-esistenza. Quando si dischiuse, dalla metà superiore del guscio nacque il cielo, da quella inferiore, fatta d'argento, nacque la terra. Le membrane interne del guscio formarono le montagne e quelle esterne le nuvole, le vene e i liquidi formarono i fiumi e i mari.

L'inno *Purus.a Shakta* (x, 90) del *Rigveda* afferma che dal sacrificio dell'uomo cosmico, il *Purus.a*, nacquero le caste indiane: dalla bocca uscirono i brāhmana, gli kshatrya dalle braccia, i vaishya dalle gambe e gli shudra dai piedi.

Il *Rigveda*, ritenuto tra i testi religiosi più antichi del pianeta, possiede un suo "Inno della Creazione"[60] che, in una prosa quasi poetica, descrive gli eventi prima che ogni cosa fosse creata. L'autore, chiunque esso sia/siano stato, affronta il mistero più impenetrabile e profondo che l'uomo abbia mai cercato di sondare ovvero l'origine dell'universo e di tutto quanto ne è conseguito, alternando nella sua prosa visioni e affermazioni di grande spessore filosofico. In quel momento non vi era né l'esistente, né il non-esistente.

Non vi era aria, né il cielo che è al di là.
Che cosa conteneva? Dove? Chi proteggeva?
C'era l'acqua, insondabile, profonda?
In quel momento non vi era né la morte né l'immortalità.
Non vi era segno della notte, né nel giorno.

---

[59] Identificato anticamente con l'anima cosmica e più tardi con Brahmā.
[60] "Inno della Creazione", *Rigveda* X.129.

L'Uno respirava, senza respiro, con il suo stesso potere.
Oltre a quello non vi era nient'altro.
In principio vi era oscurità nascosta da oscurità; indistinguibile,
tutto questo era acqua.
Ciò che era nascosto dal vuoto, l'Uno, venendo in essere, sorse
attraverso il potere dell'ardore.
In principio il desiderio venne prima di tutto, che fu il primo
seme della mente.
I saggi che cercavano nei loro cuori con saggezza scoprirono il
legame dell'esistente con il non-esistente.

La loro corda fu estesa attraverso:
che cosa c'era al di sotto e che cosa c'era al di sopra?
C'erano portatori di semi, c'erano poteri; vi
era energia al di sotto, e impulso al di sopra.
Chi lo sa veramente? Chi può qui dichiarare da
dove è stata prodotta, da dove viene la creazione?
Dalla creazione di questo universo gli Dei vennero
successivamente:
chi allora sa da dove ciò è sorto?
Da dove questa creazione sia sorta, se
lui l'ha fondata oppure no: lui che la
sorveglia nel più alto dei cieli, lui solo
lo sa, o forse non lo sa.

Sempre nei *Veda*, è narrato che l'universo scaturì dalla "parola", *vāc*, mostrandoci come il suono e la "vibrazione" possiedano per questa religione un valore sacrale fondamentale.

Nei *Purān.a* si afferma invece che vi furono diverse creazioni e distruzioni, rientrando nei ritmi della ciclicità tipici dell'induismo.

Emblematico un passo della *Brahma Samhita* (5.48) in cui si dice che:

«Il Mahaa-Vis.n.u, in cui tutti gli innumerevoli universi entrano e da cui tornano indietro semplicemente seguendo il suo respiro, è un'espansione di Krishna. Quindi io adoro Govinda, Krishna, la causa di tutte le cause».

Krishna non è che una delle innumerevoli "manifestazioni" del Brahma, l'Essere Supremo, a cui i Bakti Vaishnava sono devoti. Il *Rigveda* prosegue descrivendo come Brahma, seduto sopra il loto e mentre stava finendo di nascere, volse il suo sguardo intorno a sé ma non percepì niente. Gli occhi dei suoi quattro volti videro unicamente una immensa distesa di acque coperta da una spessa nebbia. La bellezza di quel paesaggio lo portò in un profondo stato di contemplazione ma anche di meditazione fino a quando una voce gli suggerì di pregare l'Essere Supremo.

In quell'istante apparve il Dio nella forma di un uomo dalle mille teste. Brahma si prostrò e, compiaciuto dal rispetto nei suoi confronti, l'Essere Supremo dissipò le tenebre mostrando a Brahma lo spettacolo della sua essenza in cui erano nascoste e addormentate tutte le forme e la vita di tutte le creature. Brahma ottenne quindi il potere e la facoltà di creare queste forme di vita.

Brahma rimase assorto nella contemplazione di questa immensa creazione per la durata di un anno divino, equivalente a 3.110 milioni e 400 mila anni umani, e solo in quel momento l'Hiranyagarba iniziò la sua opera.

Secondo la tradizione induista il potere del suo pensiero portò alla divisione dell'uovo primordiale, l'Hiranyagarba, in due parti da cui si formarono il cielo, la terra e l'atmosfera. Nacquero così i tre mondi. Durante questo periodo, Brahma distribuì le otto regioni celesti che comprendevano i quattro punti cardinali e gli altri quattro punti intermedi. Creò i sette Warga o sfere celesti, i sette Patala o regioni inferiori, che insieme costituiscono i quattordici mondi di purificazione. La creazione ebbe forma in tutte le sue molteplici derivazioni e possibilità. Brahma creò inoltre i *Veda*, che uscirono dalle sue quattro bocche, insieme agli Asura e ai Deva e ad altri esseri che ebbero l'incarico di dirigere e governare le differenti parti della creazione.

Nonostante tutto la Terra rimase ancora senza vita, così Brahma decise di popolarla. Divise il suo corpo in due parti rendendolo un essere androgino metà femmina e metà uomo, dall'unione di queste due metà fu generato *Viradi* che già da subito si consegnò all'austerità più severa. Manu-Swayambhuva diede a Viradi come moglie Satarupa, benedicendoli disse loro di riprodursi e moltiplicarsi sulla terra.

A sua volta, Manu diede vita a dieci uomini santi chiamati *Maharichi* o *Prajapati*, "signori di tutte le creature", che a loro volta generarono dieci Manu che nella loro era diressero e costruirono il mondo. Manu si unì a Satarupa e da questo incontro nacque la prima coppia di esseri umani: Adimo, il primo uomo e Prakriti, la prima donna. Successivamente la coppia cambiò forma, Satarupa prese le sembianze di una vacca e Manu quella di un toro e da questa unione nacquero due vacche. In seguito presero le sembianze di una giumenta e di un cavallo e da tale unione nacque la razza equina, così fino a creare ogni coppia di animali.

Sopra il mito della creazione esistono in India diverse leggende, talvolta alquanto diverse tra di loro ma comunque quasi mai incentrate su un dio che "fabbricò", come nel caso occidentale, l'essere umano. Osservando infatti i miti sumeri, ebraici, cristiani o islamici (così come di molti altri popoli) solitamente la divinità creatrice all'alba dei tempi plasmò l'essere umano attraverso elementi naturali come l'argilla o la creta per poi solo successivamente soffiare al loro interno la vita. Nel caso indiano ci troviamo invece davanti a un processo ben diverso che potrebbe essere definibile in una creazione *ex nihilo* ovvero senza l'intervento di materia vivente o naturale ma solo grazie all'azione pensante e alla volontà senziente dell'Essere Supremo.

Adama e Havyavati

L'uomo ebbe così vita e, riproducendosi, popolò il nostro pianeta. Nella nostra ricerca ci siamo trovati davanti a miti temporalmente più vicini a noi, di grande interesse, che ci conducono a un'epoca precedente al Diluvio indiano (*Pralaya*) e che ci permettono altresì di comprendere meglio non solo il contesto ma anche le tradizioni che andremo ad analizzare successivamente.

Possiamo trovare questi dati nei *Purana*, un gruppo estremamente esteso e variegato di testi sacri induisti, definiti anche il *Quinto Veda*. Costituiscono l'antica tradizione, dalla traduzione letterale del termine sanscrito, riguardante le pratiche di culto, la storia e i miti del mondo induista. Sono divisi in 18 *MahaPurana*, 18 *UpaPurana* minori e almeno altri 180 testi.

Tra i 18 Purana maggiori, troviamo il *Bhavishya Purana* che, nel capitolo denominato *Prathisarga Parva* la cui trasposizione scritta da tradizione orale appare circa nel I secolo dell'era cristiana, ritroviamo la storia di Adama e Havyavati, ritenuti i progenitori della razza *Mlechha* ovvero dei "non ariani", intesi come non appartenenti all'induismo, al Sanathana Darma.

Il *Bhavishya Maha Purana* è un'opera scritta originariamente in alfabeto sharda dell'antico Kashmir; fu compilato da Sutta nel 3191 dell'era Laukika (che corrisponde al 115 d.C.). Il manoscritto di Sutta è però una copia di opere precedenti e ne costituisce la continuazione. Letteralmente il termine *Bhavishya* significa "futuro", indicando come i suoi contenuti costituiscano anche "profezie" che riguarderanno il futuro del genere umano e in particolar modo degli appartenenti alla religione induista.

Il testo è quasi sicuramente stato oggetto di modifiche e ampliamenti nel corso dei secoli ma pare oltremodo certo che almeno la parte a cui ci stiamo riferendo possa aver costituito una delle matrici originali dell'opera[61].

Il *Bhavishya Purana* è originariamente attribuito al dio Brahma che lo trasmise oralmente attraverso Shankara, Vishnu, Narada, Indra, Parasara, Vyasa e Samantu che, a loro volta, lo raccontarono a Re Satanika[62]. Vyasa, la stessa figura che divise il *Veda* e scrisse il *Mahabharata*, ne fu il compilatore cioè colui che mise in forma scritta il racconto orale. Il testo originariamente era composto da 5 sezioni e da 50 mila versi, purtroppo a noi sono arrivate solo 4 sezioni e 28 mila versi.

Il testo, come dicevamo, appartiene ai 18 *Purana* maggiori. Secondo gli studiosi, l'opera originale potrebbe risalire al V° a.C. ma, trattandosi di una tradizione orale, si ritiene che possa essere ancor più antica. A dare forza a questa ipotesi, secondo il lignaggio indiano, l'attribuzione dell'opera a Vyasa (figlio di

---

[61] Vartak.

[62] *Bhavishya Purana*, *Brahma Parva*, sez. 1, Sloka 30-32.

Parasara) ne testimonierebbe l'antichità giacché questo personaggio, secondo la tradizione induista, sarebbe vissuto intorno al 2000 a.C. Un estratto colloca nello spazio e nel tempo gli eventi descritti:

«Quando mancavano ottomiladuecentodue anni al termine dello Dvapara Yuga (11.302 a.C.), la Terra cominciò a essere controllata dai Mlechcha (barbari). Il primo *mlechcha* fu Adama (Adamo), la prima femmina fu *Havyavati* (Eva). Vishnu costruì per loro un grandissimo giardino a Est della città di Pradana (Pradan Aran). Questo era lungo quattro Kosa. Là vi era un albero Papa. Kali assunse la forma di un serpente si avvicinò a Havyavati e la nutrì con un cattivo frutto avvolto in foglie di Gulara. Così Havyavati disobbedì a Vishnu. Questo gli premise di generare molti figli che furono chiamati Mlechcha»[63].

Proseguendo, il *Bhavishya Purana* entra nel merito dei contenuti. I termini tra parentesi sono stati da noi inseriti come identificativo ipotetico della controparte veterotestamentaria:

«Una coppia di nome Adama e Havyvati (Adamo ed Eva) prenderanno nascita, per espandere le varie generazioni di mleccha (barbari). Vyasa disse: ascoltate ora la storia completa del Kaliyuga narrata da Suta Goswami. Nella zona orientale della città di Pradan (Padan Aran nella Bibbia), si trova un'immensa foresta. Sotto un albero di questa, chiamato papa-vriksha, (l'albero del bene e del male) L'uomo di nome Adama (Adamo) attenderà l'arrivo di sua moglie Havyavati (Eva). La persona di Kali, nelle sembianze di un serpente, li avvicinerà (Nahash in Ebraico, Naga in sanscrito) facendo loro un

---

[63] Bhavishya Purana, Prathisarga Parva, sez. 5, Sloka 15-19.

inganno. Kali li indurrà a mangiare il frutto proibito dall'albero del peccato. Così loro disubbidirono al Signore. La durata della vita di Adama sarà di 930 anni. Tutti i loro figli diventarono mleccha. Sveta (Seth) il loro figlio vivrà per 912 anni. Il figlio di Sveta di nome Anuta governerà 100 anni in meno del padre. Suo figlio Kinasa invece governerà lo stesso lungo periodo del nonno. Il figlio di quest'ultimo Malahalla (Matusalemme) governerà per 895 anni. Suo figlio Virada regnerà per 160. Suo figlio Hamuka (Enoch) sarà devoto al Signore, gli offriva sempre oblazioni di frutta; egli raggiungerà la salvezza. Egli governerà per 365 anni, e raggiungerà con il corpo il Paradiso. Il figlio di Hamuka era Matocchila. Egli regnerà per 970 anni. Suo figlio Lomaka governerà per 777 anni dopo raggiungerà il Paradiso. Suo figlio Nyuha (Noè) governerà per 500 anni. Egli avrà tre figli, Siman (Sem), Sama (Cam) e Bhava (Iafet).

Nyuha (Noè) sarà devoto al Signore. Il Signore gli apparirà in sogno, e gli dirà: "Mio caro Nyuha, ascolta per favore. Ci sarà un'inondazione tra sette giorni. Prepara velocemente una grossa barca". Egli costruirà secondo le istruzioni di Visnu una barca lunga 300 cubiti… Fatte entrare velocemente tutte le entità viventi egli entrerà per ultimo meditando sul Signore… Allora i quattro oceani s'innalzeranno e la terra sarà inondata dall'acqua. Solo le cime Visala conosciute come Badarikasrama non saranno sommerse… Il rimanente sarà distrutto. Poi il Signore deciderà di ridurre l'acqua della devastazione, così nell'arco di un anno gradualmente la terra diverrà visibile, e la barca si poserà sotto una collina in un luogo chiamato Sisina. Nyuha (Noè) con il resto dell'equipaggio usciranno. Suta Goswami continuò: Il Signore, che è il Maestro dell'intelligenza, offrì questa lingua a Nyuha (Noé). I suoi figli saranno conosciuti come Sima (Sem), Hama (Cam), Yakuta (Iafet). Hama (Cam) che sarà il secondo figlio di suo padre, avrà quattro figli conosciuti come Kusa, Misra, Kuja e Kanaam (Canaan)»[64].

Emblematico e suggestivo! Oltremodo curioso trovare una tradizione occidentale all'interno di un antico testo indiano. Come abbiamo specificato, il *Bhavishya Purana*, per quanto sia tra i testi maggiori dell'Induismo, subì nel corso dei secoli delle aggiunte ma, i riscontri effettuati hanno permesso di appurare che fin dalle sue prime trascrizioni su foglie di palma è possibile ritrovare la tradizione di Adamo ed Eva!

In alcune versioni del testo è presente una notazione non rintracciabile nella versione che abbiamo consultato e che riportiamo come curiosità storica. Riferendosi alle dimensioni della foresta identificabile con l'Eden biblico, viene detto «... una deliziosa foresta, sarà voluta da Vishnu, larga quattro Krosa, in direzione Est, verso la città di Pradana»[65].

Il Krosa è una sottomisura dello Yojana che, come ricorda[66] il grande matematico e astronomo indiano Aryabhata (476–550 d.C.), era composto da 8.000 volte un *Nri*. Un "nri" era l'altezza di un uomo medio che per la popolazione "arya" si aggirava sui 180 centimetri. Se ne desume che il giardino dell'Eden descritto nel *Bhavishya Purana* avesse una dimensione approssimativa di circa 14,4 chilometri. La sezione che andremo a vedere ora del testo è invece un dialogo tra Suta (figlio di Vyasa) e Saunaka. Viene anzitutto specificato che l'Adama (Adamo) non fu il primo uomo capostipite dell'umanità ma il primo Mlechcha, il

---

[64] Ivi, 31-39 ss.

[65] Bhavishya Purana III, 1, 4:30.

[66] Aryabhatya di Aryabhata, Dasagitika I, 5.

primo uomo di una razza non Arya, ovvero non appartenente al Sanathana Darma, l'induismo.

«Suta rispose: "Un tempo, Pradyota il figlio di Kshemaka viveva ad Hastinapura, Narada gli fece visita. Pradyota lo omaggiò. Narada disse: Ucciso dai Mlechcha vostro padre ha raggiunto il regno di Yama. […] Udite quelle parole, gli occhi di Pradyota si arrossarono per la rabbia. Senza perdere tempo fece chiamare un Brahmana esperto nei Veda e in Kurukshetra diede inizio ai preparativi. Fece costruire un'arena di sedici Yojana, un altare di quattro Angula, adorato tutti i Sura sterminò i Mlechcha»[67].

È interessante attingere ad alcuni riferimenti presenti nel testo che non solo sembrano conferirgli attendibilità storica ma anche valore intrinseco. Chi sono gli Arya e chi i Mlechcha? Arya significa letteralmente "nobile" ed è un'attribuzione del popolo vallindo che si identificò in coloro che appartenevano alla "tradizione eterna" successivamente confluita nell'induismo. Tutti coloro che non erano nati da padre e madre come specifica il testo *Le Leggi di Manu*, ove si legge:

«[…] Chi è stato generato da padre ariano e madre non ariana può diventare ariano nelle sue caratteristiche [*guna*, n.d.a] ma chi è stato generato da padre non ariano e da madre ariana non è ariano»[68].

In parole povere induisti si nasce, non si diventa. In questo contesto erano stati definiti Mlechcha, ovverosia "esterni" o "barbari".

---

[67] *Bhavishya Purana*, Pratisarga Parva, sez. 5, Sloka 2-5.
[68] Manusmrti X, 67.

In questo verso sembra chiarirsi un passo fondamentale della più antica storia indiana, ovviamente trasposta in un "mito", se ci è consentito il termine. Il verso conferma, infatti, che i Mlechcha furono sconfitti dagli Arya. Popolazioni che non appartenevano al territorio indo-pakistano furono annientate. La situazione, nel tempo, assunse però una piega diversa e in controtendenza rispetto a quanto appena descritto.

Dopo il verso sopra citato il *Bhavishya Purana*, infatti, opta per un approfondimento necessario a comprendere la situazione successiva.

In questi versi sembra di leggere la progressiva e definitiva disfatta della civiltà Arya, in cui i popoli stranieri (Mlechcha) a seguito di ripetuti tentativi di invasione, indebolirono questa cultura. Ne rende testimonianza la fuga di 88.000 saggi sull'Himalaya per rifugiarsi da questa lenta conquista. Il testo prosegue collocando temporalmente questi eventi:

---

[69] *Bhavishya Purana*, Pratisarga Parva, sez. 5.
[70] *Ibidem*, sez. 5, Sloka 12-13.

Ci troviamo davanti a una collocazione temporale davvero interessante. Il riferimento a "16.000 anni" prima della fine dello Dvapara Yuga, significa nel 19.102 a.C., laddove alla cifra esposta vanno sommati i 3102 anni del Kali Yuga.

Nonostante tutto la civiltà Arya, ci dice il *Bhavishya Purana*, continuava la sua evoluzione e, nonostante i ripetuti tentativi di invasione, era ben salda nella sua struttura. Il riferimento ai Sudra che iniziarono ad acquisire posti di potere indica però un lento declino della stessa. I Sudra, o Shudra, sono infatti la quarta casta del sistema induista, identificabili nei servitori, coloro che "usano la forza fisica nelle loro occupazioni professionali".

«Quando mancavano ottomila duecentodue anni al termine dello Dvapara Yuga, questa regione cominciò a essere controllata dai Mlechcha»[72].

Secondo il verso appena esaminato, l'invasione di popoli stranieri sembrerebbe essere avvenuta 8.202 anni prima della fine dello Dvapara Yuga, secondo logica quindi le figure di Adama e Havyavati (Eva), come capostipiti dei popoli Mlechcha, devono essere necessariamente collocati diverso tempo prima.

---

[71] *Ibidem*, Sez. 5, Sloka 14.
[72] *Ibidem*, sez. 5, Sloka 15.

Nei primi versi che abbiamo riportato poco sopra veniva fatto inoltre riferimento a un nome, Pradyota, ma non vi è relazione con la figura che diede origine all'omonima dinastia e che regnò per 138 anni nel Madhya Pradesh, tra il 799 e il 684 a.C. e il cui nome compare nella *Bhagavata Purana*, (lista dei Re del Kali Yuga). Il Pradyota di cui parla il *Bhavishya Purana* è vissuto al tramonto dello Dvapara Yuga, quindi i tentativi di conquista di Arya-Varta, ovvero della terra degli ariani, sono ben precedenti alla data del 1500 a.C. Gli eventi descritti fino a ora dal *Bhavishya Purana*, riguardano un'era precedente a quella attuale che vide come spartiacque il cosiddetto Pralaya, il grande Diluvio. Altri versi del testo risultano oltremodo interessanti:

«Così ho descritto i Re dei Mlechcha per nome. Questi avevano una cattiva condotta, parlavano e scrivevano nella loro lingua sulle rive dello Saraswati. Crebbero di numero, in modo speciale durante il Kali Yuga.

Per qualche ragione il sanscrito rimase solo in Bharata Varsha. Nelle altre regioni, linguaggio dei Mlechcha divenne popolare. Per le loro lingue i Mlechcha hanno preso spunto dal Sanscrito, traendone grande vantaggio»[73].

Il *Bhavishya Purana* sembra contenere al suo interno chiari riferimenti a ripetute invasioni da parte dei Mlechcha negli antichi territori indo-pakistani. È interessante il richiamo al fiume Saraswati, un fiume preistorico prosciugatosi migliaia di anni fa (definitivamente circa nel 1900 a.C.) e che è stato riscoperto solo in tempi recenti grazie alle fotografie

---

[73] *Ibidem*, sez. 5, Sloka 56.

all'infrarosso scattate dai satelliti Landsat[74]. Nonostante il testo stesso sia stato oggetto di aggiunte successive, è impossibile negarne il profondo contenuto che, oltre al mito, sembra delineare un preciso quadro storico oltremodo coerente e plausibile. Gli elementi che rimandano a tradizioni occidentali e al Vecchio Testamento sono ancor più sorprendenti collocando temporalmente, e in epoche ritenute del tutto estranee alla civiltà, eventi e miti specifici.

Tutto questo conduce inesorabilmente a una logica deduzione, ovvero a ritenere altamente plausibile che le antichissime tradizioni indiane abbiano conservato il ricordo dell'esistenza, almeno in India, di una civiltà precedente alla nostra. Gli antichi testi indiani ne parlano profusamente ma, come vedremo successivamente, anche l'archeologia sembra oggi confermare questa "possibilità".

Manu e il mito del Diluvio

Il *Pralaya*, ovvero il racconto del Diluvio indiano, non differisce molto dagli oltre 650 miti similari a oggi censiti e rinvenuti in tutto il pianeta. Differentemente da altre situazioni, però, in questo caso ci troviamo davanti a un numero di elementi e prove veramente considerevole che si stanno imponendo a livello internazionale al mondo accademico. Avremo modo di approfondire il tutto. Il tema dei cicli cosmici e della loro dissoluzione è sviluppato dettagliatamente nei *Purana*[75]; il *Pralaya* a cui stiamo facendo riferimento non è che l'ultimo di una serie

---

[74] valdiya 2016.

[75] Si veda W. J. Wilkins, *Hindu Mythology, Vedic and Puranic,* Thacker, Spink & Co., 1900 Calcutta, cap. X.

che, per la tradizione indiana, si sono avvicendati nel corso delle epoche e del tempo. Quello che interessa la nostra trattazione è l'ultimo Diluvio avvenuto svariati millenni fa e trasposto in forma scritta per la prima volta nel *Shatapatha Brahmana*. Il testo fa parte, appunto, dei *Brahmana* una serie di trattati composti in sanscrito vedico tra l'XI e il IX secolo a.C., e di cui rappresenta uno dei più recenti probabilmente redatto nella sua forma definitiva intorno all'VIII secolo a.C., 2.700 anni fa. Leggiamo il testo per conoscere la vicenda:

Manu era un uomo saggio e viveva nella foresta. Un giorno mentre si bagnava nel fiume un piccolo pesce, Matsya, gli saltò tra le mani.

"Oh Manu" in quei tempi mitici i pesci sapevano parlare – "non posso mai stare tranquillo in questo fiume di pesci divoratori di pesci! Portami via, salvami da questo tormento".

Manu portò a casa il pesciolino in un'ampolla e si prese cura di lui. Ma Matsya in pochi giorni crebbe e l'ampolla si fece troppo piccola per lui.

Manu lo mise in un vaso più grande, ma in pochi giorni nuovamente il pesce era troppo grande.

Allora Manu lo mise in un lago dove il pesce nuotò felice per qualche tempo, ma presto anche il lago si fece troppo piccolo.

"Padre Manu, portami sulle montagne dove scorre il Gange, là starò bene". Così Manu si mise in cammino e arrivato sulle rive del sacro fiume liberò il pesce. Anche nel Gange, Matsya, continuò a crescere, così tanto che perfino il fiume non aveva più acqua da offrirgli. Allora Manu portò il pesce al mare.

Nell'oceano Matsya trovò spazio a sufficienza, anche se continuava a ingrandirsi a vista d'occhio. Prima di scomparire nelle profondità delle acque disse a Manu: "Non scorderò le cure che mi hai offerto, e il tuo buon cuore. Ascolta, presto Brahma il creatore si addormenterà e un enorme Diluvio distruggerà la terra. Costruisci un'arca abbastanza grande da accomodare un seme di ogni tipo e i sette Rishi, i saggi asceti che vivono da sempre sulle montagne. Quando il cielo diventerà nero e la pioggia comincerà a cadere ininterrotta entrate nella barca e aspettate. Io arriverò con l'acqua che sale dall'oceano. Lega l'arca alla pinna sulla mia schiena e vi condurrò in salvo".

Manu fece come il pesce aveva spiegato e quando arrivò il Diluvio universale per anni e anni la sua arca navigò sulle acque in tempesta. Quando tornò il sole non c'era che un'infinita distesa di acqua. Il pesce condusse Manu sulla cima dell'Himalaya, unica parte della terra non sommersa dal mare. Dopo qualche tempo l'acqua cominciò a scendere, finché di nuovo la terra comparve. Fu così che Manu sopravvisse al grande Diluvio e con l'aiuto del pesce Matsya, che era un'incarnazione divina, e i sette saggi ripopolò la terra, diventando il padre dell'intera umanità»[76].

Il *Bhagavata Purana* (VIII, 24) aggiunge che durante questo Diluvio, il demone Hayagriva si impossessò dei *Veda*, nascondendosi in fondo all'oceano ma Manu, con l'aiuto di Matsya, recuperò i sacri testi. È interessante focalizzare dunque la nostra attenzione sul mito del Vaivasvata Manu, nome attribuito al Settimo Manu capostipite della quinta era e della sua nuova umanità. Manu fu il primo uomo, il primo essere della razza umana o *manusha* letteralmente "umano". Nell'etimologia sanscrita il termine *Manu* significa "uomo", così come nell'antica religione ebraica lo stesso significato era posseduto e attribuito al nome Adamo. Secondo la tradizione Vaisvata Manu era figlio del dio Sole, detto quindi anche *Satyavrata*, ovvero "uno del giuramento di verità".

---

[76] Satapatha Brahmana, I. 8. 1.

Nel testo riportato, quando le acque si ritirarono l'imbarcazione si ritrovò ancorata a una delle vette dell'Himalaya che, secondo il *Bhagavata Purana* e il *Matsya Purana*, era la cima del leggendario monte Malaya[77]. Si ritiene che queste montagne fossero dislocate nell'India del nord, nelle vicinanze di Manali. Questa parola viene identificata come una alterazione di *Manu-Alaya* che dal sanscrito significa letteralmente "la dimora di Manu".

Stampa del XIX secolo in cui Manu è rappresentato assieme ai Sette Saggi.
(©Enrico Baccarini)

Manali è anche il nome con cui ci si riferiva spesso alla "Valle degli Dei'". Ancora oggi, nell'antica città di Manali, sita nello stato dell'Himachal Pradesh (Nord dell'India, alle pendici della catena dell'Himalaya) si trova un tempio antichissimo dedicato

---

[77] *Bhagavata Purana* 8.24.12. Si veda anche Z. A. Ragozin, *The story of Vedic India as embodied Principally in the Rigveda*, G. P. Putnam' s Sons, 1895 New York.

proprio a questa figura. Secondo la tradizione, Manu stazionò per un lungo tempo sulla cima montuosa cibandosi delle provvigioni di cui aveva fatto scorta. Quando le acque si ritirarono tutti poterono uscire dall'imbarcazione e dare inizio, quindi, a una nuova civiltà. Secondo le leggende, e come nel caso biblico di Noè, tutti gli uomini discesero da Manu e per questo furono chiamati Manavas o Manush. Per la letteratura vedica, prima del diluvio Manu aveva avuto tre figli, il maggiore dei quali era Jyapeti, mentre gli altri due si chiamavano Sharma e Charma. Il parallelismo con Sem, Cam e Jafet, figli di Noè, è oltremodo affascinante.

«Allora il pesce gli disse: Io ti ho salvato. Lega la nave a un albero, ma non lasciare che l'acqua ti trascini via mentre sei sulla montagna. Tu puoi scendere a poco a poco mentre le acque si ritirano! E infatti egli discese a poco a poco e così arrivò vicino a quel fianco della montagna settentrionale che si chiama "discesa di Manu". Il Diluvio aveva spazzato via tutti gli esseri viventi e qui rimaneva solo Manu»[78].

Manu e i Sette Saggi furono gli unici a sopravvivere all'immenso cataclisma denominato Pralaya e, grazie al loro impegno di preservare la vita e la conoscenza (il Veda), tutte le creature poterono ripopolare la Terra.
Le tradizioni affermano inoltre che dopo un anno di ascesi e sacrifici gli dei fecero comparire tra loro una donna attraverso cui si poté generare nuovamente il genere umano[79].

---

[78] *Le Leggi di Manu*, I, 8, 1, 1-6; 2001.
[79] Dopo il Diluvio ebbe altri 50 figli che permisero di ripopolare la Terra.

Manu è un nome che nella mitologia indiana indica anche il demiurgo progenitore dell'umanità, il legislatore primordiale. A Manu si attribuisce, tra l'altro, la divisione in caste della società indiana distinguendo quattro *Varna* (colori) principali ovvero i sacerdoti, i guerrieri, i coltivatori, gli artigiani, i piccoli commercianti e i servi, a loro volta articolati in numerose caste e sottocaste dette *jati*.

A Manu[80] è attribuito anche un testo denominato *Le Leggi di Manu*[81] ovvero *Manusmr̥ti* (मनुस्मृति) o *Mānava-Dharmaśāstra* (मानवधर्मशास्त्र), la cui epoca e composizione risulta incerta e la cui trasposizione in forma scritta viene fatta oscillare tra gli ultimi secoli e i primi successivi l'inizio dell'era cristiana. Questa figura viene quindi indicata e ritenuta il primo uomo e legislatore del popolo indiano, la figura grazie alla quale la specie umana poté acquisire una morale e un codice attraverso cui poter vivere. Non secondaria è l'evidenza presente nelle *Leggi di Manu* in cui si avvalla e sostiene il privilegio assoluto della prima casta, quella brahmanica, l'unica preposta a «conoscere, interpretare e tramandare in modo puramente autentico il Sapere, la Tradizione e l'ortodossia induista».

---

[80] Gopal, Madan (1990). K.S. Gautam, ed. *India through the ages*. Publication Division, Ministry of Information and Broadcasting, Government of India. p. 78.

[81] L'opera si divide in 12 libri, ciascuno dei quali affronta un tema di diverso interesse. Nel primo si descrive la creazione dell'universo a opera di Brahma e nell'ultimo si espone il principio di trasmigrazione delle anime, la metempsicosi indiana, indicando i mezzi e le vie per raggiungere la beatitudine finale con l'estinzione del Karma. Il corpo centrale del Codice si occupa invece delle prescrizioni, le responsabilità, i doveri e i privilegi delle varie caste, dei riti e delle norme per i vari sacramenti e delle purificazioni per compierli correttamente.

Questo dato ci permette di comprendere nella sua intima essenza il valore e l'importanza delle conoscenze detenute da questo ceto nonché il motivo per cui sulla natura e i contenuti del loro sapere vi sia stata per secoli, se non per millenni, una estrema riservatezza e il perché siano state tramandate fino a pochi secoli fa unicamente in forma orale. È verosimile che il nome Manu fosse in realtà il titolo di una catena iniziatica; così come i SaptaRishi, cioè i Sette Saggi, costituirono altrettanto un titolo onorifico conferito nei secoli a sapienti detentori delle antiche conoscenze.

A conferma di ciò gli stessi *Purana*[82] presentano la genealogia dei 14 Manu succedutisi nel corso delle ere:

1. Brahma;
2. Marichi, uno dei 10 Prajapati creati da Brahma;
3. Kashyapa, figlio di Marichi e Kala. Kashyapa è considerato il padre dell'umanità ed è uno dei Sette Saggi del presente Manvantara (epoca);
4. Vivasvan o Surya, figlio di Kashyapa e Aditi;
5. Vaivasvata Manu, Satyavrata, figlio di Vivasvan e Sajña;
6. Ikshvaku, Nabhaga, Narishyanta, Karusha, Prishadhra, Dhrishta, Sharyati, Pramshu e Nabhanedishta furono invece i nove figli di Ila, l'unica figlia di Vaivasvata Manu.

Nel testo *Aryabhatiya* di Aryabhata (Dasagitika, Sloka 3) è detto che

«[…] Ci sono 14 Manu in un giorno di Brahma (un kalpa, ndr) e 72 mahayuga costituiscono il periodo di un Manu. Poiché l'inizio di

---

[82] V. S. Misra, *Ancient Indian Dynasties*, Bharatiya Vidya Bhavan, Mumbai 2007, p. 48.

questo kalpa fino al giovedì della battaglia del Bharata, sono trascorsi 6 Manu, 27 mahayuga e 3 yugapada».

Quindi nel 3° verso del primo capitolo della sua opera, Aryabhata parla della guerra di Kurukshetra, descritta nel Mahabharata. Più che descriverla sono forniti dei riferimenti geo-astronomici estremamente precisi che hanno permesso di poterla datare con precisione. Per cogliere quanto descritto dobbiamo accostarci a ciò che la letteratura vedica chiama *kala*, il "tempo", e al modo in cui viene calcolato.

Come nel resto del mondo, l'astronomia ha costituito il fulcro nevralgico attraverso cui le prime società umane hanno potuto costruire sistemi calendariali che hanno permesso loro di calcolare il tempo. Se Manu è considerato il primo manusha della razza umana, come è possibile però che ne vengano menzionati prima di lui ben 14?

In un *Kalpa*, o "Giorno di Brahma", ci sono 14 Manu perché l'opera della creazione si ripete per 14 volte al suo interno. Siamo in presenza di 14 cicli creativi, in ognuno dei quali è presente un Manu, da cui la denominazione di "Manvantara".

Per quanto nel mondo induista non esista una vera "alba dei tempi", secondo i *Purana* la creazione avvenne 155 miliardi di anni fa, il corrispettivo di 50 "anni di Brahma".

Per tali ragioni i Manu sono in un numero ben preciso e possiedono un nome proprio che serve a distinguerli e a collocarli temporalmente.

Il verso contenuto nell'Aryabhatiya ci permette quindi di comprendere la durata di un Manvantara, ovvero 72 Mahayuga, o grandi ere. Così 1008 Mahayuga formano un Kalpa, cioè 4,32 miliardi di anni. Per conoscere la durata di un Mahayuga abbiamo consultato il più antico e dettagliato testo astronomico indiano, il Surya Siddhanta (Aryabhata lo cita, quindi esisteva già ai suoi tempi).

Al suo interno viene detto che «12.000 anni celesti formano un *Mahayuga*; 12.000 anni celesti corrispondono a 10.000 volte 432 anni solari»[83].

Abbiamo detto che Manu si salvò insieme ai Sapta Rishi, i Sette Saggi della tradizione vedica. È interessante osservare come tradizioni parallele associate ad alcune di loro sembrino donarci ulteriori dettagli, e conferme, a quanto riportato fino a ora.

Rappresentazione di un Saggio vedico intento a scrivere su Foglie di Palma

I Sette Saggi

Tra i personaggi più importanti e interessanti della tradizione indiana, e scampati al Pralaya, troviamo i Sette Saggi figure a cui fu "consegnato", in un'epoca estremamente remota, il *Veda*, il

---

[83] Surya Siddhanta (1:15).

testo più sacro dell'induismo, un'opera religiosa considerata *Apauruseya* ovvero non composta da mano umana ma "ascoltata" direttamente dagli Dei e, raccolta dai Rishi, per essere consegnata agli uomini. I Sette Saggi non sono *Deva* né *Asura* ma non equivalgono neanche a esseri umani comuni essendo alcuni di loro di discendenza divina[84] e collocandosi in un'era mitica e primordiale, in una posizione mediana tra questi ultimi e le prime due entità soprannaturali[85]. Nell'*Atharvaveda* i Sette Saggi addirittura partecipano addirittura all'atto della Creazione[86].

Ai Sette Saggi si riconduce anche l'insegnamento dello Yoga che avrebbero direttamente appreso dal dio Shiva[87], detto anche *Adhi Yogi* cioè "il primo maestro Yoga"[88], alle pendici del sacro monte Kailash, nell'Himalaya[89]. Talune scuole di pensiero induiste li vedono come esseri umani assurti al livello divino mentre altre come "Esseri di Luce" discesi sul pianeta Terra per rafforzare il processo evolutivo e di transizione della specie umana.

---

[84] M. Piantelli, *La religione vedica in Hinduismo* (a cura di Giovanni Filoramo), Laterza, 2007 Bari, p. 19.

[85] Il termine *Asura* possiede nell'avestico *Ahura* il suo corrispettivo ma curiosamente nella cultura iranica lo sviluppo di queste figure sarà totalmente ribaltato: i *Daēva* acquisiranno, infatti, caratteristiche demoniache mentre gli *Ahura* manterranno connotati solari.

[86] *Atharvaveda* XII, 1, 39.

[87] Secondo la tradizione, la prima depositaria dello Yoga fu Parvati, detta anche Shakti, moglie e compagna di Shiva ma successivamente questo insegnamento, come afferma lo *Skanda Purana*, fu donato anche ai Sette Saggi «A beneficio dell'umanità».

[88] Dr. Ishwar V. Basavaraddi (Director of Morarji Desai National Institute of Yoga), *Yoga: Its Origin, History and Development*, tratto da Ministry of External Affairs, Government of India, 23 aprile 2015.

[89] In particolar modo la tradizione che lega i Sette Saggi all'insegnamenti di Shiva Monte Kailash (Tibet) la possiamo trovare nello *Skanda Purana*.

Non sempre si ha una concordanza sui loro nomi, questo per due ragioni principali; ogni era ebbe i suoi Sette Saggi e l'epoca attuale, il Kali Yuga che ebbe inizio con la "morte fisica" di Krishna nel 3.102 a.C., vide la presenza di più "Uomini Santi" rispetto alle precedenti epoche. La seconda motivazione per cui si assiste a una differenziazione dei nomi è dovuta al fatto che ogni credo o setta religiosa dell'induismo, dette *Darshana*, tende a identificare con specifici personaggi il proprio lignaggio da cui la presenza di differenti figure[90]. Tutto questo non inficia assolutamente la concretezza e possibile storicità delle stesse tradizioni.

Per quanto vi siano nomi differenti, il contenuto del loro messaggio non cambia. L'induismo ci dice che questi esseri eletti non morirono di morte fisica ma, all'inizio del Kali Yuga, si ritirarono in "Terre Pure"[91]. Nell'astronomia induista la costellazione dell'Orsa porta inoltre i nomi dei Sette Saggi. La letteratura vedica elenca diversi nomi dei *Sapta Rishi*, eccone alcuni tra i principali desunti da alcuni testi sacri:

1. *Jaiminiya Brahmana* (II, 218-221): Vasistha, Bharadvaja, Jamadagni, Gotam, Atri, Vishvamitra, Agastya;
2. *Gopatha Brahmana* (I, 2-8): Vasistha, Vishvamitra, Jamadagni, Gotama, Bharadvaja, Gungu, Agastya, Kasyapa;

---

[90] Nel *Shatapatha Brahmana* e nella *Brihadaranyaka Upanishad* (2, 2-4), troviamo ad esempio una lista dei Sette Saggi leggermente diversa.

[91] La conoscenza dell'esistenza di questi luoghi "puri", posti sia in cielo che in terra, costituivano anticamente un concetto molto diffuso in tutta l'Asia. In Cina si riteneva si trovasse nelle montagne Kunlun, dove all' interno di una valle questi esseri immortali vivevano in armonia. Leggende indiane parlano di Kalapa, mentre in Russia le orde tartare della Mongolia la chiamavano *Belovodye*.

3. *Satapatha Brahmana* (XIV, 5, 2-6): Gotama, Bharadvaja, Vishvamitra, Jamadagni, Vasistha, Kasyapa, Atri;

4. *Brhadaranyaka Upanisad* (II, 2-4): Gotama, Bharadvaja, Vishvamitra, Jamadagni, Vasistha, Kasyapa, Atri (come nel *Satapatha Brahmana*).

Chi sono i Rishi? Il termine sanscrito li identifica come degli uomini Saggi ma più propriamente sono riconosciuti come i «conoscitori ed espositori delle Cose Divine» e sono, per l'induismo, maestri e modelli nel cammino evolutivo della specie umana. Secondo la tradizione più nota questi "uomini" originarono dalla mente di Brahman, il dio Supremo, mentre altri miti affermano che fossero stati esseri umani resi divini dal loro cammino spirituale. Nella Bhagavad-Gita Krishna, incarnazione di Vishnu, si riferisce a loro con le seguenti parole

«I sette grandi veggenti, i progenitori dell'umanità, i quattro antichi e i legislatori nacquero dalla mia volontà e provennero direttamente da me. La razza dell'umanità è derivata da loro»[92].

La ricorrenza del fenomeno settenario – non solo nel mondo indiano ma in moltissime civiltà e culture del passato, si ricordi a esempio i sette Apkallu sumeri – sembrerebbe originarsi nella convinzione che fossero esistiti sette esseri elevati apportatori di conoscenza e della civiltà nel più remoto passato. Quali che siano le origini di questo "modello"[93] globale a oggi non è dato

---

[92] *Bhagavad Gita*, Capitolo 10, verso 25.

[93] Nell'esoterismo delle culture e tradizioni più disparate ritroviamo alcuni di questi settenari con il nome di: i sette Primordiali, i sette Costruttori, i sette Logoi planetari, i sette Abdal islamici, i sette Figli della Vita e della Luce, i sette Alhim, i sette Elhoim, i sette Spiriti Creatori, i sette Arcangeli, i sette

saperlo ma è altresì vero come sia riscontrabile in un numero molto elevato di popoli la tradizione o la leggenda di sette uomini o dei giunti per donare la civiltà e i rudimenti dell'evoluzione sociale e culturale. I Rishi differenziandosi dalle entità divine come i *Deva*, dal sanscrito "colui" o "ciò che emana luce" e dagli *Asura*[94] possiedono un valore e un significato per certi versi più profondo rispetto alle divinità stesse[95].

Anche il *Mahabharata* ci parla profusamente delle gesta dei Sette Saggi, testo che costituisce una delle fonti più importanti e significative per lo studio dell'universo delle concezioni induiste. Il libro è attribuito al leggendario Vyasa che sembra abbia raccolto anche i *Veda* e molti altri antichi scritti indiani.

Angeli della Presenza, i sette Sephiroti, i sette Logoi Ermetici, i sette Signori Lipika, i sette Kumara, i sette Dhyan Choan, i sette Dhyani Buddha (uno per ogni razza madre, cinque fino a ora), i sette Manu primitivi o Prajapati, i sette Agnishwatta, i sette Manasaputra, i sette Apkallu sumeri e i sette Ameshaspend zoroastriani.

[94] Con il termine *Asura* nel *Rigveda* sono indicate varie divinità tra cui: Savitar (I, 35, 10), Varuṇa (I, 24, 14), Rudra (II, 1, 6), Indra (I, 174, 1), Agni (V, 12, 1) e Soma (IX, 72, 1). Successivamente alcuni di questi Dei primordiali verranno detronizzati dai *Deva* (देव); questi ultimi con il tempo acquisirono connotazioni positive, attribuendo invece caratteri demoniaci agli antichi *Asura*. Da tenere presente, tuttavia, che nei più antichi inni del Rigveda i termini *Deva* e *Asura* sono intercambiabili. È nel *Śatapatha Brāhmaṇa* (IX, 5,1, 12 e sgg., risalente a circa l'VIII secolo a.C.) che in ambito tardo vedico si trova una prima spiegazione della detronizzazione degli *Asura* a vantaggio dei *Deva*. Secondo questo testo ambedue le classi degli Dei furono originate dallo stesso principio, *Prajāpati*, e dotati sia della parola *vera* che di quella *falsa*, ma se i *Deva* scelsero il "vero", gli *Asura* gli preferirono il "falso".

[95] M. Piantelli, *La religione vedica in Hinduismo* (a cura di Giovanni Filoramo), Laterza, 2007 Bari, p. 19.

Brighu

La storia di Brighu, uno dei Sette Saggi, è oltremodo affascinante quanto rappresentativa della tradizione induista e importante nel nostro impianto di ricerca. Si narra che Brighu fosse vissuto in India migliaia di anni fa e fosse il figlio di un grande saggio di nome Varun.

Secondo il testo *Manusmriti*[96], *Le Leggi di Manu*, Bhrigu fu coevo nell'epoca del Noé indiano e assieme a lui, a seguito del Pralaya[97] avvenuto non meno di 10.000 anni fa[98], avrebbe composto oltre al testo noto con il nome di *Bhrigu Samhita* anche una parte dello *Manusmriti*[99] tra gli scritti più sacri della religiosità induista in cui, tra le varie regole e prescrizioni, viene anche indicato come si sarebbe dovuta ricostruire la civiltà a seguito del cataclisma occorso. Secondo la tradizione, la posizione assurta da Bhrigu gli aveva conferito il privilegio di frequentare i Deva, gli dei, così un giorno volle fare visita al grande Vishnu, «colui che conserva il mondo», volendo essere immediatamente ricevuto al suo cospetto. In quel momento Vishnu si trovava in compagnia di Lakshmi, sua sposa nonché dea della bellezza, della fortuna,

---

[96] Il testo passò da forma orale a testo scritto verso il 200 a.C. ma se ne possiedono tracce molto più antiche. Si veda anche il volume di P. Olivelle, *Manu's Code of Law*, Oxford University Press, 2005 Oxford.

[97] A.V. Sankran, *Saraswati - the ancient river lost in the desert*, Current Science, 1997, Vol. 72, p. 160-61.

[98] D. Frawley, quoting G. Hancock in *Underworld: Flooded kingdoms of the Ice Age, A Vedic and Indian Perspective*.

[99] L'opera fu composta dopo il grande Diluvio indiano ed è considerata la più importante e autorevole riguardante il *Dharma*, ossia i diritti e doveri inerenti il devoto induista nella vita sociale, politica e religiosa a seconda della casta di appartenenza.

della fertilità e della ricchezza. Il dio fece quindi attendere il suo ospite ma l'impulsività di Brighu lo portò a infuriarsi a tal punto da introdursi con la forza nella stanza del dio assestandogli un grande schiaffo. Vishnu, noto per la sua benevolenza e clemenza, reagì con grande superiorità ma la sua consorte Lakshmi lanciò subito una maledizione per l'insolenza avuta dal saggio, un anatema che lo avrebbe condannato assieme alla sua casta a una vita lontano da lei quindi vissuta in povertà, senza fortuna e ricchezze. Brighu comprese immediatamente di avere compiuto un gesto inconsulto e sconsiderato e si mostrò profondamente pentito chiedendo clemenza. La dea Lakshmi si dispiacque per l'accaduto, tanto più che Brighu si era dimostrato un giovane talentuoso e con straordinarie doti spirituali. La maledizione non poteva però essere più ritirata e, per preservare Brighu e la casta dei bramini dalla fame e dalla miseria, gli concesse la visione della Cronaca dell'Akasha[100], il leggendario "manoscritto cosmico" in cui era stata raccolta la storia passata, presente e futura del mondo e dell'intera umanità. Brighu ebbe così l'opportunità di conoscere il destino di tutti gli uomini in ogni tempo, divenendo tra gli esseri più saggi della mitologia

---

[100] Akasha (detta anche Akash o Akasa, आकाश) è il termine sanscrito per indicare l'etere. Nell' induismo il termine è utilizzato per indicare l'essenza base di tutte le cose del mondo materiale, l'elemento più piccolo creato dal mondo astrale. Akasha è uno dei *Panchamahabhuta* o "cinque grandi elementi", la cui principale caratteristica è *Shabda*, il *suono*. In hindi il significato di Akasha è cielo. (Si veda *Dictionary of World Philosophy* di A. P. Iannone, Taylor & Francis, 2001, p. 30). Per le scuole filosofiche induiste Nyaya e Vaisheshika, l'Akasha è la quintessenza ovvero il substrato della qualità del suono, una sostanza fisica eterna, impercettibile e che tutto pervade (Si veda *Indian Metaphysics and Epistemology* di K. H.
Potter, Usharbudh Arya, Motilal Banarsidass Publications, 1977, p. 71).

indiana. Ordinò il suo immenso sapere in una raccolta denominata *Brighu Samitha* e, come aveva prescritto Lakshmi, trasmise il suo sapere ad altri bramini in modo che questi potessero tramandare nei secoli e nei millenni questa conoscenza e potessero trarne sostentamento. La casta sacerdotale indiana custodisce ancora oggi questa eredità leggendaria occupandosi, tra le altre cose, di oracoli e divinazione. Lakshmi, però, ammonì e prescrisse che questo sapere non fosse portato fuori dall'India.

Agasthya

Altra tradizione oltremodo interessante riguarda un altro dei citati Sette Saggi. Nell'antichissima città di Tiruchirapalli oggi denominata Trichy, nel Tamil Nadu, si trova la biblioteca attribuita ad Agasthya che, secondo la tradizione induista, avrebbe redatto i testi originari delle Foglie del Destino oggi conservati a Kanchipuram, creando a tale scopo la lingua Tamil e la sua particolare forma di scrittura. Secondo la tradizione induista Agasthya sarebbe vissuto circa nel 7675 a.C. e il suo nome è associato, nell'astronomia indiana, con la stella Canopus. Agathiyar Muni è considerato l'incarnazione di uno dei nove saggi celesti che, nel remoto passato del pianeta, decisero di discendere sulla Terra per illuminare e donare la conoscenza agli esseri umani. È considerato il primo e santo tutore dei Siddhar, gli uomini devoti che hanno raggiunto l'illuminazione spirituale ottenendo le *Ashta Siddhis*, gli otto poteri soprannaturali correlati alla loro elevazione spirituale. Tale conoscenza fu resa accessibile ad Agasthya da Kartikeya, figlio del dio Shiva e divinità a cui sono devoti gli stessi Siddhar. I discepoli di Agasthya avrebbero contribuito alla stesura e divulgazione di migliaia di testi dello scibile umano, dalla medicina alle scienze all'astrologia.

Agasthya è anche considerato il padre della letteratura e della grammatica Tamil che sono appunto chiamate Agathiyam.

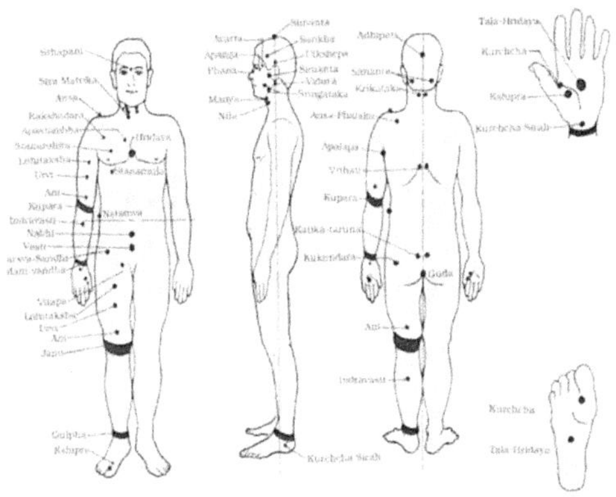

Mappa dei punti Varma secondo la tradizione Tamil.

Maharishi Agastya è ritenuto anche il fondatore e patrono del *silambam* e del *varmam*, antica scienza curativa che usa i cosiddetti punti Varmam[101], il corrispettivo indiano dell'agopuntura cinese, e che trova una sua applicazione pratica non solo nell'Ayurveda ma anche nell'arte marziale indiana nota come Kalaripayat[102].

---

[101] I Punti Varmam costituiscono secondo la tradizione Tamil i punti vitali presenti in tutto il corpo. Molti testi antichi asseriscono che siano in un numero totale di 108, numero sacro nell'induismo. Secondo questa disciplina attraverso il dhasanaadi, il dhasavayu e il saram l'energia, ovvero il prana, fluirebbe nel corpo irradiato dal sole ed entrando dal naso. I punti energetici identificati da questa disciplina, sono 7.000, nelle orecchie 3300, negli occhi 4000, nel naso 3380, alla base del collo e nella regione delle spalle 6.000. Esistono numerose classificazioni per i punti varmam tra cui le più note sono padu varmam, thodu varmam, vatha varmam, adhara varmam etc.

[102] P. B. Zarrilli, *When the Body Becomes All Eyes: Paradigms, Discourses and Practices of Power in Kalarippayattu, a South Indian Martial Art*, Oxford University Press,

Sarebbe stato Murugan, figlio di Shiva, a insegnare quest'arte ad Agasthya che successivamente avrebbe trasformato in un trattato donato ad altri Siddhar[104].

Relativamente alle conoscenze scientifiche detenute da questo saggio un dato estremamente interessante e affascinante è emerso negli ultimi anni in riferimento al testo sacro che gli viene attribuito, l'*Agasthya Samhita*.

Secondo la tradizione questo testo (ovvero la tradizione orale che lo riguarda) sarebbe stato composto indicativamente nel 5000 a.C. e recenti studi[105] hanno dimostrato come al suo interno sia stata codificata una conoscenza per la costruzione di batterie elettriche (con il rame come catodo e una amalgama di zinco come anodo). Esperimenti di laboratorio hanno riprodotto questi meccanismi accreditando la loro attendibilità e fattibilità.

Il saggio Agathiyar (o Agasthya), da cui sarebbe discesa una catena iniziatica che prese il suo nome, sarebbe nato ben 4.573 anni prima dell'attuale Yuga (epoca iniziata con la morte di Krishna nel 3102 a.C.) e quindi il 14 febbraio del 7.675 a.C., nel 7.573 a.C. secondo altre tradizioni.

È possibile ritrovare informazioni su Agathiyar in quei testi che parlano delle scienze mediche utilizzate dai Siddha[103] (o Siddhar), libri che spaziano anche nelle pratiche yogiche fino alla ricerca

---

1998 Oxford. [104] D.H. Luijendijk, *Kalarippayat: India' s Ancient Martial Art*, Paladin Press, 2005. [105] A. K. Shukla e T. Prem Kumar, *A short history of electrochemistry in India*, Indian Journal of History of Science, 49.4 (2014) 424-427.

[103] Un Siddha è un maestro spirituale che vive costantemente nella consapevolezza della sua identità con il Sé supremo. Un Siddha ha avuto la capacità di risvegliare la sua energia spirituale interiore e di poter parallelamente acquisire dei "poteri" sovraumani come ad esempio la telepatia, la chiaroveggenza o la bilocazione.

dell'immortalità dell'anima. È però nel testo *Prapancha Kaandam*, attribuito a Muruga e codificato dal Rishi Pulasthiya, che apprendiamo la storia del saggio e della sua incredibile conoscenza. Come concerne ai poteri associati alle Siddhi, attraverso una pratica meditativa e yogica assoluta, questi uomini sarebbero riusciti a raggiungere un livello superiore di conoscenza e spiritualità e avrebbero deputato la loro vita alla costante diffusione della conoscenza e all'evoluzione delle anime.

Il *Prapancha Kaandam* è un testo estremamente interessante e inizia la sua trattazione spiegando come la Terra e il sistema solare ebbero origine. Secondo tale opera la Terra sarebbe nata come un frammento del Sole, "soffiato" miliardi di anni fa nello spazio come una immensa palla di fuoco. Questa enorme sfera incandescente, dopo aver vorticosamente ruotato attorno al proprio asse per un tempo indefinibile, avrebbe iniziato quindi a raffreddarsi.

Durante questo viaggio attraverso differenti stati fisici, la Terra sarebbe stata attratta e respinta dai pianeti appartenenti al nostro sistema solare acquisendo quindi il "potenziale energetico" di questi stessi corpi celesti.

Successivamente avrebbe acquisito un movimento rotatorio costante sul proprio asse e un'orbita regolare attorno al Sole.

Nel *Prapancha Kaandam* si afferma che la Terra ebbe origine 200 miliardi di anni fa (cifra che non collima con la datazione ufficiale di 4,5 miliardi di anni). In quell'epoca, afferma il manoscritto, il nostro pianeta non era ovviamente abitabile e possedeva solo una minima parte dell'acqua e delle terre oggi esistenti.

Lentamente iniziarono ad apparire le prime forme di vegetazione e di vita, poi esseri acquatici più complessi seguiti da insetti, rettili e uccelli. Infine arrivarono gli esseri umani. Ogni specie ebbe la sua evoluzione e gli esseri umani furono considerati la sesta in ordine alla creazione originale.

Nel *Prapancha Kaandam* si asserisce anche che la Terra costituirebbe l'unico pianeta del Sistema Solare in grado di permettere l'esistenza e la sopravvivenza della vita ma si afferma anche che «[…] Quando la vita iniziò a esistere, il tempo iniziò a essere misurato», trasformando quindi il nostro pianeta in una sorta di *axis mundi* nel Sistema Solare. Per quanto le datazioni e alcune informazioni non corrispondano alle attuali conoscenze scientifiche, risulta del tutto incredibile pensare come migliaia di anni fa si fosse potuto quantomeno "pensare" a una sequenza evolutiva che corrisponde a quanto teorizzato in tempi moderni. Non ci troviamo davanti ai calzari alati di Apollo o alle saette di Giove ma a una esposizione coerente e particolareggiata di quanto le nostre scoperte scientifiche ci stanno parallelamente e lentamente svelando.

Estremamente interessante è apprendere la linea sapienziale originatasi da Agathiyar che, ricordiamo, sarebbe nato nel 7.673 a.C. Dopo un'educazione formale, il Rishi costantemente assetato di sapere e conoscenza in particolar modo verso le discipline filosofiche, lo yoga, la medicina e l'astronomia, avrebbe iniziato a viaggiare attraverso il Kashmir, il Tibet, la Cina, il Nepal e verso il sacro monte Kailash allora ritenuto trovarsi in Manciuria[104].

---

[104] Il Monte Kailash è considerato la montagna più sacra per le tre principali confessioni religiose dell'asia: l'induismo, il buddismo e il jainismo. Il Kailash fu non solo la montagna sacra di Shiva, il luogo in cui trovarono rifugio i

Divenne discepolo del saggio Nandi e di Dhanvantri per poi viaggiare fino alla Cambogia e alla Malesia. In Cambogia avrebbe, inoltre, stabilito la prima delle sue numerose scuole attraverso cui diffondere la filosofia e le scienze.

Dopo aver creato queste realtà anche in Malesia, assieme ad alcuni ospedali, avrebbe intrapreso un viaggio per mare niente meno che nel continente di Kumari Kandam, l'equivalente indiano della leggendaria Atlantide. Avremo modo di riprendere l'argomento a breve in un capitolo dedicato.

Questo territorio, per quanto ritenuto "semplicemente" un mito, è stato oggetto negli ultimi decenni di studi approfonditi che ne hanno non solo attestato una plausibilità geologica ma soprattutto hanno permesso di scoprire un numero estremamente vasto di leggende e tradizioni che sembrerebbero confermarne la realtà storica. Ancor più interessante è stato il rinvenimento, lungo i perimetri costieri dell'India del sud e in particolar modo nel Tamil Nadu, di rovine sommerse appartenenti a estesi assembramenti urbani coincidenti temporalmente con il mito di questo vasto territorio sprofondato sotto i flutti del mare.

Secondo la leggenda Kumari Kandam sarebbe stata governata da Ravana (da non confondere con l'omonimo demone protagonista del poema epico *Ramayana*) nonché regnante devoto al dio Shiva, che avrebbe donato parte del suo territorio ad Agathiyar per costruirvi delle scuole sapienziali[105]. In queste

---

Sette Saggi dopo il grande Diluvio indiano (Pralaya), ma veniva considerato come il sacro Monte Meru, una montagna divina e un ponte tra il mondo materiale e spirituale.

[105] Molte scuole si sarebbero trovate nella regione di Arunodaya Giri e di Meozone. [109] Murugan è una divinità che raccoglie il maggior numero di

terre Agathiyar praticò lo yoga e avrebbe insegnato a un vasto numero di discepoli le conoscenze acquisite negli anni. Ritornato in Malesia, divenne il promesso sposo della figlia del re, governando il reame di Vijayapuri. Insoddisfatto del proprio ruolo ritornò a Kumari Kandam dove incontrò Murugan, dio guerriero figlio di Shiva e Parvati[109], che aveva assunto le sembianze del saggio Kandan, il Deva della guerra venerato in particolar modo dalle popolazioni Tamil[106]. Sulla collina denominata Kadari Kama, o altrimenti Kadhirgama, Murugan impartì ad Agathiyar la sua conoscenza spirituale. Attraverso una "meditazione divina" e le conoscenze impartite dal dio, Agathiyar fu in grado di apprendere il futuro e impedire, o quantomeno prevenire, nuove calamità.

A seguito di questa illuminazione, il Rishi si spostò nelle regioni artiche ritenendole, in quel momento, un luogo sicuro. Questo periodo coincise con la fine del Dwapara Yuga[107] indiano, collocabile verso il 6.580 a.C., mentre in ambito paleo-climatologico circa 8.000 anni fa, curiosamente, ebbe fine l'ultima parte dell'era glaciale[108].

Sempre secondo il *Prapancha Kaandam*, in quel momento su Marte si sarebbe verificata una tremenda esplosione i cui detriti sarebbero giunti fin sul nostro pianeta sotto forma di meteoriti.

---

devoti nelle popolazioni originarie del Tamil Nadu e dal quale provengono la maggioranza dei malesiani di etnia indù che ancora oggi conservano le loro tradizioni religiose di origine.

[106] F. W. Clothey, The Many Faces of Murukan: *The History and Meaning of a South Indian God*, Walter de Gruyter, 1978, p. 2.

[107] Nella religione induista, il Dvāpara Yuga è la terza delle quattro ere di evoluzione della vita (*yuga*). Il Dvāpara Yuga ha una durata di 2400 anni divini, equivalenti a 864.000 anni umani.

[108] *Early days among the Cheyanne & Arapahoe Indians* by J. H. Seger, p. 135.

Si tratta ovviamente di informazioni non verificabili ma meritano indubbiamente la nostra attenzione. Questo immane cataclisma avrebbe dato origine a un enorme Diluvio sul nostro pianeta, denominato appunto *Pralaya*, che avrebbe fatto sprofondare porzioni significative dell'isola di Kumari Kandam.

Al suo ritorno in Manciuria il monte Kailash era scomparso ma contemporaneamente sarebbe emersa dai flutti del mare la catena dell'Himalaya.

In mezzo a tutte queste calamità naturali, afferma il manoscritto, il saggio Agathiyar andò alla ricerca di un luogo che non sarebbe stato distrutto da disastri futuri e trovò questo posto nel sud dell'India nella catena montuosa denominata "Colline di Pothigai", oggi conosciute anche con il nome di *Agasthiyar Malai*. Per quanto la montagna si elevi non oltre i 1866 metri, il luogo è ancora oggi ritenuto dai locali come un posto sicuro da qualsiasi futura catastrofe[109]. Parallelamente a questi eventi, vuole la tradizione, gli altri grandi saggi indiani recuperarono la conoscenza del *Veda* e iniziarono a propagarla «nei giusti modi e tempi per il bene dell'umanità». La rivelazione di questa sapienza avrebbe avuto luogo nel 21° giorno del mese tamil di Kartigai, durante l'undicesimo anno, Eswara Samvatsara, del Kali Yuga. Sempre il mito vuole che parallelamente alla tradizione orale

---

[109] Secondo un'altra leggenda leggermente diversa contenuta nel *Mahabharata*, Shiva avrebbe inviato sulla Terra i due saggi Vyasa e Agastya, per creare i linguaggi divini del Sanscrito e del Tamil. Agathiyar raggiunse Pothigai e vi creò la cultura Tamil. Dopo aver creato una scuola Sidhar Gnana Koodam e aver viaggio nel mondo diffondendo la sua conoscenza, Agathiyar ritornò sulle montagne del Pothigai dove si fuse nel cosmo. In quel luogo fu costruito un tempio in suo onore, vicino alle cascate Papanasam sulle banche del fiume Thamirabarani. Si crede che ogni tanto il saggio Agathiyar si manifesti ai suoi devoti.

queste conoscenze fossero state comunque messe per iscritto su foglie di palma e durante un'assemblea occorsa nella cittadina di Alagan Kulam (alla foce del fiume Vaigai, a sud-est di Madurai) e fossero state presentate per la sua approvazione a Dhashina Murthi[110].

Queste includevano 64 tipi di conoscenze, i 18 Purana, 96 Tatvas e 48 campi di conoscenze scientifiche. L'intera letteratura Tamil (sacra e profana) prese quindi il nome di *Sidha Veda*.

Questo immenso patrimonio sarebbe stato quindi tradotto nelle quattro lingue allora conosciute in quel periodo ovvero sanscrito, greco, ebraico e cinese.

Il saggio Agathiyar, su istruzioni di Murugan, avrebbe quindi creato contemporaneamente la lingua Tamil. Divennero inoltre suoi discepoli il saggio Bhogar dalla Cina, Thaeraiyar dalla Malaya, Yugimuni dal Kerala, Pulipani dal Kantha Malai, assieme a Pulathiyan e Kapiyan.

Nel 53° anno del Sidharti Samvatsara del Kali Yuga sarebbe stata indetta un'assemblea di Siddhar, uomini che avevano raggiunto l'illuminazione, detta "Sidhar Sabai" alle pendici delle colline di Pothigai. Agathiyar, su benedizione di Murugan, avrebbe quindi creato una scuola denominata "Sidhar Gnana Koodam". Ogni maestro venne deputato a una specifica materia, così Pulathiyan e Kapiyan guidarono la scuola letteraria mentre Pulipani si immerse nella ricerca delle scienze umane.

Thaeraiyar, che era maestro nella medicina e nella chirurgia, stabilì un centro a Thorana Malai. Yugimuni che era versato nelle

---

[110] Uno degli aspetti del dio Shiva identificato come maestro di tutte le conoscenze.

erbe mediche realizzò un ospedale ayurvedico a Paradesi Kundai.

Il saggio Bhogar, che soprassedeva alle ricerche scientifiche condotte nella scuola, istituì un centro per la ricerca alchemica a Thiruparankundram mentre Pambatti Sidhar, che si occupava di un centro per lo studio dei veleni e dei rispettivi antidoti, istituì una scuola a Marudamalai.

Dopo aver creato questi istituti sapienziali e formativi Agathiyar e i Saggi avrebbero iniziato una missione di diffusione di queste conoscenze nel mondo spingendosi fino al Tibet, alla Manciuria, Egitto, Palestina, Roma, America, Africa, Malaya e il mondo arabo. Avendo completato le loro missioni i Saggi, vuole sempre la tradizione, sarebbero entrati in uno stato di Samadhi fondendosi loro stessi con il cosmo.

Kandan avrebbe raggiunto il Samadhi nel Thorana Malai, Bhogar a Palani, Thaeraiyar, Pulipanai e Yugimuni a Kantha Malai e Agathiyar stesso avrebbe scelto di tornare per la sua illuminazione nelle colline di Pothigai in un luogo denominato Dhashina Meru. Quanto trasposto in questo paragrafo è la fedele descrizione presente nel testo *Prapancha Kaandam*. Si tratta di leggende, miti e tradizioni ma questi stessi "racconti" sembrano celare una realtà storica ben più profonda e concreta rispetto a quanto traspare nella loro enunciazione e ancor più testimoniata nelle conoscenze recuperabili nell'antico continente indiano così come negli stessi paesi dove alcuni saggi arrivarono.

Atala, l'isola sprofondata a Occidente

La storiografia, così come la ricerca delle nostre origini, possiede dei limiti oggettivi ovvero l'impossibilità, talvolta, di potersi spingere oltre quei confini dettati dalle scoperte archeologiche o dalla verificabilità delle ipotesi. Oltrepassare tale limite imporrebbe necessariamente una ristrutturazione delle nostre concezioni, nonché una nuova visione del mondo per come era conosciuto fino ad allora. Sorpassare tale barriera forse è possibile così come ci hanno insegnato De Santillana e Von Dechend nel loro *Il Mulino di Amleto*[111], in cui il mito non è più una riduzione ad allegoria ma uno strumento attraverso cui poter indagare la storia e sondare quei tempi in cui coloro che Sergio Frau definisce "gli antichi più antichi" vissero e narrarono ai posteri le loro storie e gesta.

È così che, guardando alle tradizioni e alla sapienza indiana, i nostri occhi si dischiuderanno a un mondo che muterà per sempre la nostra visione e consapevolezza. Saremo davanti a un retaggio a lungo sottovalutato ma che sembra sempre più aprire nuove strade alla comprensione del nostro passato.

Se la tradizione di Kumari Kandam ha aperto un nuovo capitolo su una civiltà che verosimilmente è esistita a cavallo dell'ultima glaciazione, ancora più interessante è stato sondare gli antichi testi indiani per riscoprire un mito a noi molto più vicino e codificato dal filosofo Platone nelle sue opere *Timeo* e *Crizia*: il mito di Atlantide. I più antichi testi indiani narrano di alcune isole in parte sommerse chiamandole Atala, Shveta-Dvipa "La Terra Pura" o Saka-Dvipa "Isola Bianca", resti di un vasto

---

[111] G. De Santillana e H. Von Dechend, *Il Mulino di Amleto*, Adelphi, 2003 Milano.

continente inabissatosi chiamato Rutas. Questo territorio non era però collocato nell'oceano Indiano o lì dove la tradizione Tamil voleva fosse esistita Kumari Kandam, bensì nell'oceano "esterno" che circondava il mondo antico ovvero in quello che oggi chiamiamo oceano Atlantico. Tra le fonti più esaustive che narrano di questa terra troviamo il Vishnu Purana[112] in cui viene detto chiaramente che fu distrutta da un immane cataclisma[113]. Atala era identificata come l'Isola Bianca e, nel testo, si afferma anche che i suoi abitanti possedessero un carnato chiaro. L'affondamento di questa terra, secondo le tradizioni, avvenne a causa del collasso della Montagna Sacra, il monte Meru. Tale evento provocò anche la caduta del cielo che "asfissiò" questa terra paradisiaca portandola successivamente a sprofondare nell'oceano. Già ai primi dell'800 però anche uno dei primi traduttori del *Vishnu Purana*, il Colonnello Francis Wilford, osservò una correlazione tra l'Atala indiana e l'Atlantide platonica[114] osservando anche come nel Karna Parva del *Mahabharata* si localizzi Atala nell'Africa occidentale affermando che era

> «Un'isola di grande splendore [...] Gli uomini che abitano quest'isola hanno la carnagione bianca come i raggi della Luna e sono devoti a Narayana [...] infatti gli abitanti dell'Isola Bianca credono e adorano un solo Dio»[119].

È infatti anche nel Mahabharata troviamo numerose *sloka* relative ad Atala, descritta come un'isola di grande splendore e

---

[112] *Vishnu Purana*, Libro II, Cap. I, i, ii.

[113] Non mancano ampi riferimenti in buona parte degli altri *Purana*.

[114] Wilford, Francis, Journal of Asiatic Researches, Vol. VIII, 1808 Calcutta. [119] *Santi Parva*, Sezione cccxxxvii.

dislocata a nord dell'oceano Atlantico[115]. Gli studiosi Sergey Teleguin[116] e Arysio Nunes dos Santos[117], studiando il *Mahabharata*, giunsero addirittura a identificare la città di Tripura menzionata nel medesimo testo indiano con la platonica capitale di Atlantide. *Tripura* (letteralmente "le tre città") sarebbe, infatti, stata distrutta e fatta sprofondare in mare dal dio Shiva (che aveva assunto la forma del dio Tripurantaka) in quanto i suoi abitanti sarebbero diventati avidi e impuri al cospetto delle divinità[118]. Sembra davvero di leggere quanto descritto da Platone. A quanto pare gli studiosi occidentali sono stati così assorti nel ricercare riferimenti al continente di Atlantide nella letteratura greca e romana da avere totalmente trascurato i riferimenti e le fonti indiane.

Nonostante, poi, la tradizione platonica come fonte primaria del mito tragga origine da Solone e dal suo viaggio e colloquio con i sacerdoti del tempio di Sais in Egitto, non è possibile escludere che una sua eco possa essere giunta in India.

Atala o Shveta-Dvipa non sono i soli nomi con cui fu conosciuta. Può essere trovata spesso nei *Purana* anche come Saka Dwipa che, secondo il *Dizionario Sanscrito*, significa "isola della gente dalla pelle chiara". Nel *Mahabharata* possiamo comprendere ancora meglio che Saka Dwipa era un'isola «[…] *Infatti, meglio dei Bharata, Sakadwipa è circondata su tutti i lati dal mare*»[119].

---

[115] *Ibidem.*

[116] Prof. S. Teleguin, *Anatomy of a myth*, Moscow, 2005.

[117] Arysio Nunes dos Santos Ph.D., *Atlantis: The Lost Continent Finally Found*, North Atlantic Books, 2011.

[118] *Mahabharata*, Bk7, Drona Parva.

[119] Mbh. 6.11.551.

Troviamo il termine "Atala" anche nel *Bhavishya Purana* (del IV secolo a.C.), uno dei *MahaPurana* ovvero dei 18 *Purana* maggiori. Nel testo viene raccontato come Samba avesse costruito un tempio dedicato a *Surya*, il "Sole", e avesse successivamente compiuto un viaggio a Saka Dwipa, localizzato "al di là dell'acqua salata". Scopo di Samba era trovare i *Magas*, ovvero i maghi, considerati adoratori del Sole. Samba viene guidato nel suo viaggio dallo stesso Surya che li conduce verso ovest seguendo il Sole e cavalcando il dio Garuda e giungendo infine tra i Maga.

Possiamo trovare alcuni parallelismi tra l'Atlantide platonica e l'Atala indiana. Nel suo Timeo e nel Crizia, Platone non descrisse mai Atlantide come un "continente" ma la definì una "grande isola".

Così Atala fu descritta nei testi indiani come un'isola di vaste proporzioni la cui capitale Tripura governava su numerose altre città, alcune delle quali avrebbero scelto, secondo i miti, di dichiarare guerra ad altre nazioni. Dal punto di vista etimologico in sanscrito, che è una lingua indoeuropea, la "a" ha valore privativo quindi A-Tala significa letteralmente "non luogo".

Consultando il *Dizionario Sanscrito* di McDonnell (1974), la parola "tala" significa anche "superfice, piano, Terra". Il vocabolo Atala, secondo McDonnell, può essere inteso quindi come il "nome di un inferno" della mitologia indiana oppure nel significato di "senza fondo" o "in basso". Nella sua trasposizione leggendaria potremmo ritenere che Atala sia stata trasposta e vista a livello mitografico come la "terra dei morti" per la fine che subì.

Tradizioni indiane più recenti hanno invece trasformato Atala in uno dei mondi sotterranei induisti popolati dai Daitya, i Danava e gli Asura, "demoni". La lettura attenta e scrupolosa dei testi induisti più antichi mostra però il riferimento a un'isola sede di un potente impero dislocato nell'Atlantico e affondata a seguito di una terribile guerra e cataclisma.

Il *Santi Parva* descrive[120] Atala come una terra abitata da uomini bianchi che non necessitavano di dormire o di mangiare, questo riferimento ci riporta alla mente quanto descritto dallo storico greco Erodoto (450 a.C.) sulla tribù degli Atlantidi, etnia che «non dormiva e non mangiava esseri viventi»[121] richiamandoli a una alimentazione di tipo vegetariano/vegano. Possiamo inoltre trovare una curiosa coincidenza tra il greco Poseidone e il suo omologo indiano, Varuna (dio delle acque). Le stesse capitali delle due "mitiche" isole erano entrambe di forma circolare. Tripura era formata da tre parti concentriche così come la città descritta da Platone nel suo *Timeo*. Studiando il mito indiano riscontriamo come, durante la guerra tra gli dei e gli Asura, le città di quest'ultimi furono distrutte una a una in mezzo a grida di dolore, «Bruciando gli Asura, lui [l'eroe] li gettò nell'oceano Occidentale»[122]. Se analizziamo il *Surya Siddhanta*, un trattato in indiano di astronomia (messo in forma scritta circa nel III secolo a.C.), nel 1860 il suo traduttore W. D. Whitney[123] menzionava un'"isola", *dwipa*, chiamata *Jambu Dwipa* e circondata da anelli concentrici alternati da terra e acqua. Anche questo riferimento sembra richiamare alla nostra memoria la capitale di Atlantide descritta nel *Crizia* da Platone.

---

[120] *Santi Parva*, Sezione cccxxxvii *op. cit.*

[121] Storie, Libro IV.

[122] *Karna Parva*, Section XXXIV.

[123] W. D. Whitney, Surya Siddhanta, The Journal of the American Oriental Society, Vol. VI, Yale College, 1860 New Haven.

Non possiamo non citare un'ultima tradizione presente in Marocco dove le leggende berbere parlano di *Attala*, un'isola ricca di miniere, oro, argento, rame e stagno così come la mitica patria di origine del popolo Azteco denominata *Aztlan*. Anche in quest'ultimo caso un immane cataclisma distrusse questa enorme isola portando pochi superstiti a fuggire e a rifugiarsi in Sud America. Tradizioni, leggende, miti che sono però comuni a tutto il pianeta e ancor più chiamano in causa un'isola di vaste proporzioni sprofondata sotto i flutti del mare. Una semplice casualità?

Possiamo considerare quanto presentato e descritto in questo paragrafo come un interessante spunto di riflessione da approfondire. Di certo rimane nella nostra mente la forte correlazione esistente tra queste due realtà, Atala e Atlantide, e il fatto che dietro ogni mito ci sia un retroterra di verità da cui la leggenda stessa trae origine. Nel caso indiano, riteniamo, non sia da meno!

Il diluvio persiano

Abbiamo più volte parlato, nei nostri libri, dei miti del diluvio dei popoli del pianeta così come ci siamo soffermati in questo volume a descriverne uno dei più suggestivi e meno noti nel mondo occidentale. In ognuno di questi "miti" la situazione climatica che il nostro pianeta visse tra la fine dell'ultima glaciazione e l'evento denominato Younger Dryas sembra essere stata la causa scatenante alla sua origine.

In molti casi ci siamo soffermati a tentare di capire se eventi catastrofici avvenuti circa 12.500 anni fa possano essere stati mutuati attraverso le leggende e i miti di molte civiltà del pianeta.

Il nostro viaggio deve quindi, necessariamente, proseguire nella poco conosciuta, quanto affascinante, religione zoroastriana e della sua tradizione di un cataclisma che sconvolse la Terra migliaia di anni fa. Prima di fare questo dobbiamo però collocare temporalmente la religione che si è fatta custode di questa tradizione.

L'età esatta dello zoroastrismo non è stata ancora definita con precisione dagli studiosi, dal momento che persino l'epoca in cui visse il suo profeta Zarathustra, meglio noto come Zoroastro, è incerta. Di fatto, come ammette l'autorevole enciclopedia della Columbia University, "... *la controversa datazione di Zarathustra rappresenta un permanente motivo di imbarazzo nell'ambito degli studi zoroastriani*".

Gli storici greci furono tra i primi ad interessarsi dell'argomento. Plutarco, per esempio, ci dice che Zoroastro "*visse 5000 anni prima della guerra di Troia*", anch'essa oggetto di incertezza storica ma generalmente collocata verso il 1300 a.C. Sulla base di questa cronologia dovremmo collocare quindi la figura di Zoroastro verso il 6300 a.C. Una datazione analoga è fornita da Diogene Laerzio che dichiara come Zoroastro visse "*6000 anni prima della campagna greca di Serse*" quindi attorno al 6480 a.C.

Più di recente gli studiosi hanno proposto per la sua vita datazioni distanti tra loro come il 1750 a.C. così come tra il VII e il VI secolo a.C. Qualunque sia la verità, tutti gli studiosi concordano sul fatto che lo stesso Zoroastro prese a prestito elementi culturali e religiosi da tradizioni molto più antiche e che lo Zoroastrismo quindi, come molte altre religioni, estende profondamente le proprie radici nella preistoria del genere umano.

Nelle scritture di questa religione, note come Zend Avesta, si dichiara inoltre e apertamente come alcune sue parti si ispirino ad antichissime tradizioni orali. I versi parlano di un antenato primordiale chiamato Yima[124], il primo uomo ovvero il corrispettivo dell'Adamo biblico ma che fu anche il primo re e il fondatore della civiltà antica[125] e che compare nella sezione di apertura dello Zend Avesta noto come il Vendidad.

Al suo interno leggiamo come il dio Ahura Mazda creò la prima terra e come *"il giusto Yima, il grande pastore… fu il primo mortale"*, con il quale Ahura Mazda scelse di conversare, istruendolo per farlo diventare un predicatore. Yima però si rifiutò, al che il dio gli attribuì un compito diverso. Recita l'antico testo *"… dal momento che tu non vuoi essere il predicatore e il portatore della mia legge, allora rendi il mio mondo rigoglioso, rendi il mio mondo più grande, impegnati a nutrire, governare e proteggere il mio mondo"*.

Questa volta Yima acconsentì e il dio gli consegnò un anello d'oro e un pugnale intarsiato d'oro. È importante notare come questa tradizione abbia notevoli paralleli con altre leggende che possiamo trovare in Sud America, nelle Ande.

La tradizione zoroastriana racconta poi come Yima *"… premette la terra con l'anello d'oro e la perforò con il pugnale"*.

Con questa azione sappiamo che *"fece sì che la terra diventasse più grande di un terzo di quanto era prima"*, un'impresa che nel corso dei

---

[124] Altri nomi con cui è noto Yima nella tradizione persiana sono Jamshed, Jamshid, Yamah, Jam.

[125] Altre tradizioni persiane, come lo Shānāma di Ferdowsi, affermano che Jamshid/Yima fosse stato il quarto re del mondo e che avesse comandato su tutti gli angeli e i demoni e fosse stato nel contempo sovrano e sacerdote supremo. A lui vengono tributate nel testo moltissime invenzioni che permisero l'avanzamento della civilizzazione così come la "navigazione delle acque del mondo su navi a vela".

mille anni successivi Yima ripeté due volte raddoppiando in questo modo l'area disponibile per *"i greggi e le mandrie con uomini e cani e uccelli"* che si radunarono intorno a lui *"secondo il suo desiderio e la sua volontà, tanti quanti ne desiderava"*.

Da un punto a di vista anatomico gli esseri umani come li conosciamo oggigiorno esistono, per quanto ne sappiamo, da poco meno di 200.000 anni, il più antico scheletro di essere umano moderno riconosciuto dalla scienza proviene infatti dall'Etiopia e risale a circa 196.000 anni fa.

All'interno di questo lasso temporale esiste solo un periodo storico in cui le parti di terra utili agli esseri umani aumentarono considerevolmente a seguito dell'ultima glaciazione e di un volume di acqua congelato sulla terraferma, questo fu proprio durante l'ultima era glaciale tra i 100.000 e gli 11.600 anni fa.

La paleoclimatologia ci conferma che le terre precedentemente sommerse, per un totale di 27 milioni di chilometri quadrati che equivalgono all'area dell'Europa e della Cina messe insieme, emersero grazie all'abbassamento del livello dei mari durante l'ultimo massimo glaciale circa 21.000 anni fa.

Indubbiamente può risultare forzato ritenere che nella storia di Yima si stia facendo riferimento proprio a questo periodo storico e all'aumento di terre dovuto alla glaciazione e al ritiro dei mari sotto forma di acqua ghiacciata sulla terra ferma ma indubbiamente ci solletica l'idea che forse questi antichi eventi potessero essere stati tramandati nei millenni da qualcuno! È interessante inoltre notare cosa accade in seguito.

Dopo un periodo di tempo estremamente lungo, si legge nei testi zoroastriani, Yima venne convocato in un "luogo di incontro presso il buon fiume Daitya" dove il Dio Ahura Mazda gli apparve recando un infausto avvertimento di un improvviso catastrofico cambiamento climatico.

Così recita sempre l'Avesta *"Oh giusto Yima, sul mondo materiale inverni fatali stanno per abbattersi che porteranno il gelo feroce e malvagio; sul mondo materiale inverni fatali stanno per abbattersi che faranno cadere spessa neve, fino sulle cime delle più alte montagne… quindi costruisci un Vara* (un ipogeo cavità sotterranea, ndr) *lungo come un galoppatoio su ogni lato del quadrato, la giù portaci semi di pecore buoi, di uomini, di cani, di uccelli e di ardenti fuochi rossi… laggiù porterai i semi di uomini e di donne tra i più grandi, i migliori e i più belli della terra; laggiù tu porterai semi di ogni genere di bestiame, tra i più grandi, i migliori e i più belli della terra. Laggiù tu porterai i semi di ogni genere d'albero, tra i più grandi, i migliori e i più belli della terra; laggiù tu porterai i semi di ogni genere di frutto, i cibi più sazianti dal profumo più dolce. Tutti questi semi tu porterai, due di ogni genere, così che si mantengano inesauribili laggiù, finché gli uomini resteranno nel Vara"*.

Le misure riportate nel secondo capitolo ci dicono che il Vara che Yima costruì era nella forma di una caverna multipla sotterranea, lunga 3 km e larga 3 km. Quello che ci dice il testo è che questo rifugio sarebbe servito per trovare riparo da un terribile inverno che si sarebbe abbattuto su Airyana Vaejo e, come ci dice un altro testo zoroastriano intitolato Bundahishn, *"lo spirito maligno… balzò fuori dal cielo come un serpente abbattendosi sulla terra… giunse sfrecciando a mezzogiorno e allora il cielo fu scosso e spaventato da lui come una pecora lo è da un lupo. Scese sull'acqua che era posta sotto la terra, trafiggendo e penetrando il centro di questa terra… si scagliò sull'intera creazione e da allora il mondo fu così dolente e oscuro a mezzogiorno come se fosse notte fonda*"[126].

Tra la fine dell'ultima glaciazione e l'inizio dello Younger Dryas vi furono quasi due millenni di clima caldo e temperato che, sicuramente, per i popoli che abitavano il pianeta in quell'epoca, sembrarono un'età dell'oro rispetto alla morsa di ghiaccio che aveva attanagliato i loro antenati e al disastro che sarebbe giunto circa 12.000 anni fa.

Lo spirito maligno a cui si attribuisce questa morsa di gelo è Angra Mainyu, la parte oscura dello zoroastrismo, che si oppone e tenta di contrastare l'operato di Ahura Mazda. Lo zoroastrismo, ricordiamolo, è una religione intimamente dualistica in cui gli esseri umani, e le scelte che facciamo nel bene e nel male, sono visti come gli oggetti di una eterna lotta tra la luce e l'oscurità.

In questo eterno scontro non sempre vince il bene e così il Vendidad ci ricorda che anche se Airyana Vaejo era stata *"la prima delle buone terre e delle buone contrade"* che erano state create da Ahura Mazda, non riuscì a resistere alle forze oscure *"... e allora giunse Angra Mainyu, che è morte, e creò a sua volta con la sua stregoneria il serpente nel fiume e l'inverno, un'opera dei demoni... ora vi sono dieci mesi invernali laggiù, due mesi estivi e questi sono freddi per le acque, freddi per la terra, freddi per gli alberi. L'inverno cade laggiù, con la peggiore delle sue piaghe"*.

Riproposta fedelmente la tradizione zoroastriana notiamo un particolare interessante, non abbiamo infatti la presenza di creste oceaniche atte a distruggere ogni terra emersa né la costruzione di un'imbarcazione per salvare dalle acque i pochi superstiti.

---

126 Agostini D, Thrope S. The Bundahishn: The zoroastrian Book of Creation. New York, Oxford University Press, 2020.

Nel mito zoroastriano del diluvio troviamo invece un inverno glaciale e la costruzione di un rifugio 'sotterraneo' per salvare la specie umana.

Non possono non venirci alla mente le città sotterranee turche come Derinkuyu, tra l'altro poco distanti da siti come Gobekli Tepe, che hanno cambiato negli ultimi anni la nostra concezione della storia antica. Il mito non ci dice se questi Vara fossero stati realmente le città sotterranee turche ma indubbiamente la domanda nasce legittima così come la possibilità che questi stessi ipogei possano essere stati molto più antichi di quanto ritenuto fino ad oggi. Come sappiamo non è possibile datare la roccia né tantomeno uno scavo ma è curioso che i livelli più alti di città come Derinkuyu siano quelli più antichi mentre quelli più profondi siano in vari casi i più recenti.

I testi zoroastriani non lasciano dubbi riguardo al fatto che queste condizioni climatiche rappresentassero una minaccia mortale alla futura sopravvivenza della civiltà. Quando poi leggiamo che il Vara doveva essere costruito su tre livelli sotterranei, ciascuno più piccolo di quello superiore, ciascuno con il proprio sistema di strade che si intersecavano è legittimo domandarsi se non stiamo parlando di un qualcosa che richiese un livello ingegneristico e costruttivo oltremodo avanzato.

Lo Zend Avesta riporta che "... *nella parte più grande di quel luogo costruirai nove strade, sei nella parte centrale, tre in quella più piccola. Nelle strade della parte più grande tu porterai mille semi di uomini e donne; nelle strade della parte centrale ne porterai seicento; nelle strade della parte più piccola ne porterai trecento*".

Penso che questa descrizione degli scopi e funzioni di parte di questa struttura si spieghino da sole. La domanda ulteriore che potremmo porci è come fosse illuminato un ambiente così vasto.

Ci viene sempre incontro l'Avesta che oltre a renderci noto come l'accesso al Vara fosse protetto da una porta che sigillava gli ambienti interni da quelli esterni con l'anello consegnato ad Yima da Ahura Mazda, ad Yima viene chiesto anche di costruire una "finestra" che "irradia da sé luce all'interno".

Ovviamente Yima chiede delucidazioni a riguardo e Ahura Mazda gli risponde criticamente che esistono *"luci increate e luci create"*. Le prime sono le stelle, la Luna, il Sole che non potranno essere viste all'interno del Vara durante il lungo inverno mentre le seconde sono artificiali e, cito testualmente "risplendono da sotto". Yima eseguì gli ordini del suo dio e da quel momento il Vara "brillò di luce propria".

Fatto questo lo Zend Avesta prosegue affermando che *"fece fluire le acque in un letto lungo un miglio; là pose degli uccelli, presso le rive sempre verdi che producono cibo inesauribile. Là stabilì delle dimore, formate da una casa con un balcone, un cortile e una veranda…"*.

Una descrizione oltremodo curiosa. L'Avesta prosegue affermando che *"…egli portò il seme di uomini e donne… là egli portò il seme di ogni genere di albero e … ogni genere di frutto… tutti questi semi egli portò, due di ogni genere, così che si mantenessero inesauribili laggiù, finché gli uomini fossero restati nel Vara…"*.

A tutto questo si aggiunge un'altra particolarità, direi anche suggestiva, che è nella nota a pagina 20 dell'edizione dello Zend Avesta curata nientemeno che da Max Müller, il padre della teoria indoeuropea. Si afferma sulla base di antichi commentari, cita Müller, che nel Vara i suoi abitanti *"vivono laggiù per 150 anni, alcuni raccontano che non muoiono mai"* in aggiunta si afferma che i figli generati da ogni coppia non provengono da una unione sessuale bensì *"dai semi depositati nel Vara"*.

Tra gli altri elementi curiosi citati nell'antico testo zoroastriano si parla anche di una coppa miracolosa attraverso cui era possibile vedere tutto ciò che accadeva nel mondo e anche di un trono di vetro, a volte descritto come un occhio di vetro, che era in grado di volare. Beh, direi che c'è tanto su cui meditare!

Tutti questi dati potrebbero essere interpretati, come è stato fatto per lungo tempo, come un mito generato dalla mente fantasiosa di qualche antico redattore. Ci chiediamo però se invece dietro a tutto questo non possa nascondersi anche il resoconto tramandato di generazione in generazione di antichi superstiti ad un evento estremo e drammatico. Potremmo ipotizzare e immaginare che il racconto dello Zend Avesta possa riferirsi ad un rifugio che venne realmente creato per proteggere e preservare una parte della specie umana? Ci mancano ancora moltissimi dati per poterlo dire ma, personalmente, penso che questa possibilità sia molto più concreta di quanto potremmo mai immaginare.

Capitolo III - Le spiegazioni della Scienza

La Younger Dryas Impact Hypothesis

Possedere un occhio critico è sempre fondamentale, soprattutto quando si analizzano situazioni ed eventi così remoti nel tempo e ancor più posti ai limiti del dibattito scientifico internazionale odierno. Se dovessimo, però, identificare uno o più avvenimenti che potrebbero aver originato quanto esposto fino ad ora, è la stessa Scienza (quella appunto con la S maiuscola) a fornirci gli strumenti necessari per cercare risposte e di porre un po' di ordine. Se la fine dell'ultima glaciazione condusse ad un disgelo globale e quindi, consequenzialmente, ad un innalzamento dei livelli marini ma anche ad un riassetto estremamente tumultuoso del nostro pianeta, allora l'ipotesi che andremo a presentare a breve possiederebbe tutte le caratteristiche necessarie per fornirci le evidenze e gli strumenti per comprendere questi eventi.

Per delineare il contesto dobbiamo fare un piccolo passo indietro e tornare in quel periodo storico chiamato Dryas Recente, o Younger Dryas, in inglese. Con questo termine ci si riferisce ad un'epoca di repentino raffreddamento climatico avvenuto tra i 12.900 e gli 11.700 anni fa, in pieno Pleistocene. Questo evento interruppe temporaneamente quel graduale riscaldamento che stava iniziando dopo la fine dell'ultima glaciazione riportando le lancette dell'orologio climatico indietro nel tempo.

Il nome Younger Dryas deriva da un fiore alpino denominato *Dryas octopetala*, i cui fossili sono stati ritrovati in abbondanza nei sedimenti di quel periodo. A titolo esemplificativo, durante questa epoca le temperature della Groenlandia diminuirono tra i 4° e i 10°C portando a nuove condizioni glaciali in gran parte dell'emisfero settentrionale del pianeta.

In questo periodo, recenti scoperte e studi, ci dicono che avvenne concomitante un altro fenomeno di proporzioni epocali. Ne abbiamo traccia attraverso il rinvenimento di un insieme di materiali molto peculiari come ad esempio materia organica carbonizzata, nanodiamanti, microsferule magnetiche, concentrazioni anomale di platino e talvolta iridio.

Questi 'residui' ci dicono che l'evento che lo originò, portò il suolo a temperature elevatissime e che costituiscono una firma tangibile di una collisione meteorica sul nostro pianeta. Ce ne rende testimonianza un articolo pubblicato sulla rivista Phys.org della Wits University:

Un team di scienziati del Sud Africa ha scoperto prove che supportano parzialmente l'ipotesi che la Terra sia stata colpita da un meteorite o da un asteroide 12.800 anni fa. [...] Il team, guidato dal professor Francis Thackeray dell'Evolutionary Studies Institute presso l'Università del Witwatersrand a Johannesburg, in Sud Africa, ha scoperto prove di un notevole "picco di platino" in un sito chiamato Wonderkrater nella provincia di Limpopo, a nord di Pretoria in Sud Africa. Lavorando con il ricercatore Philip Pieterse dell'Università di Johannesburg e il professor Louis Scott dell'Università del Free State, Thackeray ha scoperto questa prova da un nucleo

*perforato in un deposito di torba, in particolare in un campione
di circa 12.800 anni. [...]*

*Notando che i meteoriti sono ricchi di platino, Thackeray ha
affermato: "La nostra scoperta supporta almeno in parte la
controversa Ipotesi dell'Impatto dello Younger Dryas (YDIH).
Dobbiamo seriamente esplorare l'opinione che un impatto di un
asteroide da qualche parte sulla terra possa aver causato il
cambiamento climatico su scala globale e abbia contribuito in
una certa misura al processo di estinzione di grandi animali alla
fine del Pleistocene, dopo l'ultima era glaciale". [...]*

*A Wonderkrater, il team ha prove dal polline per dimostrare che circa
12 800 anni fa ci fu un raffreddamento temporaneo, associato al
calo di temperatura "Younger Dryas" che è ben documentato
nell'emisfero settentrionale, e ora anche in Sud Africa.*

*Secondo alcuni scienziati, questo raffreddamento in aree diffuse
sarebbe almeno potenzialmente riconducibile alla dispersione
globale di polvere atmosferica ricca di platino.*

*Un grande cratere di 31 chilometri di diametro è stato scoperto nel
nord della Groenlandia sotto il ghiacciaio Hiawatha. "Ci sono
alcune prove a sostegno dell'opinione che potrebbe essere stato il
luogo stesso in cui un grande meteorite ha colpito il pianeta terra
12 800 anni fa", dice Thackeray. "Se fosse davvero così, devono
esserci state conseguenze globali"[127].*

---

[127] Fonte:

https://phys.org/news/2019-10-hypothesis-asteroid-contributed-mass-extinc
tion.html

Risultati coerenti, comprensivi di insolite concentrazioni di platino, sono stati evidenziati dalle analisi degli strati sedimentari del White Pond nella Sud Carolina[128].

L'origine cosmica è stata, come si sarà ormai intuito, l'inizio di un nuovo scontro accademico fra chi sostiene e chi ricusa l'ipotesi di una catastrofe di origine cosmica avvenuta in tempi così antichi.

Il dibattito continua ancora nel 2024 con pubblicazioni su prestigiose riviste scientifiche che avvalorano, o confutano, l'una o l'altra ipotesi.

Nel corso degli ultimi anni, su PNAS (*Proceedings of the National Academy of Sciences*), sito che pubblica i risultati di numerose ricerche scientifiche sono stati presentati numerosi studi che riguardano questo tema. Tra i tanti, uno di grande importanza vide la luce nel 2015 ad opera di un team di studiosi che ribadì alcuni punti fondamentali precedentemente citati.

Un evento di impatto cosmico di ~12.800 anni fa ha formato lo strato limite dello Younger Dryas (YDB), contenente abbondanze di picchi in proxies [= elementi correlati] multipli, ad alta temperatura e legati all'impatto, tra cui sferule, vetro fuso e nanodiamanti. Analisi statistiche bayesiane di 354 date da 23 sequenze sedimentarie in quattro continenti hanno stabilito una fascia di età YDB modellata fra i 12.835 anni fa e i 12.735

---

[128]Cfr.
https://theconversation.com/new-evidence-that-an-extraterrestrial-collision-12-800-years-ago-triggered-an-abrupt-climate-change-for-earth-118244   e Christopher Moore et al., *Sediment Cores from White Pond, South Carolina, contain a Platinum Anomaly, Pyrogenic Carbon Peak, and Coprophilous Spore Decline at 12.8 ka*, Nature: https://www.nature.com/articles/s41598-019-51552-8

anni fa, supportando la sincronicità dello strato YDB con alta probabilità (95%)[129].

Nelle sue conlusioni la ricerca è oltremodo chiara.

L'età dei 23 siti è coeva con l'inizio dello Younger Dryas [= Dryas Recente] in sei record e con l'età della deposizione di platino extraterrestre nel nucleo di ghiaccio GISP2 all'inizio dello Younger Dryas. Questa relazione temporale supporta una connessione causale tra l'evento dell'impatto e lo Younger Dryas[130].

In parole povere, l'impatto di alcuni corpi extra atmosferici ha prodotto, non solo una serie di tracce tangibili della sua avvenuta, ma soprattutto un drastico cambiamento climatico che sarebbe profondamente correlato con lo Younger Dryas e il repentino abbassamento delle temperature di questo periodo storico.
Il forte contrasto che l'ipotesi cometaria, collegata agli eventi descritti, riscuote all'interno di una parte della comunità scientifica non è stato controbilanciato da un altrettanto valida e plausibile ipotesi che ne possa confutare e spiegare diversamente gli eventi.

---

[129] James P. Kennett et al., *Bayesian chronological analyses consistent with synchronous age of 12,835–12,735 Cal B.P. for Younger Dryas boundary on four continents*, PNAS, aprile 2015, p.1, Bayesian chronological analyses consistent with synchronous age of 12,835–12,735 Cal B.P. for Younger Dryas boundary on four continents | PNAS
[130] ibid, p. 9.

L'unico elemento su cui si fa leva è un progressivo cambiamento climatico che spiegherebbe, a dire di questa corrente di pensiero, anche il Dryas Recente.

Formalmente il primo tipo di contestazione è stata condotta sui residui lasciati da un probabile impatto cometario (come nanodiamanti, micro sferule, etc.) rivendicandone un'origine diversa da quella cosmica, non considerando però che nontanto le singole componenti quanto proprio la loro combinazione nello stesso sottile strato di terreno nero siano un fortissimo indizio sulla loro origine non terrestre e quindi dovute ad un impatto.

A questo si aggiunge che oltre alla presenza di resti carbonizzati a temperature e condizioni estreme, è stato stimato come, a livello globale e in occasione dell'inizio del Dryas Recente, circa il 10% delle terre emerse, fauna e flora incluse, sia letteralmente andato a fuoco[131]. Come è possibile giustificare un evento del genere in combinazione con un processo terrestre 'spontaneo' di drastico raffreddamento del clima?

Esiste un'altra teoria oltre a quella dell'impatto cometario, avanzata dal geologo Robert Schoch ed in cui si propone che gli effetti di una esplosione solare [132] siano i responsabili non dell'inizio, bensì della fine del Dryas Recente, avvenuta intorno al 9.600 a.C., e che avrebbe comportato l'innalzamento delle temperature (e consequenzialmente dei mari) secondo le sue

---

[131] Cfr. ad esempio, Wendy Wolbach et al., *Extraordinary Biomass-Burning Episode and Impact Winter Triggered by the Younger Dryas Cosmic Impact ~12,800 Years Ago. 1. Ice Cores and Glaciers*, Journal of Geology, marzo 2018, https://www.journals.uchicago.edu/doi/full/10.1086/695703

[132] Robert M. Schoch, con Catherine Ulissey, espone la sua teoria in *Forgotten Civilization - The role of Solar Outbursts in Our Past and Future* rev. edition, Ed. Inner Traditions, 2021.

stime in soli *tre anni*[133]. Analizzando i tempi e cicli cosmici un disgelo così repentino risulta essere un fenomeno alquanto singolare ed estremamente difficile da spiegare chiamando in causa le dinamiche del nostro Sole. Così come i suoi picchi di irraggiamento elettromagnetico possono mettere in crisi oggigiorno i nostri sistemi di comunicazione, così una sua occasionale attività molto intensa potrebbe causare danni ben maggiori al nostro ecosistema Terra ma anche alterare il magnetismo e il clima terrestri e quindi anche sollecitare l'attività vulcanica. Schoch a tale riguardo afferma che

Nel 9500 a.C. circa il Sole era estremamente attivo, con un numero record di macchie solari. Tra il 9500 a.C. e l'8000 a.C. circa il numero di macchie solari ha oscillato ampiamente, con minimi record intorno al 9200 a.C. seguiti da massimi estremi tra il 9000 a.C. e l'8800 a.C. circa. Cioè, l'attività solare ha mostrato fluttuazioni selvagge durante questo periodo e nei millenni successivi, e fino al 6000 a.C. circa ha continuato a mostrare ampie discrepanze tra il numero di macchie solari alto e basso, ma i massimi erano meno alti. Massime relativamente basse sono continuate fino a tempi recenti, con i periodi dal 6000 a.C. al 3500 a.C. circa e dal 200 a.C. circa al 1900 d.C. che hanno registrato un'attività solare particolarmente bassa rispetto alla fine dell'ultima era glaciale. [...]
I dati del Kilimangiaro mostrano anche un riscaldamento brusco e drammatico, accompagnato da un enorme aumento di polvere, proprio all'inizio della sequenza, intorno al 9700 a.C.; ciò

---

[133] Ricordiamo come nello stesso periodo sia documentato il sotterramento volontario del tempio di Gobekli Tepe in Turchia.

corrisponde alla fine dell'ultima era glaciale (Steffensen et al. 2008) e agli eventi drammatici che si verificarono allora. [...]
Paul LaViolette (2011a) ha raccolto prove che un importante brillamento solare accompagnato da un evento protonico super solare (SPE), o eventi, alla fine dell'ultima era glaciale "ha fritto la Terra" [134].

Se non vi sono ragioni per non prendere seriamente in esame questa possibilità, appare altresì molto difficile poter escludere dallo scenario presentato l'ipotesi dell'impatto meteorico soprattutto per la presenza di elementi, come ad esempio quelli del platino, rinvenuti in numerosi luoghi; materiali che il Sole, senza supporto di altro materiale cosmico, non possiede e non può lanciare verso la Terra.

Un evento estremamente importante avvenne nel 1994 quando si poté assistere, durante l'attraversamento nell'atmosfera densa di Giove [135], alla frammentazione della cometa *Shoemaker-Levy 9* in almeno 20 grandi frammenti che andarono ad impattare sulla superficie del pianeta. Le deflagrazioni che ne scaturirono furono osservate dai telescopi e furono stimate essere, nelle loro dimensioni, come maggiori delle dimensioni della Terra stessa.
Questo ha indubbiamente rafforzato in molti scienziati la convinzione che gli impatti meteorici o cometari catastrofici siano tutt'altro che rari nel nostro Sistema Solare.

---

[134] Robert M. Schoch, *op. cit.*, poss. 264, 266 e 279 / 1022.

[135] Cfr. B. Ivanov, J. Melosh, *Dynamic Fragmentation of a Comet in the Jovian Atmosphere*, 1994, disponibile su
https://www.researchgate.net/publication/234261253_Dynamic_Fragmentat
ion_of_a_Comet_in_the_Jovian_Atmosphere

Nell'ipotesi in esame per lo Younger Dryas, sono ormai sempre di più i sostenitori di un impatto sul nostro pianeta generato da oggetti cosmici di cui almeno uno del diametro superiore ai due chilometri, e probabilmente prossimo ai 4, sia esploso sia nella superficie che nell'atmosfera terrestre, concentrando la ricaduta dei suoi frammenti in Nord America e Groenlandia e provocando isolati impatti in Sud America, Oceania, Europa e Africa (un impatto avvenne anche in Siria).

Questo evento avrebbe dato origine al Dryas Recente, un periodo gelido che però, a seguito degli impatti descritti, vide anche sul nostro pianeta incendi diffusi e una riduzione improvvisa nel volume di alcune calotte glaciali [136] causata dagli impatti asteroidali.

Un esempio a noi vicino ci mostra come nel 1883, la tragica eruzione del vulcano Krakatoa causò l'abbassamento temporaneo della temperatura media globale di circa 1.5° C.

Sappiamo come l'emissione prolungata di ceneri in atmosfera in grandi quantità, che siano dovute ad un vulcano o ad impatti meteorici, siano in grado di oscurare e deflettere i raggi solari per mesi o anni, coadiuvando quindi al crollo delle temperature fino a livelli sostanzialmente equiparabili alle fasi centrali dell'Era Glaciale ed estendendo a tutto il nostro pianeta un fenomeno che poteva inizialmente essere localizzato.

Al tutto si sarebbero aggiunti una serie di ulteriori eventi collaterali come uno spostamento dei poli geografici, numerose e devastanti inondazioni che sarebbero continuate anche dopo la fine del Dryas Recente e capaci di cambiare le zone di abitabilità

---

[136] Si stima che la susseguente e complessiva riduzione del volume di ghiaccio delle calotte nord-atlantiche sia stata di circa 10 milioni di chilometri cubi.

sulla terraferma. Il repentino cambiamento climatico, affiancato alla distruzione provocato dagli impatti, avrebbe compromesso molti ecosistemi sia nelle spore nel terreno, come è stato notato nel già citato White Pond, risalendo la catena alimentare fino alla grande fauna che ne ha fatto maggiormente le spese. Anche la popolazione umana mondiale risentì tali cambiamenti portando ad un suo drastico crollo sono presumibilmente e con i suoi sopravvissuti che avrebbero dovuto riniziare la loro scalata verso la civiltà. È proprio in questo frangente che a nostro giudizio, e di moltissimi altri ricercatori, che si colloca uno spartiacque storico in cui identificare un prima ed un dopo delle civiltà così come anche dei moltissimi miti del diluvio presenti in tutto il pianeta.

Analogamente, la nostra conoscenza di millenni di storia che hanno preceduto questo evento sono state in buona parte cancellate e la ripartenza ha a sua volta richiesto svariati millenni prima che si arrivasse, o forse *ritornasse*, allo sviluppo di gruppi umani superiori in diversi punti del pianeta.

Eppure, le tradizioni millenarie dei popoli antichi hanno raccontato di un tempo perduto e di civiltà e popoli che abitavano in tempi antichissimi terre in tutto il pianeta.

L'impatto delle Tauridi

La domanda fondamentale che, a fronte di quanto letto, sorge è chi causò l'impatto meteorico nel 12.800 a.C.?

La risposta sembra giungere da un fenomeno che ben conosciamo. Ogni anno, tra la fine di ottobre e i primi di novembre, si verifica una pioggia di "stelle cadenti" nota con il nome di Tauridi. Si tratta di uno sciame meteorico che si ritiene si sia generato dalla cometa Encke. Lo stesso sciame delle Tauridi è ancora oggi estremamente misterioso in quanto si sospetta che al suo interno si nascondano almeno una novantina di meteoriti di grandi dimensioni, due dei quali con un diametro di 200 e 300 metri mentre molti altri probabilmente estremamente più grandi. Tutto questo porta a ritenere che questi oggetti si siano formati dalla rottura relativamente recente di un corpo genitore ghiacciato ancora più grande di cui Encke e le Tauridi costituiscono gli esiti della sua frammentazione.

Questa possibilità si affianca all'idea ormai dominante per cui si ritiene che la cometa Encke sia la responsabile di molti degli impatti avvenuti sulla Terra, tra i più violenti, registrati negli ultimi 20.000 anni.

Già negli anni '80 l'astronomo William Napier assieme all'astrofisico Victor Clube evidenziarono[137] come oggetti di grandi dimensioni sembrassero possedere orbite simili a quelle delle Tauridi e quindi, un'origine comune con questo sciame meteorico.

Le prime prove giunsero con la scoperta di una mezza dozzina di asteroidi larghi oltre un chilometro e in orbita all'interno del flusso di meteoriti. Secondo Napier e Clube, questi ammassi rocciosi, troppo grandi per essere stati rilasciati dalla stessa cometa Encke, potrebbero essersi originati dalla frammentazione di una cometa gigante larga circa 100 chilometri ed esistita 20.000 anni fa. Secondo la teoria proposta, la frammentazione per cause sconosciute di questo immenso corpo cometario avrebbe generato non solo la cometa Encke ma anche un intero

---

[137] W. M. Napier, *Palaeolithic extinctions and the Taurid Complex*, Monthly Notices of the Royal Astronomical Society, Volume 405, Issue 3, July 2010, Pages 1901–1906.

complesso di asteroidi, comete minori, detriti sassosi e polvere, che oggi orbitano attorno al Sole e che conosciamo appunto con il nome di Tauridi.

Uno sciame così dinamico, imprevedibile e ben popolato da avvicinarsi frequentemente alla Terra causando ogni volta il rischio di possibili impatti. Il prossimo avvicinamento è previsto per il 2030 e già preoccupa gli studiosi.

Nel 2007 lo studioso Richard Firestone fu il primo ad ipotizzare[138] che il complesso delle Tauridi potesse spiegare il raffreddamento climatico globale sfociato nel Dryas Recente così come l'improvvisa scomparsa della cultura di Clovis, una popolazione preistorica antenata della maggior parte dei popoli indigeni nelle Americhe.

In tempi recenti, invece, altri eventi furono collegati alle Tauridi in particolar modo l'esplosione a circa 8 chilometri di altezza, nel 1908, di un piccolo asteroide nella zona di Tunguska (Siberia).

In quel caso milioni di alberi furono abbattuti, devastando un'area di circa 2.000 chilometri quadrati. Numerose analisi e studi scientifici odierni sono sempre più propensi a ritenere che gli eventi all'origine dello Younger Dryas siano dovuti proprio ad un impatto di almeno 8 frammenti provenienti dal complesso delle Tauridi[139]. Allo stato attuale non esiste una pistola fumante, la prova definitiva, che colleghi le due realtà ma tutti gli indizi convergono su questo punto supportati da recenti scoperte archeologiche.

---

[138] R. B. Firestone, A. West et al., *Evidence for an extraterrestrial impact 12,900 years ago that contributed to the megafaunal extinctions and the Younger Dryas cooling*, 16016–16021 PNAS October 9, 2007 vol. 104 no. 41, www.pnas.orgcgidoi10.1073pnas.0706977104.

[139] Ignacio Ferrín et al, *Taurid complex smoking gun: Detection of cometary activity*, Planetary and Space Science (2021). DOI: 10.1016/j.pss.2021.105306

A conferma di quanto esposto fino ad ora, sono sempre maggiori i siti che riportano tracce tangibili di questo evento, fugando ogni dubbio sulla natura dell'impatto cometario che 12.800 anni fa sconvolse il nostro pianeta.

L'ultima scoperta in ordine di tempo è avvenuta nel 2019 quando un team di scienziati attivi in una campagna in Sud Africa ha rinvenuto le prove che confermerebbero, almeno parzialmente, l'ipotesi che la Terra sia stata colpita da un meteorite 12.800 anni fa, scatenando a livello globale drastici cambiamenti come ad esempio il cambiamento climatico nonché contribuendo all'estinzione di molte specie di grandi animali di quel periodo.

Il team, guidato dal professor Francis Thackeray dell'*Evolutionary Studies Institute* dell'Università del Witwatersrand a Johannesburg, Sudafrica, ha rinvenuto le prove di un *"picco di platino"* in un sito chiamato Wonderkrater nella provincia di Limpopo, a nord di Pretoria. Lavorando con il ricercatore Philip Pieterse dell'Università di Johannesburg e il Professor Louis Scott dell'University of the Free State, Thackeray durante un carotaggio nel sito ha recuperato campioni che sono stati insindacabilmente attribuiti a questo impatto avvenuto circa 12.800 anni. La ricerca[140] è stata pubblicata sulla rivista scientifica *Palaeontologia Africana*.

Un'altro luogo molto distante che conserva tracce di questo devastante impatto occorso circa 12.800 anni fa è il sito di Abu Hureyra, in Siria, uno dei primi insediamenti umani conosciuti al mondo.

---

[140] Francis Thackeray, Louis Scott, Petrus Pieterse, *The Younger Dryas interval at Wonderkrater (South Africa) in the context of a platinum anomaly*, October 2019, Palaeontologia Africana 54:30-35.

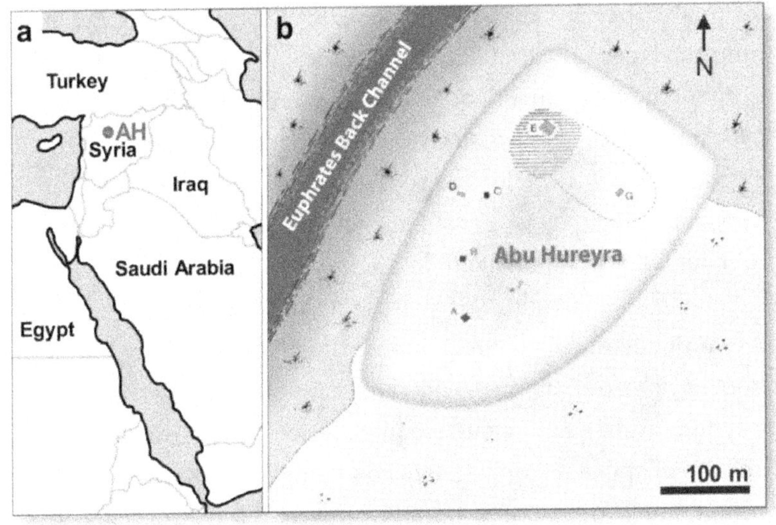

Lo studio è stato pubblicato su Scientific Reports[141] ed ha evidenziato come nel Nord della Siria, nella valle dell'Eufrate, il sito archeologico di Abu Hureyra – oggi sommerso dalle acque del lago Assad - testimoni inequivocabilmente un momento importantissimo della nostra storia e degli eventi occorsi.

Abu Hureyra è stato anzitutto uno fra i primi insediamenti umani ad oggi scoperti al mondo. Grazie agli studi condotti dal Dr. Moore e colleghi nonché da un'attenta analisi della composizione geochimica del terreno, forma, struttura, temperatura di formazione, caratteristiche magnetiche e contenuto d'acqua, di inclusioni trovate tra i cereali e i grani, sui primi materiali da costruzione e sulle ossa degli animali rinvenuti nel sito, si è giunti

---

[141] Scientific Reports l'articolo *"Evidence of Cosmic Impact at Abu Hureyra, Syria at the Younger Dryas Onset (~12.8 ka): High-temperature melting at >2200°C"* di Andrew M. T. Moore, James P. Kennett, William M. Napier, Ted E. Bunch, James C. Weaver, Malcolm LeCompte, A. Victor Adedeji, Paul Hackley, Gunther Kletetschka, Robert E. Hermes, James H. Wittke, Joshua J. Razink, Michael W. Gaultois e Allen West.

ad una scoperta oltremodo affascinante. Sono state trovate infatti ampie tracce di materia vetrificata – in inglese *meltglass* – contenente grani fusi di quarzo, chromferide e magnetite.

Questa tipologia di materiale si è formata, secondo gli autori dello studio e delle ricerche sul campo, dalla fusione e vaporizzazione quasi istantanea di biomasse, suolo e depositi alluvionali, seguita da raffreddamento quasi istantaneo.

I risultati dello studio suggeriscono che il materiale - composto da minerali ricchi di cromo, ferro, nichel, solfuri e titanio così come anche da ferro fuso ricco di platino e iridio – si sia formato a temperature molto elevate ben superiori a 2.200 gradi Celsius.

In quell'epoca storica sarebbe stato impossibile ottenere temperature del genere da parte di popolazioni umane e non sono altresì spiegabili da nessuna attività legata a fattori ambientali quali vulcanismo o fulmini.

«Un singolo grande impatto con asteroidi non avrebbe dato origine a materiali così ampiamente dispersi come quelli scoperti ad Abu Hureyra»[142], dice a questo proposito Kennett, coautore dello studio.

«Si ritiene invece che i più grandi detriti cometari siano in grado di provocare migliaia di esplosioni in atmosfera nell'arco di pochi minuti in un intero emisfero terrestre. L'ipotesi dell'impatto cosmico del Dryas recente propone questo meccanismo per tenere conto dei materiali coevi ampiamente dispersi lungo oltre 14mila chilometri fra gli emisferi Nord e Sud. Le nostre scoperte nel sito Abu Hureyra supportano fortemente un grande evento di impatto da una cometa così frammentata»[143].

Ciò che distrusse l'abitato e lasciò ampie zone vetrificate ad Abu Hureyra è quindi del tutto compatibile con gli effetti prodotti da più frammenti cometari entrati in atmosfera, supportando oltre

---

[142] ib.

[143] ib.

ogni ragionevole dubbio l'ipotesi catastrofista proposta da innumerevoli studiosi nel corso degli ultimi due decenni.

La presenza di più siti sul pianeta che manifestano tracce così profonde e verificate di tale evento avvenuto, circa, nel 12.800 a.C. è una prova schiacciante che alcuni 'frammenti' delle Tauridi furono attratti probabilmente dal campo gravitazionale del nostro pianeta ed entrando nell'atmosfera produssero uno degli eventi più distruttivi e ad ampio spettro dei tempi geologici recenti. Questo indusse il fenomeno conosciuto come Younger Dryas ovvero un raffreddamento durato ben 1300 anni e che riportò le lancette dell'orologio del pianeta alla precedente epoca glaciale. Affianco di tali eventi si collocano, a nostro giudizio, gruppi umani per noi oggi ancora ignoti che attraverso i loro templi (si veda Göbekli Tepe) o le loro leggende e tradizioni tramandarono questi eventi ai posteri.

Una traccia a Göbekli Tepe

Nel 2017, infatti, usciva sulla rivista Mediterranean Archaeology and Archaeometry un articolo[144] a firma M.B. Sweatman e D. Tsikritsis dal titolo *"Decoding Göbekli Tepe with archeoastronomy: what does the fox says?"*.

I due studiosi, analizzarono le complesse figure zoomorfe rappresentate nei monoliti di Göbekli Tepe dai suoi costruttori e quando si trovarono davanti al così detto Pilastro 43 ne rimasero affascinati e stupiti. La parte più interessante del pilastro è quella inferiore (coperta nella versione originale) in cui si vede

---

[144] Sweatman, M. B., & Tsikritsis, D. (2017), *Decoding Göbekli Tepe with Archaeoastronomy: What Does the Fox Say?*, Mediterranean Archaeology and Archaeometry, 17, 233-250.

chiaramente una figura zoomorfa che gli autori identificano con uno scorpione. Nella parte superiore invece sono presenti alcuni uccelli di cui uno in particolare sembrerebbe essere un avvoltoio o un'aquila.

Nella foto di sinistra il pilastro 43 nella sua collocazione originaria, a destra la sua replica custodita nel Museo di Sanliurfa (Turchia).

Dalle foto non si riescono a vedere altre specie animali ma sul pilastro sono presenti anche dei cani, o lupi, un serpente o pesce e una piccola figura antropomorfa apparentemente decapitata. Per quanto attiene lo studio non era tanto importante identificare l'esatta specie degli animali quanto la loro posizione reciproca. Particolarmente degne di interesse sono state anche le così dette "borse" scolpite nella parte superiore del pilastro e alcuni simboli astratti che sembrano delle V disposte di diritto e rovescio e incastrate le une nelle altre. Le analisi condotte dai due autori li hanno portati a ritenere che tutti gli elementi descritti fino a questo momento avessero uno scopo ben preciso ovvero di indicare una data che fu di grande importanza per la gente di Göbekli Tepe. Di non minor importanza è il fatto che anche altri pilastri del complesso evidenziano una ripetizione dei simboli del pilastro 43, per quanto disposti in modo diverso. In particolare riscosse interesse il Pilastro 3 in cui compare una figura zoomorfa identificata con una volpe assieme ad alcuni simboli, apparentemente astratti. Secondo Sweatman e Tsikritsis lo scorpione raffigurato sul pilastro 43 costituisce un evidente riferimento alla costellazione dello Scorpione per cui il complesso di Göbekli Tepe più che un tempio potrebbe essere un osservatorio astronomico ante-litteram.

Ovviamente questa 'interpretazione' ha generato non poche polemiche[145] ma quantomeno si pone come uno dei primi tentativi per interpretare gli strani bassorilievi incisi più di 12.000 anni fa in questo tempio. Come spesso succede, se non ci si sofferma sui dettagli, lo sguardo veloce può ingannare e così è stato per questa ricerca che fu banalizzata, e ridicolizzata, da molti studiosi ed appassionati che non si erano presi la briga di approfondire e soprattutto leggere integralmente e attentamente il testo.

Il preconcetto moderno su tempi così antichi, e in particolar modo sul sito di Göbekli Tepe, riguarda il fatto che i nostri progenitori fossero stati degli incivili e bruti in perenne lotta per il cibo. Le sculture di Göbekli Tepe ci dimostrano esattamente il contrario, così come siti a noi più vicini (temporalmente e spazialmente) come il pozzo sacro di Paulilatino o Santa Cristina, in provincia di Oristano. Queste tracce antiche ci testimoniano

---

[145] Jens Notroff, Oliver Dietrich, Laura Dietrich, *More than a vulture: A response to Sweatman and Tsikritsis,* January 2017, Mediterranean Archaeology and Archaeometry 17(2):57-74, 17(2):57-74

invece la complessità di quei conglomerati umani che riteniamo
di conoscere ma di cui in realtà non sappiamo quasi nulla.

Sweatman e i suoi collaboratori sono dell'avviso che il pilastro 43
del complesso di Göbekli Tepe costituisca una mappa del cielo
ma ancor più che indichi una data ben precisa. Vediamo su cosa
gli autori fondano la loro ipotesi. Utilizzando un software di
calcolo in grado di rappresentare il cielo e le costellazioni nel
corso dei secoli e dei millenni, gli autori hanno ricostruito la volta
stellata di Göbekli Tepe come appariva circa 11.000 anni fa.
Quanto emerso ebbe dello stupefacente.

La posizione delle costellazioni emersa dalla ricostruzione
appariva sorprendentemente simile a quella rappresentata nel
pilastro 43. Dobbiamo notare e sottolineare come buona parte
delle costellazioni che oggi conosciamo fossero identificate, nei
loro confini e spesso anche denominate nello stesso modo, per
moltissime civiltà del passato. Questo ci porta a riflettere sul
come e sul perché si fosse giunti a questa specularità culturale

quasi perfetta ed in cui Göbekli Tepe non sembra essere da meno.

Secondo Sweatman e i suoi collaboratori, l'aquila rappresenterebbe quella che oggi conosciamo come la costellazione del Sagittario, l'uccello sulla destra in basso rispetto all'aquila, rappresenterebbe la costellazione dell'Ofiuco, lo scorpione l'omonima costellazione ed il cerchio al centro del pittogramma sull'ala dell'aquila il Sole. Su questo punto è però necessario soffermarsi un attimo.

Confrontando i pittogrammi del pilastro 43 si può vedere come il così detto avvoltoio assuma una posa ad ali spalancate e testa voltata verso la destra che rappresenta in modo piuttosto fedele la moderna rappresentazione della costellazione del Sagittario.

Le dimensioni dell'Ofiuco non corrispondono a quelle dell'uccello e le distanze tra le figure non sono in proporzione a quelle tra le costellazioni ma le posizioni reciproche coincidono (soprattutto la posizione del Sole). Ciò probabilmente deve ricercarsi nelle dimensioni del pilastro che hanno plausibilmente costretto l'artista a deformare la scena. Se provassimo ad ingrandire la figura dell'uccello in basso a destra, vedremmo che questa andrebbe a sovrapporsi a quella della costellazione e ciò spiegherebbe anche la forma alterata dell'uccello scolpito nella roccia.

Gli autori portano numerosi ragionamenti a sostegno della loro tesi ma per semplicità mi limiterò a quanto ho già scritto rimandando gli interessati all'articolo scientifico citato in nota. La principale obiezione che può essere fatta a questi ragionamenti, è che, nel corso dei millenni, altre date corrispondono a questa particolare configurazione delle costellazioni. Sweatman e collaboratori si sono posti il problema ed hanno individuato altre

tre date alternative a quella privilegiata: 2.000 a.C., 4.350 a.C. e 18.000 a.C. Escludendo la prima perché inverosimile e l'ultima perché anteriore di diversi millenni al complesso, restano il 10.950 a.C. e il 4350 a.C.. La datazione al radiocarbonio dei resti biologici trovati nelle murature del sito, rendono molto più verosimile la data 10.950 a.C. Gli autori analizzano anche le altre figure presenti sul pilastro, in particolare le così dette "borse" ed altre figure zoomorfe. Le "borse" potrebbero costituire, secondo gli studiosi, dei simboli astratti che rappresenterebbero date fondamentali dell'anno astronomico come solstizi ed equinozi. Le piccole figure animali potrebbero invece rappresentare le costellazioni in cui si verificavano tali eventi. Tutto questo presuppone una conoscenza e una dimestichezza con l'astronomia e la matematica alquanto avanzate per l'epoca ma non per forza inverosimili in quanto la stessa disposizione dei pilastri centrali dei templi ad oggi dissepolti ci indica chiaramente come gli stessi fossero direzionati secondo precise stelle e quindi indicassero una profonda conoscenza del cielo.

Utilizzando il programma di simulazione della volta stellata nel corso dei millenni, gli autori trovano un'ulteriore conferma della loro tesi. Gli equinozi ed i solstizi nel 10.950 a.C. caddero in costellazioni particolari che potrebbero essere proprio quelle rappresentate nel pittogramma.

Con una debita dose di scetticismo si potrebbe considerare questi ragionamenti una mera casualità oppure la farneticazione di qualche studioso. Gli autori però hanno voluto mettere al vaglio il loro lavoro cercando di capire, a livello statistico.

Gli studiosi hanno così potuto verificare che la disposizione dei pittogrammi e soprattutto la loro forma, confrontate con quelle delle costellazioni, possiederebbe una probabilità di coincidere in maniera causale con 1/5000000. Quindi, o un artista di dodicimila anni fa è stato molto fortunato, oppure ha effettivamente rappresentato il cielo di quella zona nel 10950+/-250 BC.

Diviene lecito, quindi, chiedersi perché questa data fosse risultata così importante da essere immortalati nella roccia.

L'unica spiegazione plausibile è che in quel momento storico, si verificò qualcosa di estremamente eccezionale e senza precedenti, un qualcosa che colpì a tal punto quella civiltà, da essere assunto ad evento epocale nella loro storia e soprattutto da tramandare ai posteri nel loro luogo più sacro.

Analizzando la struttura di Göbekli Tepe, gli archeologi hanno potuto riscontrare che il sito è stato utilizzato per molte generazioni, probabilmente per millenni. I pilastri che caratterizzano il sito, sono in parte inglobati nella muratura e questo significa che il complesso ha subito vari rimaneggiamenti.

Indagini con il georadar hanno inoltre indicato la presenza di un'altra ventina di circoli di pietra sotterrati e che racchiudono fino a otto pilastri ciascuno, per un totale di 200-250 pietre ancora sepolte nel terreno.

Da calcoli archeoastronomici effettuati sulle strutture del sito, invece, il professor Giulio Magli del Politecnico di Milano[146], ha ravvisato che i pilastri megalitici dei tre circoli principali sembrerebbero essere allineati con il punto all'orizzonte in cui Sirio sarebbe sorta rispettivamente nel 9100 a.C., 8750 a.C. e 8300 a.C.

---

[146] Giulio Magli, *Sirius and the project of the megalithic enclosures at Gobekli Tepe,* Nexus Netw Journal Architecture & Mathematics, 2015. DOI 10.1007/s00004-015-0277-1

Una delle spiegazioni per questi 'riallineamenti' delle pietre deve essere ricercata infatti nelle modifiche del cielo e delle sue stelle. Come sappiamo le costellazioni non occupano sempre le stesse posizioni nel corso del tempo ma cambiano la loro disposizione sulla volta celeste nel corso dei millenni. Questo fenomeno è conosciuto come precessione degli equinozi e, nel corso dei secoli, la civiltà che costruì di Göbekli Tepe modificò il sito per adeguarlo al mutare delle configurazioni celesti.

Questo ci dice senza dubbi che conoscevano il fenomeno delle precessioni e lo studiavano per la loro religiosità, indicando parallelamente un alto grado di civilizzazione rispetto a quanto si sarebbe mai aspettato.

Le indagini dimostrano che se i muri che uniscono i pilastri del complesso risalgono a circa 9500 anni fa, invece i pilastri che li inframezzano risultano essere certamente precedenti in quanto scolpiti interamente e poi inglobati solo successivamente nella muratura. Sarebbe stato del tutto inutile scolpirli per poi coprirli ed appare del tutto logico supporre che fossero stati esposti per un lungo periodo restarono e solo successivamente coperti. Possiamo quindi essere certi che a Göbekli Tepe le stelle furono osservate e studiate per molti anni, secoli e millenni, prima che si costruissero le strutture in muratura. Quando potremmo collocare l'inizio di queste osservazioni? nel 13.000 o forse nel 16.000 a.C.? Ancora non lo sappiamo ma siamo consci che lo fecero per un periodo di tempo estremamente lungo.

All'interno di questa ottica appare quindi sensato ritenere che il pilastro 43 sia stato realizzato molti secoli prima del muro che ora lo contiene in parte, probabilmente in contemporanea con la particolare disposizione delle costellazioni che vi sono scolpite sopra, cioè proprio verso il 10.950 BC +/-250.

Sempre in questo preciso pilastro fu scolpita anche una figura antropomorfa con la testa mozzata e diversi serpenti. Entrambi i simbolismi potrebbero rappresentare la morte, la sofferenza, la distruzione. Ne potremmo dedurne che l'evento che causò tanto dolore avesse lasciato un segno indelebile in questa civiltà.

Per intuire e forse capire di che tipo di evento si trattò, dobbiamo osservare gli altri pilastri, in particolare il pilastro 3 sulla cui superficie sono stati scolpiti dei simboli emblematici.

Nella figura è visibile una sorta di H con una fossetta nella parte intermedia ed una forma circolare incastonata in una falce.

Secondo diversi autori[147] la H potrebbe essere la rappresentazione di alcune stelle particolarmente importanti e molto luminose, mentre il cerchio e la falce rappresenterebbero

---

[147] Manu Seyfzadeh, Robert Schoch, *World's First Known Written Word at Göbekli Tepe on T-Shaped Pillar 18 Means God*, Archaeological Discovery, 2019, 7, 31-53.

l'oscurità. I due pittogrammi accoppiati dovrebbero avere, a questo punto, un significato molto chiaro: un evento drammatico ha oscurato il cielo ed ha impedito di vedere le stelle. Analizzando la posizione dei punti di osservazione nella struttura, la posizione dei pilastri ed i pittogrammi sui pilastri, si potrebbe ipotizzare che il sito di Göbekli Tepe rappresentasse non solo un osservatorio celeste ma anche uno strumento per l'osservazione degli sciami meteoritici che noi conosciamo come Tauridi, cioè dei residui della cometa che secondo molti studiosi determinò l'evento del Dryas recente.

A questa conclusione, secondo gli studiosi, porterebbe anche un altro simbolismo presente sui pilastri ovvero l'immagine di una volpe. Analizzando la successione di alcuni simbolismi zoomorfi, Sweatman e i suoi collaboratori sono giunti alla conclusione[148], stimando un margine di incertezza del 2%, che il pilastro sul quale è scolpita la volpe rappresentasse la posizione in base alla quale osservare lo sciame meteorico delle Tauridi.

Per poter comprendere lo studio nella sua complessità e dettaglio si può solo rimandare ad una sua lettura completa. Ciò che ne emerge, comunque la si voglia vedere ed interpretare, è che i nostri più lontani antenati poterono sperimentare sulla loro pelle un cambiamento climatico repentino e brutale che fece piombare l'umanità in un periodo freddo glaciale e che causò la morte di centinaia di migliaia di persone, quando la popolazione umana era stimata in circa un milione di individui. Poterono vivere ed assistere ad un evento talmente traumatico da essere verosimilmente inciso nella roccia affinché le future generazioni non lo dimenticassero e ne facessero monito. Quelle stesse persone riuscirono però a sopravvivere al disastro cosmico ed a

---

[148] op. cit.

ricominciare una nuova vita e una nuova civiltà. Un messaggio che mi sembra profondamente attuale.

Si potrebbe arguire che Sweatman e i suoi collaboratori, abbiano compiuto un ragionamento a posteriori ma i dati presentati e affiancati alle numerose ricerche che si stanno eseguendo sul sito, e altri similari scoperti negli ultimi anni, ci forniscono un quadro di insieme oltremodo chiaro e dimostrano come la civiltà che realizzò Göbekli Tepe fosse indubbiamente molto più avanzata di quanto si potesse immaginare. Un errore comune e antropocentrico che la società moderna compie è quello di sopravvalutare il presente ed a sottovalutare il passato. I nostri antenati furono in realtà in grado di elaborare scenari di una complessità unica e con conoscenze ancora da ri-scoprire.

Osservando il quadro da un punto di vista prettamente antropologico ci sovviene quanto presentato nel testo *L'evoluzione dei miti* di Julien d'Huy[149], in cui si analizza il processo di evoluzione dei miti. Secondo quanto ipotizzato nel XX secolo dal grande studioso C.G. Jung, i miti vedrebbero le loro origini nel mondo psichico. In anni recenti questa ipotesi è stata messa in discussione soprattutto analizzando alcuni miti diffusi tra popolazioni di diversi continenti è stato possibile individuare dei caratteri ricorrenti che d'Huy chiama "mitemi". Sono descritto come caratteri tipologici che possono essere paragonati ai geni biologici che ci contraddistinguono. Se applichiamo ai mitemi le metodologie utilizzate per studiare la propagazione dei caratteri genetici dai biologi evoluzionisti, d'Huy ha ricostruito un "l'albero evolutivo" dei miti in cui si è scoperto come questi abbiano avuto origine millenni addietro. Tutti i miti relativi alle

---

[149] Julien d'Huy, *L'aube des mythes: Quand les premiers Sapiens parlaient de l'Au-delà*, La Découverte, 2023.

costellazioni celesti, ad esempio, possono essere raggruppate in un albero filogenetico il cui mito originario risale a circa 15.000 anni fa. Tra questi si ritrova il mito della Caccia Cosmica in cui un animale inseguito dai cacciatori, spesso identificato in Occidente con Orione, viene trasformato in una costellazione. Tutto questo ci porta a vedere come 15.000 anni fa, quindi prima che a Göbekli Tepe venissero scolpiti i pilastri di cui abbiamo discusso fino ad ora, l'uomo fu già in grado di elaborare concetti assolutamente astratti. Già questa si porrebbe come una rivoluzione unica nel mondo della Scienza e dell'Archeologia rispetto a come consideravamo le civiltà di quel periodo.

Gli esseri umani, fin dalle origini, hanno visto nella disposizione delle stelle, la trasfigurazione della loro interiorità e quotidianità.

Alla luce di tutte queste analisi, sempre parziali rispetto ad una ricerca che avanza costantemente, l'ipotesi la suggestiva di Sweatman non appare più tanto peregrina. Spiegherebbe anche un altro mistero antropologico ovvero l'idea che comete e meteoriti siano foriere di qualcosa di apocalittico e che possano preannunciare morte e distruzione. La stessa distruzione e morte provocata dalla cometa che innescò l'evento dello Younger Dryas e che, forse, il popolo di Göbekli Tepe raffigurò sul pilastro del suo osservatorio astronomico preistorico insieme ai miti del Diluvio che possiamo trovare in più di 650 culture in tutto il pianeta..

L'ipotesi Siluriana

Una domanda persistente in questo campo di ricerca è se sia realmente possibile identificare tracce di una o più civiltà precedenti la nostra attraverso la ricerca, i mezzi moderni e l'analisi storico-archeologica.

Ovviamente se tale realtà fosse collocabile in un lasso temporale relativamente vicino al nostro, tale possibilità sarebbe indubbiamente maggiore ma laddove invece ci spingessimo sempre più indietro nel tempo questa andrebbe ad assottigliarsi inesorabilmente. Questa stessa domanda se la sono posta, in un recente studio scientifico, due rinomati ricercatori come Gavin Schmidt, esperto di modelli climatici e direttore del Goddard Institute for Space Studies della NASA e l'astrofisico dell'Università di Rochester Adam Frank.

La ricerca è stata pubblicata sulla prestigiosa rivista scientifica *International Journal of Astrobiology* nel 2018[150]. I due studiosi hanno cercato di analizzare il riscaldamento globale del nostro pianeta da una "prospettiva astrobiologica", ovvero indagando se l'ascesa di una civiltà industriale aliena su un esopianeta avrebbe potuto innescare cambiamenti climatici simili a quelli che vediamo nel nostro Antropocene terrestre. Tale approccio non solo risulta interessante per poter capire se la Terra abbia potuto ospitare nel suo passato "altre civiltà", poi estintesi, ma anche e soprattutto per indagare, appena gli strumenti ce lo consentiranno, se le atmosfere di pianeti simili al nostro possiedano tracce di un'attività industriale indicando quindi l'esistenza di vita intelligente.

I due studiosi hanno alzato subito le mani affermando di non credere alla reale esistenza di una civiltà avanzata nel nostro passato ma, laddove la scienza non può escludere nulla, dovremmo prepararci anche a questa eventualità e quindi studiare e analizzare una possibilità del genere. Da qui nasce

---

[150] Schmidt, Gavin A.; Frank, Adam (2019). *The Silurian Hypothesis: Would it be possible to detect an industrial civilization in the geological record?. International Journal of Astrobiology.* 18 (2): 142–150.

appunto l'*Ipotesi Siluriana*[151], un nome che prende spunto da un famoso programma di fantascienza della BBC che con la serie "Dr. Who and the Silurians" propose nel 1970 l'esistenza di una razza di misteriosi alieni che avevano vissuto sulla Terra prima degli esseri umani.

I due studiosi, come detto, non prendono l'ipotesi sul serio ma viene vista come un "*thought experiment*" ovvero un esperimento concettuale. Nell'articolo su Scientific American viene riportato anche il discorso che sarebbe intercorso tra i due studiosi all'origine di questa curiosa ipotesi, ma oltremodo plausibile.

> Ma appena prima che Frank potesse descrivere in che modo cercare gli effetti climatici delle "esociviltà" industriali sui pianeti scoperti di recente, Schmidt lo interruppe con una domanda sorprendente: "Come sai che questa è la prima civiltà sul nostro pianeta?".
> Frank rifletté un momento, prima di rispondere a sua volta con una domanda: "Potremmo mai dire che è esistita una civiltà industriale molto prima di questa?".

La domanda sostanziale è se potremmo trovare le tracce di un'altra civiltà che fosse vissuta milioni di anni fa sul nostro pianeta[152]. Da molteplici discipline sappiamo che forme di vita complesse sono presenti sulla Terra da circa 400 milioni di anni. L'Homo sapiens, invece, ha lasciato le prime tracce della sua presenza circa 300mila anni fa, in rapporto ai tempi cosmici e geologici siamo davanti ad una frazione infinitesimale di tempo.
Si deve poi considerare un punto fondamentale ovvero che i ripetuti sconvolgimenti della crosta terrestre, intervenuti in lassi

---

[151] Steven Ashley, *È esistita una civiltà industriale pre-umana sulla Terra?*, Scientific American il 23 aprile 2018.
[152] https://arxiv.org/abs/1804.03748

di tempo estremamente ampi su decine e centinaia di migliaia di anni, renderebbero oggigiorno estremamente difficile se non improbabile il possibile ritrovamento di artefatti tecnologici prodotti da civiltà estremamente antiche e si dovrebbe anche valutare il fatto che, forse, non saremmo neanche in grado di riconoscerli per quello che sono.

A questo si deve aggiungere che possediamo una vasta incompletezza delle registrazioni geologiche che diventano sempre più rade retrocedendo indietro nel tempo. Per quanto possa sembrare bassa, solo l'1 per cento della superficie del nostro pianeta è urbanizzata e come afferma Jan Zalasiewicz, geologo dell'Università di Leicester, la possibilità che una qualsiasi delle nostre grandi città lasci tracce della sua esistenza fra una decina di milioni di anni è oltremodo bassa.

Schmidt aggiunge che "... *per stimare le probabilità di trovare artefatti basta considerare che un calcolo approssimativo indica che emerge un fossile di dinosauro ogni 10.000 anni*" mentre "... *dopo un paio di milioni di anni*", afferma Frank, "*è probabile che qualsiasi ricordo fisico della nostra civiltà sia svanito, quindi occorre cercare altri elementi, quali anomalie sedimentarie o rapporti isotopici*".

Tracce di civiltà precedenti alla nostra, sebbene indirette, potrebbero quindi nascondersi in questi dettagli e non tanto e per forza nella scoperta di tracce della sua stessa esistenza.

Il suggerimento dei due studiosi è quindi quello di studiare gli strati geologici più profondi e antichi, come quelli presenti sotto i grandi oceani, soprattutto in riferimento a concentrazioni anomale di metalli e di altri tipi di inquinamento sintetico e artificiale particolarmente duraturi e che una civiltà industriale come quella umana avrebbe potuto lasciare dietro di sé.

Questo elemento non sarebbe però sufficientemente necessario perché presupporrebbe uno sviluppo simile al nostro. Se nel passato, invece, fosse esistita una civiltà in grado di sviluppare tecnologie attraverso processi diversi e non necessariamente industriali, le possibilità di trovare loro tracce si assottiglierebbero in maniera drastica.

Questa ipotetica civiltà precedente alla nostra avrebbe dovuto essere stata affamata di energia e quindi, se avesse sviluppato un percorso tecnologico simile al nostro, avrebbe sviluppato la capacità di sfruttare intensamente i combustibili fossili e altre fonti di energia similari. Dovremmo quindi cercare degli effetti globalizzati che avrebbero lasciato tracce in tutto il mondo ma che, come detto, sarebbero sepolti sotto immensi strati geologici ancora tutti da scoprire.

Nondimeno i due studiosi riconoscono anche la possibilità che i nostri antenati potrebbero avere avuto l'accortezza di coabitare meglio nel loro ambiente e quindi, a differenza nostra, non inquinarlo. Un'arma a doppio taglio che in questo caso ridurrebbe al minimo le loro possibili tracce.

Il punto di vista dei due studiosi è diametralmente diverso da quello usualmente utilizzato e sicuramente stuzzica la fantasia e l'interesse ponendosi sotto una prospettiva non comune. Siamo stati da sempre abituati a pensare civiltà precedenti alla nostra, o esterne al nostro pianeta, come simili a noi e soprattutto in grado di lasciare dietro la loro scomparsa rovine di qualche genere, statue e sculture. Reperti tangibili del loro passaggio. Siamo però davanti ad un punto di vista antropocentrico.

Artefatti di questo tipo sono congeniali per studiare popolazioni vissute e sparite alcune migliaia di anni fa. Questo è sempre stato il modus operandi dell'archeologia classica per come è nata e la conosciamo fino ad oggi. Se però ci poniamo su grandezze temporali enormemente più ampie, dell'ordine di decine o centinaia di milioni di anni, le cose cambiano e si complicano notevolmente. Per Schmidt e Frank, se dovessimo iniziare la loro indagine sui presupposti ipotizzati, la più grande superficie di terra estesa e non alterata da processi geologici potrebbe essere il Deserto del Negev (Israele) che risale a 1,8 milioni di anni fa. Qualsiasi altra superficie più antica rispetto a quella israeliana appena citata sarebbe visibile solamente in sezione di campioni di roccia perché sarebbe stata inesorabilmente rimescolata da processi vulcanici e geologici, a meno che non fosse già stata distrutta dall'erosione o dalle immense pressioni e dai movimenti tettonici. In quel caso sarebbe totalmente impossibile trovare qualsiasi tipo di traccia.

Si potrebbe argomentare che potremmo ritrovare dei resti fossili, quindi di origine organica ma come ogni archeologo sa, solo una minima parte dei resti di esseri viventi fossilizza correttamente, si stima non oltre il 9%, e questa possibilità dipende ancor più dall'habitat, dalle condizioni e dal tempo a disposizione.

Per gli stessi motivi sarebbe ad esempio molto facile non trovare tracce fossili di una civiltà vissuta per 100mila anni, un periodo 500 volte più esteso della nostra storia industriale. Sarebbe del tutto lecito quindi chiedersi su quali basi dovrebbe basarsi la ricerca di una possibile civiltà *Siluriana*. Per provare a rispondere, i due autori hanno vagliato le tracce che la civiltà umana lascerebbe se si estinguesse adesso.

Un punto di vista che, personalmente, non riteniamo totalmente corretto perché si basa comunque sulle nostre cognizioni e soprattutto sulla nostra tecnologia. Un'altra civiltà potrebbe aver sviluppato una forma del tutto differente di attuazione tecnologica rispetto a come la conosciamo oggi.

Comunque sia, partendo dal presupposto di Schmidt e Frank, tra 100 milioni di anni si potrebbero trovare nei sedimenti terrestri le tracce del massiccio uso di fertilizzanti azotati a cui siamo ricorsi in questi decenni nonché per sfamare 7 miliardi di individui. Verrebbero ritrovati anche i residui delle terre rare che estraiamo costantemente per soddisfare la nostra ossessione per la tecnologia.

Tracce specifiche potrebbero essere molecole sintetiche stabili, non naturali come steroidi insieme ad inquinanti ben noti tra cui i PCB, i bifenili policlorurati tossici derivanti da dispositivi elettrici, e i CFC, i clorofluorocarburi che consumano ozono e provenienti dai frigoriferi e dalle bombolette spray.

Un dato inoppugnabile sarebbero le incalcolabili quantità di plastica che abbiamo prodotto fino ad oggi. Stiamo parlando dell'onnipresente residuo dell'Antropocene, arrivato fino all'Artico ed entrato nel ciclo dell'acqua e nella catena alimentare animale e che finirà degradato in micro-frammenti che si depositeranno in uno strato spesso e rintracciabile sui fondali oceanici. La traccia più duratura della civiltà umana sarà anche la causa più plausibile della sua scomparsa cioè l'utilizzo dei combustibili fossili, con l'immissione di CO_2 nell'atmosfera.

La strategia chiave per distinguere la presenza dell'industria artificiale dai prodotti generati dalla natura, osserva Schmidt, è sviluppare una firma multifattoriale.

Di tutti i possibili marcatori geologici di un'attività industriale, forse il più importante di tutti è quello che deriva dall'uso del carbonio a scopi energetici. La produzione di anidride carbonica modifica la concentrazione di isotopi di carbonio nell'atmosfera, diluendo ad esempio la quantità dell'isotopo di Carbonio-14.

Questo fenomeno è noto come *Effetto Suess* e sarà rintracciabile nella datazione al radiocarbonio sfruttata da futuri archeologi.

Se la civiltà umana è stata in grado di lasciare tracce così indelebili nella geologia del Pianeta, possiamo cercare qualcosa di simile anche per altre civiltà vissute nel passato più remoto? La risposta è sì ma dove? Saremmo in grado di capire che determinate "tracce" sono i residui di una precedente civiltà avanzata? Non lo possiamo sapere.

La storia del nostro pianeta non è priva di squilibri isotopici simili a quello originatisi dell'Antropocene (cioè l'epoca attuale) e ne troviamo traccia, per esempio, nelle rocce del massimo termico del Paleocene-Eocene, un periodo di riscaldamento globale avvenuto circa 55 milioni di anni fa. In questo periodo della storia terrestre, le temperature globali aumentarono di circa 6° C nell'arco di 20 mila anni e nell'atmosfera furono immesse grandi quantità di carbonio.

Tutto questo avvenne in diverse migliaia di anni, non in pochi decenni come è ravvisabile nella nostra epoca. Da qui una considerazione parallela cioè l'eccezionale rapidità con cui, in termini geologici, abbiamo alterato il mondo naturale...

Per di più, bisogna considerare che una civiltà industriale realmente evoluta deve essere stata in grado di ridurre il proprio impatto ambientale, se avesse voluto garantirsi accettabili e durature condizioni di sopravvivenza. Arriviamo così alla paradossale conclusione che più una civiltà industriale è evoluta, minori saranno le tracce geologiche da essa lasciate negli strati sedimentari.

Se fosse esistita, per esempio, in un lontano passato, una civiltà industriale in grado di sostenere le sue attività produttive per mezzo di energie ecologicamente pulite come la geotermia, la solare o l'eolica, avrebbe lasciato un'impronta geologica nel rapporto tra gli isotopi del carbonio molto minore di quella che invece sta lasciando l'umanità contemporanea, attraverso il largo e perdurante impiego di combustibili fossili.

Il fatto curioso è che si debba spesso ricorrere ad espedienti di questo tipo per proporre ipotesi e ipotizzare scenari diversi da quelli attuali e comunemente accettati. Il tempo, in ultima analisi, si rivela un abisso altrettanto insondabile quanto lo spazio. Potrebbero essere esistite nel corso delle ere geologiche diverse civiltà industriali create da specie di cui siamo condannati a non sapere nulla. Tutte le tracce di eventi passati si potrebbero ridurre, dopo milioni di anni, a qualche raro fossile e a sottili strati di sedimenti, composti da minerali le cui abbondanze relative potrebbero fornire solo vaghe ed ambigue informazioni sull'epoca che li ha prodotti. Una possibilità ma non certo una certezza!

Quale è la popolazione minima vitale per ridare vita ad una civiltà?

Tutto questo fa sorgere una domanda a cui pochi, negli ultimi anni, hanno prestato la debita attenzione. Nel corso delle nostre ricerche e libri abbiamo molte volte parlato di possibili civiltà precedenti alla nostra e soprattutto di sopravvissuti che avrebbero potuto ripopolare il pianeta dopo un immane cataclisma ovvero che si sarebbero spostati in varie parti del globo anche per riportare la conoscenza, e non solo, verso coloro che erano scampati a questo disastro globale ma si trovavano ad uno stadio di civilizzazione diverso.

Su questa scia sono stati molti gli studiosi, italiani e stranieri, che negli ultimi decenni hanno dedicato le loro ricerche a questa affascinante possibilità che, per molti, è quasi una certezza.

Vorrei anche ricordare ed aprire un piccolo inciso su come, ieri come oggi, la coesistenza di una o più civiltà progredite (con tutto quello che può comportare questa parola), insieme ad una anche molto meno avanzata, sia del tutto plausibile e naturale.

Lo è anche ai nostri giorni.

Viene naturale pensare ai Sentinelesi, una popolazione che vive nell'isola di North Sentinel, nelle Isole Andamane, nel Golfo del Bengala (India) che ancora oggi vive in quella condizione che per noi fu l'età della pietra e che risiede stabilmente sull'isola da 60.000 anni (ricerche alla mano che lo dimostrano). Lo vedremo fra non molto!

Ma veniamo al tema aperto da questo paragrafo in cui vorrei focalizzare la nostra attenzione su una specifica questione che potrebbe fornirci nuovi dati e spunti davvero interessanti su cui ragionare nonché molti elementi su cui riflettere.

Diversi autori negli ultimi decenni hanno ipotizzato, con un alto grado di attendibilità, come a seguito della fine dell'ultima glaciazione e del parallelo impatto di un oggetto cometario o meteorico nella nostra atmosfera, periodo definito Younger Dryas e collocabile circa 12.800 anni fa, buon parte della popolazione umana si fosse trovata sull'orlo dell'estinzione.

La così detta civiltà di Clovis, nell'America settentrionale, ad esempio fu totalmente decimata. La domanda che mi sono posto è "quale sarebbe il numero minimo di persone in grado di preservare la specie umana da un disastro globale di questo tipo?".

Ovvero, quanti individui sarebbero necessari non solo per preservare le conoscenze ma soprattutto per poter "ripartire" e dare origine nuove generazioni sane senza incorrere in quei problemi di deriva genetica e mutazioni che renderebbero in breve tempo impossibile avere una discendenza florida e longeva?

Ci arriveremo per gradi intanto, sulla base di molte scoperte archeologiche compiute soprattutto negli ultimi anni, possiamo affermare con un alto grado di sicurezza, che prima di questo evento catastrofico sul nostro pianeta erano presenti sia culture e civiltà definibili come ancora non evolute tecnicamente, si veda ad esempio i Sentinelesi delle Andamane, sia una o forse più culture che possedevano un grado di sviluppo, cultura e civilizzazione molto più avanzato dei loro vicini più primitivi. Quale e quanto fosse avanzata questa o queste civiltà è ancora però tutto da appurare.

Questa nostra domanda si applica non solo, ovviamente, a futuri viaggi nel cosmo ma anche forse con ancor più forza a quelli che potrebbero essere stati eventi passati e che potrebbero aver portato realmente la razza umana sull'orlo dell'estinzione. Pochi individui iniziali, o scampati ad un immane cataclisma, comporterebbero inevitabilmente seri problemi dovuti principalmente al sorgere di malattie nel corso delle prime generazioni dovuto ad una variabilità genetica scarsa.

Uno studio condotto tra il 1933 e il 1970 in Cecoslovacchia aveva già evidenziato come il 40% di bambini nati da genitori imparentati nel primo grado, possedessero un handicap grave e come questo risultasse mortale nel 14% dei casi.

Un altro esempio chiarificatore di questa "deriva genetica" venne studiato sull'isola di Pingelap, nel Pacifico occidentale quando nel 1775 un tifone uccise il 90% della popolazione locale, lasciando soltanto una ventina di superstiti. Il loro tentativo di ripopolare l'isola aprì la strada all'acromatopsia, una sorta di cecità ai colori che si trasmette per via genetica. Di norma si manifesta in un americano su 33.000: sull'isola, che oggi ospita meno di 400 abitanti, ne soffre un decimo della popolazione.

Un altro degli effetti dell'accoppiamento fra individui geneticamente affini, e nel caso ci trovassimo in un'arca spaziale così come superstiti di un immane cataclisma sulla Terra ci arriveremmo in poche generazioni, è la diminuzione della qualità degli spermatozoi e quindi della fertilità. Nei pappagalli neozelandesi Kakapo, rimasti ormai nel numero sparuto di appena 125 esemplari, la percentuale di uova che non si schiudono è salita dal 10% al 40%. Il rischio sarebbe quindi una infertilità diffusa nella popolazione in esame.

Nel caso dell'Homo Sapiens, ad esempio, le unioni con i Neanderthal e verosimilmente anche con i Denisova, secondo molti studiosi avrebbero permesso ai nostri antenati di avere una spinta maggiore dal punto di vista genetico, con un potenziamento del loro sistema genetico e immunitario che ne impedì un impoverimento del DNA entro breve tempo.

Anche in questo caso, una bassa diversità genetica dovuta alle unioni in una popolazione ristretta porterebbe ad indebolire questa difesa, rendendoci quindi estremamente vulnerabili a molte minacce per il nostro organismo.

Si inserisce in questo contesto quindi il concetto di Popolazione Minima Vitale umana, un paradigma che si riferisce al numero minimo di individui necessari per garantire la sopravvivenza a lungo termine di una specie, tenendo conto dei fattori demografici, genetici e ambientali che ne influenzano la sua vitalità. Non esiste una formula univoca per calcolare questo valore, che dipende da vari parametri, come il tasso di natalità e mortalità, la variabilità genetica, la distribuzione geografica, le risorse disponibili e le minacce esterne. Tuttavia, alcuni studi hanno cercato di stimare la popolazione minima vitale umana basandosi su modelli matematici e simulazioni.

Uno dei primi tentativi di definire una soglia minima base che impedisse la perdita di variabilità genetica in una specie fu fatto nel 1980 dal genetista australiano Ian Franklin e dal biologo americano Michael Soulé. Crearono la regola "50/500"[153], in cui si suggeriva che fosse necessaria una popolazione minima di 50 individui per combattere la consanguineità e che fosse necessario un minimo di 500 individui per ridurre la deriva genetica.

Si tratta certamente di una stima di massima ma la cosiddetta Biologia della Conservazione, una disciplina che tratta questioni relative alla perdita, al mantenimento o alla restaurazione della biodiversità, ne ha assorbito la validità (Lodé & Peltier, 2005)[154] applicandola al mondo animale. Sotto la soglia dei 500 individui, la popolazione viene considerata come impossibilitata a sopravvivere in natura (salvo beneficiare di misure proattive di protezione *ex situ*, cioè in un luogo circoscritto come ad esempio con riproduzione in cattività o in ambiente protetto, (Ramade, 1995).

Questa legge scaturisce dalla modellizzazione delle dimensioni minime ed effettive delle popolazioni di Franklin (1980)[155] e Lande & Barrowclough (1987)[156]. Si tratta di una formula validata da altri autori (quali Frankham, 1995; Franklin & Frankham,

---

153 Si veda anche Noelia Pérez-Pereira, Jinliang Wang, Humberto Quesada & Armando Caballero, *Prediction of the minimum effective size of a population viable in the long term*, Biodiversity and Conservation, Volume 31, pages 2763–2780, (2022).

154 T Lodé, D Peltier, *Genetic neighbourhood and effective population size in the endangered European mink Mustela lutreola*, Biodiversity & Conservation, 2005.

155 Franklin, I.R. (1980) *Evolutionary Change in Small Populations*. Sinauer Associates. Inc., Sunderland, MA, 135-150.

156 Lande, R. and Barrowclough, G.F. (1987) *Effective Population Size, Genetic Variation, and Their Use in Population Management*. In: Soule, M.E., Ed., Viable Populations for Conservation, Cambridge University Press, New York, 87-124.

1998; Lodé & Peltier, 2005), ma non ha valore predittivo assoluto, in quanto devono essere considerati numerosi altri fattori che potrebbero cambiare radicalmente le carte in tavola.

Sappiamo ad esempio che in assenza dei loro predatori naturali, specie introdotte in un determinato ambiente possono proliferare a partire da un piccolissimo numero di individui.

Uno studio del 2014 ha usato un modello per simulare scenari di catastrofi globali che potrebbero ridurre drasticamente la popolazione umana, come una guerra nucleare, una pandemia o appunto un impatto asteroidale. Gli autori hanno concluso che la popolazione minima vitale umana si collocherebbe tra i 4.200 e i 4.800 individui, a condizione che siano distribuiti in modo equo tra le regioni del pianeta e che abbiano accesso a sufficienti tecnologie avanzate per la produzione di cibo e energia[157]. Questo ovviamente se ci riferissimo ad una civiltà già avanzata dal punto di vista tecnologico.

Un altro studio del 2018 ha usato un modello basato sulla genetica delle popolazioni per valutare il rischio di estinzione umana in relazione alla perdita di diversità genetica. Gli autori hanno stimato che la popolazione minima vitale umana sarebbe tra i 98 e i 144 individui, assumendo che siano geneticamente diversi tra loro e che non ci siano effetti negativi della consanguineità[158].

Queste stime sono solo indicative e come vedete variano considerevolmente da contesto a contesto in cui si collocano e

---

[157] Popolazione mondiale - Wikipedia.

https://it.wikipedia.org/wiki/Popolazione_mondiale.

158 Jon Rueda, *Genetic enhancement, human extinction and the best interests of posthumanity*, Bioethics, Volume 38, Issue 6, p.529-538, 2022.

ancor più non tengono conto di tutti i fattori che potrebbero influenzare la sopravvivenza umana in situazioni estreme. Inoltre, la popolazione minima vitale non è uguale per tutte le specie, ma dipende dalle loro caratteristiche biologiche ed ecologiche.

Per esempio, le specie con una capacità riproduttiva elevata possono tollerare una riduzione maggiore della popolazione rispetto a quelle con una capacità riproduttiva bassa[3]. Detto questo però, anche nella peggiore delle ipotesi, sembra oltremodo verosimile ritenere che anche con un numero abbastanza esiguo di soggetti preferibilmente non imparentati tra loro, la sopravvivenza di un gruppo umano sarebbe possibile e plausibile.

Se una sola coppia quindi non bastasse, come nel biblico racconto di Adamo ed Eva, quanti individui sarebbero necessari allora per garantire la nascita di una nuova popolazione di terrestri sani?

Se dovessimo considerare un solo luogo geografico da cui questa nuova umanità potrebbe ripartire si parlerebbe allora di una popolazione dai 500 ai 5.000 individui, in grado di sopperire alle perdite genetiche casuali che avverrebbero tra generazione e generazione.

Nel caso invece di un viaggio spaziale, per esempio verso Proxima Centauri (a 4,2 anni luce da casa)[159], i numeri cambierebbero considerevolmente. Per scongiurare incroci tra consanguinei e riequilibrare l'elevato tasso di mortalità messo in conto per i viaggi spaziali e in un ambiente limitato e circoscritto, una missione intergenerazionale dovrebbe trasportare almeno tra

---

[159]

https://www.popularmechanics.com/space/deep-space/a10369/how-manyp eople-does-it-take-to-colonize-another-star-system-16654747/

i 10 mila individui e fino a 40 mila, meglio se suddivisi in più astronavi, nel caso qualcuna venisse persa durante il viaggio.

La lista rossa delle specie minacciate, o Red List, è una banca dati globale delle specie a rischio di estinzione imminente[160].

Nel mondo, ad oggi, il 25% delle specie per cui è stata fatta la valutazione è risultato a rischio. Una bassa percentuale di soggetti costituisce un possibile fattore di estinzione di una specie.

Il nodo centrale della questione può essere riassunto nel fatto che, perché una specie possa sopravvivere nel lungo periodo, non è unicamente sufficiente che abiti su un determinato pianeta con pochi di individui in grado di figliare e proseguire la specie ma è necessario almeno un numero minimo di soggetti quantificabile statisticamente. Questo valore minimo è la citata *minima popolazione vitale* (MVP).

La minima popolazione vitale è, come si diceva, quella percentuale o numero di soggetti/popolazione in grado di sopravvivere per un certo lasso di tempo con una determinata probabilità[161].

La minima popolazione vitale è determinata da fattori sia demografici, sia genetici e ricade in quella regola 50/500 di cui parlavamo prima. Da un punto di vista demografico, se una popolazione è composta da pochissimi individui è possibile che in una delle generazioni future questi individui si riprodurranno

---

[160] Lista rossa | Italiano per stranieri | Rai Scuola.

https://www.raiscuola.rai.it/

italianoperstranieri/articoli/2021/06/Lista-rossa-fe8819dd-b9d9-4bc5-85f1-ba11c2683401.html

[161]

https://www.sciencedirect.com/topics/earth-and-planetary-sciences/minimumviable-population pochissimo, non riusciranno a generare una prole e quindi la popolazione finirà con l'estinguersi[162]. Dal punto di vista genetico, se una popolazione è molto piccola aumenta il tasso di incrocio tra consanguinei e questo, può portare al manifestarsi di malattie genetiche che hanno degli effetti, ovviamente, devastanti sui singoli individui e alla lunga sull'intera popolazione.

Sono stati condotti diversi studi su questo, e i risultati ottenuti sono, come dicevamo, un numero di popolazione minima vitale compreso tra i 50 e i 500 umani, ma solo a determinate condizioni. Il gruppo dovrebbe essere composto da soggetti che non sono strettamente imparentati - quando si arriva a un numero così basso, è necessario un gruppo di persone il più vario ed eterogeneo possibile. Se i membri sono troppo vicini a livello parentale e familiare allora avremmo bisogno di un numero più alto di soggetti.

Quindi, se venissimo colpiti da un asteroide e solo un piccolo villaggio venisse magicamente risparmiato dall'impatto, probabilmente avremo bisogno di almeno mille persone nel villaggio perché la nostra specie sopravviva. Ma se i sopravvissuti fossero sparsi in tutto il mondo allora sarebbe necessario un minor numero di soggetti in quanto la vicinanza genetica sarebbe molto più bassa. Si porrebbe però il problema di come questi individui distanti tra loro potrebbero entrare in contatto per proseguire la specie. Infine, se l'umanità si riducesse a poche centinaia di individui, saremmo senza dubbio destinati all'estinzione. Aggiungete la perdita quasi totale della conoscenza umana, la lontananza tra loro dei sopravvissuti che potrebbero

---

[162] Biologia della conservazione - Wikipedia.
https://it.wikipedia.org/wiki/Biologia_della_conservazione.

essere sparsi in diversi continenti, il che renderebbe il ripopolamento più complicato, e l'aumento drastico dei grandi predatori (se non si fossero estinti anche loro) che sarebbero liberi di vagare a loro piacimento senza più un 'contenimento' umano.

In altre parole, la regola del 50/500 individui sarebbe valida in condizioni ottimali ovvero con un livello minimo di conoscenza tale da permettere di potersi difendere da eventuali grandi predatori e con nozioni in grado di permettere abbastanza rapidamente di ricreare un habitat di vita sicuro ed in grado di permettere la generazione di nuova prole.

Personalmente ritengo quindi che una civiltà precedente alla nostra abbia avuto un numero di soggetti risparmiati e sopravvissuti ad evento cataclismatico abbastanza cospicuo, tale da evitarne la deriva genetica e in grado di permettergli di iniziare nuovamente da zero le basi della storia umana. Mi vengono in mente luoghi come le città sotterranee turche, in particolar modo Derinkuyu che poteva ospitare fino a 20.000 abitanti insieme alle altre 200 censite dall'UNESCO. Ma non solo.

L'intero pianeta è costellato di leggende e tradizioni di uomini e donne scampati ad un diluvio e che sono o sarebbero stati all'origine di nuove umanità e civiltà. Potremmo pensare che questi luoghi siano stati i focolai per una nuova vita che sarebbe rinata dalle sue ceneri, non considerando altri luoghi simili sparsi per tutto il pianeta.

Diamo tutto per scontato non rendendoci conto di quanta bellezza realmente ci circonda ma allo stesso tempo di quanto possa essere effimera. Il concetto di popolazione minima vitale e la riscoperta di una storia dimenticata e precedente a quella attuale dovrebbero essere i nostri testimoni silenziosi per portarci a rispettare la natura e divenire una umanità migliore.

Il Collo di bottiglia del Neolitico

Di quanto appena trattato la storia e la scienza ci danno testimonianze dirette emerse, su altri ambiti ma con le medesime dinamiche, attraverso degli studi compiuti in anni recenti.

Perché, ad esempio, circa 7000 anni fa la diversità genetica umana crollò drasticamente? Un'analisi di 456 cromosomi Y, provenienti da tutto il mondo e trasmessi per via maschile, ha rivelato ciò che è stato definito un *"collo di bottiglia"* risalente agli ultimi 10mila anni. Cosa significa questo? Che solo pochi maschi riuscirono a passare il loro DNA alle generazioni successive: per la precisione, uno ogni diciassette donne.

Allo stato attuale delle ricerche non esistono elementi per comprendere questo collasso genetico ma uno studio[163] pubblicato nel 2018 su *Nature Communications* da un gruppo di ricercatori della *Stanford University* ha cercato di rispondere a questa domanda tentando di capire cosa può essere accaduto agli uomini del Neolitico.

Questo evento ebbe una portata, potremmo dire, globale perché interessò le diverse popolazioni allora esistenti nel Vecchio Mondo (Africa, Europa, Asia) e venne scoperto nel 2015.

Le spiegazioni per un crollo così improvviso potrebbero essere molteplici ma non si spiega come catastrofi naturali o epidemie

---

163 Si veda un aggiornamento dello studio ad opera di Léa Guyon, Jérémy Guez, Raphaelle Chainx et al., *Patrilinear segmentary systems provide a peaceful explanation for the post-Neolithic Y-chromosome bottleneck,* Nature Communications, 15, 2024.

possano aver agito selettivamente sul sesso maschile, escludendo quello femminile.

Nelle popolazioni umane, i cambiamenti della variazione genetica sono guidati non solo dai processi genetici ma sono indotti anche dai cambiamenti culturali o sociali. L'epigenetica ci insegna che anche l'ambiente può, in certe condizioni, modificare il nostro patrimonio genetico. I fattori e i processi culturali possono influenzare i modelli di migrazione e l'isolamento genetico delle popolazioni e possono essere responsabili di una certa variazione genetica.

Ma cosa è un collo di bottiglia genetico? È una forte riduzione della dimensione di una popolazione a causa di eventi ambientali (come terremoti, inondazioni, incendi, malattie, catastrofi o siccità) così come anche di attività umane (come genocidi o guerre di vaste proporzioni). Basti pensare alla peste che, tra il 1347 e il 1352 , decimò almeno un terzo della popolazione, diffondendosi in larga parte degli stati europei. Tali eventi possono ridurre la variazione nel pool genico di una popolazione; da allora in poi, una popolazione più piccola, con una diversità genetica corrispondentemente minore, trasmetterà quei soli pochi geni alle future generazioni. La diversità genetica rimarrà bassa, fino a quando questa popolazione non deciderà o sarà costretta a migrare e unirsi con un'altre popolazioni.

Quali che siano le cause per una riduzione così drastica, sembra evidente che questa non risparmi nessun membro della popolazione, e che colpisca indistintamente uomini, donne e bambini.

Eppure, tra i 5000 e i 7000 anni fa il così detto collo di bottiglia del neolitico interessò esclusivamente la popolazione maschile, arrivando a decimare gli uomini e facendola passare da 20 a 10 milioni!

Naturalmente molte sono le ipotesi che, negli anni, gli studiosi hanno formulato per spiegare le ragioni per cui ci sia stata una riduzione tanto ampia.

Una delle prime teorie riguardava i fattori ecologici o climatici, che potrebbero essere i responsabili di cambiamenti demografici specifici per sesso. Alcuni fattori possono avere avuto un impatto sulla mortalità infantile e il rapporto tra i sessi alla nascita; tuttavia, tali effetti non sono stati ritenuti sufficienti per spiegare la disparità di 1:17 tra le dimensioni della popolazione maschile e quella femminile, dedotte dai dati.

Una seconda ipotesi riguarda le espansioni demografiche, basate sullo sviluppo progressivo di agglomerati sociali sempre più complessi, basati sull'agricoltura, con conseguenti movimenti migratori che, secondo linguisti e antropologi, potrebbero spiegare la distribuzione delle famiglie linguistiche e delle culture. Questi movimenti avrebbero lasciato nei gruppi pochi uomini, con tante donne; tuttavia, questa ipotesi non può essere ritenuta accurata, almeno per quanto riguarda l'Eurasia occidentale, dove la popolazione dei maschi nei vari gruppi di agricoltori creatisi era relativamente grande, molto più di quella dei cacciatori.

Infine, una terza teoria sostiene che, nel periodo di transizione dal Neolitico, con l'organizzazione della popolazione in un primo archetipo di società complessa, si sia dato il via anche alla pratica della poligamia, con la presenza, in quei gruppi, di pochi uomini che si accoppiavano con molte donne diverse. Naturalmente, però, anche questa teoria sembra presentare diverse problematiche, perché, anche dando per scontato che tale situazione si verificasse, non si capisce perché la popolazione maschile non avrebbe potuto crescere, anche grazie ai nuovi nati, frutto delle relazioni poligame di questi pochi uomini. Non in ultimo si potrebbe arguire che guerre e battaglie tra vari gruppi possano aver portato ad una drastica riduzione degli uomini ma nessun elemento o scoperta archeologica ha, al momento, portato a suffragare questa ipotesi.

Ad oggi non possediamo, quindi, una spiegazione univoca e generalmente accettata dalla comunità scientifica per poter comprendere questa riduzione drastica ma certamente questo elemento ci permette di ragionare e constatare come anche in condizioni di scarsità genetica una popolazione sufficientemente numerosa sia in grado di ristabilire in un arco temporale congruo un equilibro genetico tale da permettere il proseguimento di un gruppo umano.

I Sentinelesi, una tribù incontaminata dall'uomo

Citavamo qualche paragrafo sopra i Sentinelesi che sono, allo stato attuale delle nostre conoscenze, forse l'unica tribù rimasta incontaminata e incontattata sul pianeta e che vive sull'isola di North Sentinel, nelle isole indiane delle Andamane, nel Golfo del Bengala.

Rifiutano con forza ogni contatto con l'esterno e ancora oggi vivono in quella condizione che per noi fu, l'età della pietra.

Questo dato ci dimostra anzitutto come possano coesistere insieme, senza che una delle due parti ne sia a conoscenza o, come in questo caso, che una delle due parti interagisca con l'altra, due civiltà una avanzata e progredita (la nostra) e un'altra ad un livello ancora iniziale della scalata sociale e della civilizzazione.

Un fattore davvero molto importante e che potremmo ipoteticamente replicare anche nel passato della nostra storia.

Oggigiorno l'isola è vincolata da leggi internazionali per impedire a qualsiasi imbarcazione, aereo o curioso di recarvisi ed è di fondamentale importanza il rispetto di questo popolo di rimanere isolati soprattutto per preservarli da malattie che potrebbero letteralmente decimarli se non sterminarli.

Quando il contatto fu imposto ad altre tribù delle Andamane, infatti, l'impatto è stato letteralmente devastante.

La cronaca degli ultimi anni ci ricorda anche come nel novembre del 2018, l'americano John Allen Chau fu ucciso da alcuni membri della tribù dei Sentinelesi perché aveva attraccato sull'isola e aveva cercato di instaurare un dialogo con loro.

Nel 2006, invece, due pescatori indiani che avevano ormeggiato la loro imbarcazione vicino a North Sentinel per dormire dopo aver pescato di frodo nelle acque attorno all'isola, furono uccisi perché la loro barca – che aveva rotto gli ormeggi – si arenò sulla riva.

È risaputo che i bracconieri pescano illegalmente nelle acque attorno all'isola, catturando tartarughe e immergendosi per cercare aragoste e cetrioli di mare.

La tribù ha dimostrato chiaramente di non volere un contatto. E chi meglio di loro può avere ragione. Si tratta di una scelta molto saggia. Ripercorrendo storicamente, infatti, la storia vediamo come tribù a loro vicine furono annientate a seguito della colonizzazione britannica delle isole.

Le informazioni che abbiamo su di loro derivano, in gran parte, dalle osservazioni effettuate da imbarcazioni ormeggiate a distanza di sicurezza così come dalle frecce che gli sono state lanciate contro o dai brevi periodi nel 1991, in cui la tribù permise alle autorità di avvicinarsi abbastanza per consegnare alcune noci di cocco. Non conosciamo neanche con quale nome chiamino sé stessi.

I Sentinelesi vivono cacciando e raccogliendo bacche e radici nella foresta che li ospita ma si dedicano anche alla pesca nelle acque vicino le coste della loro isola. Diversamente dalla vicina tribù degli Jarawa, costruiscono imbarcazioni, canoe a bilanciere molto strette, descritte come "troppo strette per contenere due piedi".

Questo tipo di canoe possono essere usate solo in acque poco profonde perché devono essere guidate e spinte usando un palo, come una zattera. Impossibile per loro quindi potersi allontanare dall'isola.

Dai dati oggi in nostro possesso si ritiene che i Sentinelesi vivano in tre piccoli gruppi tribali. Le loro abitazioni sono di due tipologie: grandi capanne comunitarie con diversi focolari per più famiglie e rifugi provvisori – che a volte si possono vedere sulla spiaggia – senza pareti laterali e con spazio sufficiente per un solo nucleo familiare.

Dalle osservazioni compiute sappiamo che le donne portano una cordicella di fibra intorno alla vita, al collo e alla testa. Anche gli uomini usano delle collane e delle fasce attorno alla testa mentre in vita hanno una cintura più spessa; portano sempre con se anche lance, archi e frecce.

Spesso sono stati descritti come una tribù che vive nell' "età della pietra" ma questo dato non è possibile conoscerlo con certezza. Non vi sono elementi né a favore né contro per ritenere che i Sentinelesi vivano in questo livello evolutivo della civiltà da sempre. C'è chi ipotizza che il loro stile di vita fosse diverso e più evoluto ma che si sia adattato con il loro arrivo sull'isola. Altri studiosi affermano invece come siano fermi in questo primo periodo della storia umana.

Nella realtà dei fatti non lo sappiamo in alcun modo. Sappiamo però che oggigiorno utilizzano il metallo che è arrivato dal mare sulle loro rive o che hanno raccolto dai resti delle barche naufragate sulle barriere coralline dell'isola. Di controparte non possiedono alcuna tecnologia in grado di fargli lavorare i metalli tantomeno per realizzare il ferro. Da dove provengano e quali siano le loro origini rimane ancora un grande mistero.

Da quanto si può vedere a distanza i Sentinelesi sono chiaramente vitali, ma anche sani, – a differenza degli Onge e dei Grandi Andamanesi a cui i britannici cercarono di portare la "civilizzazione" ma che nella realtà dei fatti quasi sterminarono soprattutto attraverso l'introduzione di malattie e batteri mai esistiti in quei luoghi. Le persone avvistate sulle rive dell'isola di North Sentinel invece sembrano fiere, forti e sane, e gli osservatori hanno sempre visto molti bambini e donne incinta.

Nella seconda metà del 1880 Maurice Vidal Portman, funzionario britannico "Responsabile degli Andamanesi", sbarcò con una grande squadra sull'isola di North Sentinel nella speranza di contattare i Sentinelesi. La squadra era formata da funzionari, detenuti e uomini di altre tribù andamanesi già entrate in contatto con i britannici.

Trovarono sentieri e villaggi abbandonati di recente, ma nessun Sentinelese. Dopo qualche giorno incontrarono una coppia di anziani e alcuni bambini che furono portati "nell'interesse della scienza" a Port Blair, la capitale delle isole.

Come prevedibile, presto si ammalarono e gli adulti morirono. I bambini furono riportati sull'isola con numerosi regali.

Non si sa quanti membri della tribù si ammalarono a seguito di questa "ricerca scientifica" ma è probabile che i bambini abbiano trasmesso loro alcune malattie, con conseguenze devastanti.

È una mera congettura, ma forse questa esperienza può spiegare la continua ostilità dei Sentinelesi e il loro rifiuto al contatto con gli esterni?

Nel corso degli anni '70 la autorità indiane effettuarono viaggi occasionali a North Sentinel nel tentativo di rendersi amica la tribù. Spesso queste spedizioni avvenivano sotto il controllo di dignitari in cerca di un'avventura. Durante uno di questi viaggi furono lasciati sulla spiaggia due maiali e una bambola.

I Sentinelesi uccisero i maiali con una lancia e li seppellirono insieme alla bambola. Negli anni '80 le visite divennero più regolari: le squadre cercavano di sbarcare in un luogo fuori dalla portata delle frecce della tribù e lasciavano in dono noci di cocco, banane e punte di ferro. A volte i Sentinelesi sembravano fare gesti amichevoli altre volte, invece, portavano i doni nella foresta e poi scagliavano frecce in direzione della squadra di contatto.

Nel 1991 sembrò esserci una svolta. Quando i funzionari arrivarono all'isola di North Sentinel, i membri della tribù fecero capire a gesti che volevano i doni e, per la prima volta, si avvicinarono senza armi. Entrarono persino in acqua in direzione della barca per raccogliere altre noci di cocco. Questo contatto amichevole non era però destinato a durare: i viaggi per lasciare doni continuarono per alcuni anni, ma gli incontri non furono sempre amichevoli. A volte i Sentinelesi puntavano le loro frecce verso il gruppo di contatto, e una volta attaccarono una barca di legno con le loro *adzes* (un'ascia di pietra per tagliare il legno).

Nessuno sa perché prima abbandonarono e poi ripresero l'ostilità verso le missioni di contatto, né se qualcuno sia morto a causa di malattie contratte durante queste visite.

Nel 1996 le missioni regolari per portare doni cessarono. Molti funzionari cominciarono a mettere in dubbio l'idea di contattare un popolo sano e felice, che da oltre 55.000 anni viveva in modo prospero e indipendente. Per le tribù dei Grandi Andamanesi, i contatti amichevoli avevano avuto solamente un impatto devastante. Quasi sicuramente, anche il contatto prolungato con i Sentinelesi avrebbe portato a tragiche conseguenze.

Negli anni che seguirono furono effettuate solo visite occasionali e le risposte continuarono ad essere diverse. Dopo lo tsunami del 2004, i funzionari effettuarono due visite per controllare, a distanza, che la tribù fosse in salute e non soffrisse in alcun modo. Fu allora che le autorità dichiararono che non ci sarebbero stati ulteriori tentativi di contattare i Sentinelesi.

Come abbiamo ricordato più volte, l'isolamento estremo li rende molto vulnerabili a malattie verso cui non possiedono difese immunitarie; per questo, quasi sicuramente, il contatto avrebbe conseguenze tragiche per la tribù.

Per assicurarsi che stiano bene e che non abbiano deciso di entrare in contatto con l'esterno, vengono effettuati controlli periodici da barche ancorate a una distanza di sicurezza dalla riva.

Come sappiamo negli ultimi anni sono stati trovati sparsi per il globo diversi gruppi etnici definibili come "incontaminati" ovvero che non hanno mai avuto contatti e rapporti con ciò che definiamo la civiltà moderna e progredita.

Conosciamo davvero ancora poco del nostro pianeta. Ci sono immense foreste ancora da esplorare, fondali marini da indagare, deserti e luoghi ancora da studiare alla ricerca di civiltà antiche o perdute.

Questa storia, antica e moderna, ha un senso storico molto importante. Così come nel passato sono sicuramente esistite civiltà avanzate e poco progredite nel medesimo arco temporale, anche ai giorni odierni possiamo trovare questa stessa realtà. Quando i Sumeri o i Vallindi erano al loro splendore nel 3000 a.C., in Europa eravamo ancora nel così detto stato della pietra. Ma prima di loro si potrebbe essere verificato lo stesso. Siamo davvero la quinta civiltà che cammina su questo pianeta, come raccontano le tradizioni indiane? Quante e quali civiltà ci hanno preceduto?

Per ora possediamo qualche labile indizio ma negli ultimi decenni sono emerse prove direi tangibili che quelle che sembravano semplici teorie possiedono in realtà un retroterra storico e di prove oltremodo significativo. Indubbiamente siamo solo gli ultimi inquilini di una storia ancora tutta da riscoprire!

Tupaia, e i misteri delle mappe impossibili del Pacifico

Sulla scia di quanto detto fino ad ora, durante le nostre ricerche abbiamo recuperato un altro elemento che sembrerebbe porsi come un chiaro indizio su come antiche conoscenze, per ragioni specifiche, vennero a disperdersi in un territorio molto vasto.

Il focus delle nostre ricerche è l'India ma non possiamo esimerci dal considerare una più ampia porzione del pianeta, relativamente vicina ad essa, dove molte influenze del subcontinente andarono a sedimentarsi nel passato.

L'Oceano Pacifico con i suoi 179.680.000 chilometri quadrati è il più vasto oceano della Terra. Con le sue acque copre un terzo della superficie terrestre e comprende innumerevoli mari secondari che celano ancora moltissimi misteri.

È il 26 agosto del 1768 quando la Nave di Sua Maestà Endeavour, un brigantino a palo, salpò dal porto di Plymouth con a bordo un'insolita varietà di passeggeri. Indossano cappelli a tre punte, abiti di squisita fattura e hanno inservienti al seguito. Sono scienziati, astronomi e botanici. Tra gli ufficiali c'è un americano che conosce una lingua parlata da un popolo lontano mentre tra i passeggeri si trovano ben tre disegnatori.

Tutto ciò che vedranno e soprattutto scopriranno dovrà essere documentato con dovizia di particolari. Committenti della spedizione sono Re Giorgio III e la Royal Society, la più prestigiosa società scientifica al mondo. Sir Joseph Banks, uno degli scienziati che si trova a bordo dell'imbarcazione, dopo quel viaggio ne diverrà il presidente.

Ma facciamo un passo indietro di alcuni anni. Verso il 1750, guerrieri provenienti dall'isola di Bora Bora, a nord-ovest di Tahiti nella moderna Polinesia francese, invasero Ra'iatea. Un prete locale di nome Vaita, in trance, pronunciò una profezia. Un giorno, sarebbero arrivate delle persone, ma diverse da loro. Sarebbero giunti su una canoa senza canoa e avrebbero cambiato tutto: "E questa terra sarà presa da loro", disse Vaita. "Le vecchie regole saranno distrutte".

La profezia di Vaita si avverò. Il 18 giugno 1767, uno strano vascello fu visto al largo della costa di Tahiti, dove viveva un personaggio di nome Tupaia che presto impareremo a conoscere. La mattina seguente, i sacerdoti *'arioi'*, un termine che ci ricorda molto quello di *ariano*, uscirono a remi per indagare. La barca era il Dolphin, una nave britannica alla ricerca dello sconosciuto continente meridionale. Samuel Wallis e il suo equipaggio erano i primi europei che i tahitiani avessero mai visto.

Ma torniamo alla nostra storia principale nel 1768, un anno dopo gli eventi appena narrati. A capo dell'Endeavour si trova un uomo più noto come cartografo e che con il suo genio ha dato un contributo fondamentale alla sconfitta dei francesi in Canada durante la guerra dei Sette Anni, James Cook.

La spedizione che guida ha due scopi: il primo, palese, è quello di osservare il transito di Venere dall'isola di Tahiti, nell'Oceano Pacifico. Ma cosa aveva di così importante quell'evento per far armare una nave con dodici cannoni e più di 70 uomini tra marinai, ufficiali e soldati? Da quel transito gli astronomi sarebbero stati in grado di stabilire, grazie all'accuratezza della più recente tecnologia di allora, la distanza tra il Sole e la Terra.

Cosa che avrebbe semplificato i complessi calcoli per determinare la longitudine e latitudine e quindi aiutato non solo la navigazione ma anche l'esplorazione di nuove terre.

Il secondo, segreto, è svelare un mistero che ossessiona i geografi occidentali da secoli: l'esistenza del cosiddetto continente australe, l'enorme massa di terra simmetrica, nel sud del mondo. Dopo un viaggio faticoso, giungono a Tahiti, dove, grazie alla mediazione dell'americano John Gore, che a causa di precendenti viaggi, parla la lingua polinesiana, ottengono dai capi locali il permesso di costruire un osservatorio sulla cima di una montagna, dove attendono che Venere attraversi il disco solare.

Purtroppo le diverse letture che vengono fatte sono discordanti. Forse la causa è il 'black drop', un effetto ottico per cui un corpo nero si fonde con il margine del corpo luminoso. E' in base a quei risultati però che l'astronomia di quell'epoca fisserà la distanza della Terra dal Sole in oltre 150 milioni di chilometri.

Così a Cook non rimane che organizzarsi per raggiungere almeno il secondo scopo della sua spedizione: nel frattempo Banks, che oltre ad essere uno grande botanico, è anche un inguaribile donnaiolo ha un relazione con una donna capo clan, Purea, che gli inglesi capendoci poco delle complesse gerarchie locali, definiscono regina.

Purea ha la fortuna di avere come consigliere un personaggio straordinario, Tupaia, sacerdote, giudice, diplomatico e geografo. Tupaia era nato nella metà del 1720 nel nord di Ra'itaea, in una famiglia di alto rango e aveva ricevuto la sua prima istruzione a Tainui Marae. Figlio e nipote di navigatori aveva appreso in giovinezza i segreti della navigazione polinesiana così come le più antiche tradizioni religiose che venivano tramandate in segreto da questo popolo. Dopo aver viaggiato in gioventù fra le isole, era stato ferito in uno scontro tribale, per poi approdare a Tahiti dove era divenuto consigliere politico dei reggenti. Con l'arrivo dei primi navigatori europei, Tupaia, che aveva un incredibile talento per le lingue, impara inglese, spagnolo e francese e funge da mediatore culturale con questi curiosi stranieri.

Frequentando Banks e conversando con lui, a Tupaia viene un'idea bizzarra: accompagnare questi tipi buffi nel loro viaggio, per giungere in Gran Bretagna e comprendere a fondo lo strano modo di vivere e pensare di questi inglesi. Cook, alla richiesta del sacerdote di imbarcarsi, temendo di violare qualche strano tabù locale, risponde negativamente: ci vuole tutta l'autorità di Banks per fare cambiare idea al capitano.

Fu così che quando l'Endeavour si preparò a lasciare Tahiti, Tupaia si unì all'equipaggio della nave come navigatore. Nelle quattro settimane seguenti, pilotò in sicurezza la nave attraverso le Isole della Società Sottovento e a sud a Rurutu. Per quasi sei mesi, dall'ottobre del 1769, facilitò gli scambi tra l'equipaggio ed i Maori di Aotearoa in Nuova Zelanda con i quali era anche in grado di comunicare linguisticamente. Un fatto alquanto curioso! A bordo della Endeavour, Tupaia incontrò molti scienziati della spedizione e fece dono di una parte della sua conoscenza a questi curiosi scienziati che successivamente la trascrissero in alcuni diari, realizzando anche alcuni schizzi e acquerelli. A Tupaia si devono le conoscenze sulla religione e le pratiche rituali di Tahiti, sull'organizzazione tribale, sui metodi di gestione economici e, per i nostri scopi ancora più importante, sulle antiche pratiche di navigazione polinesiane.

Le sue conoscenze e, in particolare, molti disegni furono realizzati da uno dei disegnatori dell'Endeavour, Sydney Parkinson. Tra questi una mappa che riportava le isole, i passaggi e gli stretti delle Isole della Società di Leeward, comprendente un'estensione di isole che andava da Rapa Nui (l'Isola di Pasqua a Est) per oltre 7.000 km a Rotuma, a ovest, e più di 5.000 km dalle Hawai'i, a nord, a Rapa Iti a sud, di fatto documentando la vasta conoscenza geografica dei maestri navigatori delle Isole della Società.

Questa mappa, nota come la mappa di Tupaia, fu ritrovata tra le carte di Joseph Banks e, dopo la sua pubblicazione nel 1955, scatenò una gran quantità di polemiche. Da una parte, si aveva un'idea assai vaga sulla sua genesi, dall'altra, siamo sinceri, gli studiosi moderni ci capivano ben poco.

Solo dopo anni, siamo riusciti a trovare il bandolo della matassa. Secondo Cook, nessuna delle bozze disegnate dalle mani di Tupaia era sopravvissuta, per cui bisognava partire dalle tre versioni conosciute. Inizialmente era stato assegnato a Richard

Pickersgill, un brillante sottufficiale che aveva servito sul Dolphin con Wallis, il compito di assistere Tupaia nel disegno della bozza della mappa. La prima versione fu poi copiata da Georg Forster, un naturalista tedesco della spedizione. A lui si deve il rapporto di viaggio, *A Voyage Round the World*, che contribuì in seguito a descrivere l'etnologia delle popolazioni polinesiane.

Dopo l'abbandono della prima mappa, probabilmente nell'agosto del 1769, ne fu iniziata una seconda bozza in cui si notano frequenti cambiamenti nel modo in cui i nomi delle isole sono scritti. Secondo gli autori dello studio queste variazioni suggeriscono che Cook decise di coinvolgere nel progetto un linguista più talentuoso, forse lo stesso Banks o il disegnatore Sydney Parkinson. Inoltre, la stretta corrispondenza tra l'elenco delle isole nel diario di Cook e la copia di Banks fa presupporre che la seconda bozza della mappa potrebbe essere stata la versione base della copia di Banks, oggi conservata nella British Library. La stesura della terza bozza iniziò poco tempo dopo, il 5 febbraio 1770. In questa versione, le ortografie insulari furono ricontrollate con Tupaia e, in molti casi, adattate integrandole con informazioni raccolte dai contatti con i Maori.

Confrontando le diverse versione, ci si è accorti come Tupaia abbia svolto uno straordinario lavoro di mediazione culturale, costruendo un ponte tra due diverse concezioni dello spazio geografico: quella geometrica di noi europei, che deriva da Eratostene, con la griglia di latitudini e longitudini, e quella umanistica dei polinesiani, incentrata sul ruolo del navigatore, circondato da un mondo eterogeneo composto dall'oceano, dalla vita marina, dal vento e dalla corrente, dal Sole, dalle stelle e dai pianeti e infine dalle isole.

L'orientamento in questo sistema veniva costantemente affinato osservando i movimenti delle stelle di notte, del sole di giorno e le direzioni del vento e dei treni d'onda. Le nozioni astronomiche si basavano sul calendario lunare tahitiano che forniva le posizioni azimutali non solo della luna, ma anche del Sole e delle stelle principali, così come il sorgere ed il tramonto ad una data latitudine.

Queste divisioni del tempo permettevano agli isolani di osservare ed apprezzare i movimenti dei corpi celesti per i loro diversi scopi. I navigatori polinesiani sapevano che le stelle fisse non cambiano la loro posizione l'una rispetto all'altra e conoscevano quali stelle ed i pianeti erano visibili in certe stagioni dell'anno. Quindi erano in grado di identificare le stelle quando si innalzavano dall'orizzonte, memorizzandone la posizione per trovare la direzione. Il suo riferimento più importante era la costellazione della Croce del Sud che, come la stella polare ha una direzione fissa indicando però il Sud. La sua forma richiama un aquilone dove l'allineamento della stella superiore Kaulia/Gacrux e di quella inferiore, Ka Mole Honua/Acrux, mostra la direzione meridionale. Come per la stella polare nell'emisfero nord, anche la Croce del Sud si alza man mano che ci si avvicina al polo sud. Alla latitudine delle Hawaii, la distanza dalla stella superiore alla stella inferiore è la stessa distanza da quella stella inferiore all'orizzonte, ed è di circa 6 gradi. Questa configurazione si verifica solo alla latitudine delle Hawaii. Tupaia usava la cosiddetta bussola stellare (star compass), un costrutto mentale e non tecnologico come la bussola occidentale, in cui l'orizzonte visivo viene suddiviso in 32 "case" dove una casa è una parte dell'orizzonte dove risiede un corpo celeste. Ciascuna delle 32 case è separata da 11,25° di arco per un cerchio completo di 360°.

Per effettuare una sintesi tra queste due visioni contrapposte, utilizzando un approccio "relativistico", andando oltre il concetto di direzione cardinale assoluta, posizionandosi in un punto, chiamato Avatea, e abbandonando lo spazio cartografico utilizzato dai cartografi europei. Interessante il fatto che Avatea, tradotto dagli Europei con "mezzogiorno", veniva determinato dalla massima elevazione del Sole ovvero quando si trovava allo zenith. Partendo da Avatea, determinò poi un nord posizionale al centro del grafico come riferimento per disegnare due rotte oceaniche: la prima tra Rotuma e Rapa Nui (che copre un quinto della circonferenza della terra) e l'altra tra Tahiti (Otaheite) e le Hawai'i

Nella mappa una rotta può praticamente iniziare ovunque. Ciò che conta è la posizione relazionale delle isole all'interno dei percorsi di viaggio ed il loro orientamento da Avatea.

Come sappiamo, su una carta non bastano solo i rilevamenti delle posizioni ma anche le distanze. È importante comprendere che la distanza tra le isole sulla mappa di Tupaia non è un indicatore di distanza reale: non si misura in miglia ma è solo una funzione del tempo necessario per il viaggio e viene misurata in notti di viaggio (e in qualche modo dipende dall'esperienza del viaggiatore). Un'altra cosa da notare è che la forma delle isole non ha nessun senso e quindi cercare di trovare somiglianze con mappe realizzate dagli Occidentali è sbagliato a priori.

Tutte le rotte sono chiaramente orientate rispetto ad Avatea. Per poter navigare, gli utilizzatori dovevano quindi porsi su una delle isole sulla carta e tracciare due linee immaginarie dalla loro posizione: una verso Avatea, il loro nord posizionale, e l'altra verso l'isola di destinazione. L'angolo misurato in senso orario dalla prima alla seconda linea era il rilevamento usato da Tupaia per indicare le sue isole. Sorprendentemente in una visione occidentale può essere espresso in gradi e quindi usato da una bussola. La cosa straordinaria è che la differenza tra i rilevamenti da isola a isola presi sulla Mappa di Tupaia e quelli su una mappa di Mercatore è ben al di sotto di 5°. Le differenze sembrano diventare maggiori quando le conoscenze sulle posizioni delle stesse divengono più vaghe.

Tupaia, poi, durante il viaggio, osservando i disegnatori della spedizione, imparò a dipingere: così abbiamo oggi una serie di suoi quadri, che ci danno un'idea di come quest'uomo geniale cercava di comprendere e interpretare le stranezze di noi europei. Purtroppo, il polinesiano non realizzò mai il suo sogno di vedere Londra: morirà di malaria a Batavia, città olandese, oggi Jakarta in Indonesia.

Ovviamente la mappa di Tupaia mostrava molte isole che il capitano non aveva ancora visto. Tupaia stupiva i marinai inglesi per la sua capacità di indicare con esattezza in direzione di Tahiti, in qualsiasi momento del giorno o della notte, con le nuvole o il sereno. Cook fu l'unico degli esploratori europei a capire il vero significato delle prodezze di Tupaia. Gli abitanti delle isole sparse per tutto il Pacifico meridionale sembravano far parte di un unico popolo che molto tempo prima aveva esplorato, colonizzato e tracciato quelle conoscenze nautiche del vasto oceano Pacifico senza però avere a disposizione nessuno degli strumenti nautici che Cook riteneva indispensabili. La cosa ancor più incredibile è che Tupaia e la casta sacerdotale di cui faceva parte avevano conservato quelle mappe e chissà quali altre conoscenze solo nella memoria, trasmettendole attraverso la tradizione orale.

Sono passati due secoli e oggi la rete globale di genetisti che cerca di ricostruire i flussi migratori dell'uomo moderno analizzando le tracce di DNA disseminate lungo il percorso, come briciole di Pollicino, potrebbe dimostrare a Cook che aveva ragione: gli antenati di Tupaia avevano colonizzato il Pacifico almeno 2.300 anni prima. La loro inverosimile migrazione attraverso il Pacifico era il proseguimento di una lunga marcia verso est che aveva avuto inizio in Africa tra 70 mila e 50 mila anni prima.

Da allora non abbiamo mai smesso di esplorare. Siamo rimasti ossessionati dal bisogno di aggiungere dettagli alle carte geografiche della Terra; di raggiungerne i poli, le vette più alte, le fosse oceaniche più profonde; di navigare fino a ogni suo più remoto angolo e poi di volare via dal pianeta, nello Spazio.

Abbiamo molte volte parlato di grandi studiosi come Thor Heyerdahl che hanno letteralmente riscoperto alcune antiche civiltà attraverso le loro navigazioni oceaniche nonché tradizioni e conoscenze semplicemente riapplicando antiche conoscenze nei tempi moderni. La domanda centrale di tutta questa nostra storia è però da dove provenissero le conoscenze di Tupaia? Si trattava semplicemente, per modo di dire, di una scoperta effettuata da questi popoli del pacifico attraverso esplorazioni ed errori o forse questa conoscenza era il retaggio di antichi popoli o civiltà che avevano colonizzato in tempi pre-storici i mari lasciando una labile memoria del loro passaggio. Ad oggi è difficile rispondere ma certamente nell'Oceano Pacifico, ma non solo, troviamo una costellazione veramente ampia di elementi che sembrerebbero indicarci come una o più civiltà sconosciute ed estremamente antiche, forse precedenti allo stesso disgelo glaciale del 10500 a.C., avessero solcato i mari del pianeta.

Indra e l'uccisione di Vritra nel 9703 a.C.

Seguendo il nostro filo logico, e tornando in India, ho provato a vedere se nell'antica tradizione di questo vasto paese fossero presenti resoconti o leggende sacre di eventi che fossero intersecabili con quanto riferito al Pralaya. Ciò che ne è emerso è qualcosa di estremamente affascinante e suggestivo che potrebbe realmente aprirci ad una nuova comprensione di ciò che definiamo mito!

L'ultima era glaciale, iniziata quasi 125.000 anni fa, aveva raggiunto la sua massima estensione durante l'Ultimo Massimo Glaciale (LGM) circa 20.000 anni fa. A quel tempo, gran parte dell'emisfero settentrionale era coperto da calotte di ghiaccio spesse chilometri e il livello del mare era circa 120 metri più basso di oggi[164]. Grandi tratti delle piattaforme continentali, che oggigiorno sono sommerse dall'acqua, un tempo erano in superficie ed erano le antiche linee costiere, luoghi di civilizzazione e che forse sostenevano fiorenti culture marittime dell'era glaciale. Non solo, le isole allora esistenti erano molto più grandi e molte sorsero nei mari collegate tra loro e alla terraferma da ponti terrestri, formando vaste masse continentali antidiluviane.

Circa 19.000 anni fa, quando il clima cominciò a riscaldarsi, le calotte glaciali iniziarono a sciogliersi e a ritirarsi, determinando un graduale innalzamento del livello dei mari. I carotaggi sulla barriera corallina delle Barbados hanno rivelato che un enorme flusso di acqua dolce – chiamato "Meltwater Pulse 1A" o

---

[164] "Sea Level Rise", Smithsonian,
https://ocean.si.edu/through-time/ancient-seas/sea-level-rise

MWP-1A – fu rilasciato negli oceani dallo scioglimento delle calotte glaciali tra i 14.690 e i 13.730 anni fa, evento che innalzò il livello del mare di quasi 24 metri[165]. Ciò avvenne durante un'improvvisa fase calda, nota come interstadiale Bølling-Allerød.

Fu in questo periodo che l'era glaciale sembrò finalmente finire e il clima iniziò a riscaldarsi in tutto il pianeta. I ghiacciai erano in ritirata e la vita vegetale e animale cominciò a proliferare.

Tutto era caldo, fiorente e guardava ad una nuova età dell'oro. Poi accadde qualcosa di radicale che invertì completamente il processo di riscaldamento post-glaciale.

Circa 12.900 anni fa (10.900 a.C.), le temperature precipitarono improvvisamente fino a raggiungere nuovamente condizioni glaciali per un periodo di circa 1200 anni. I ghiacciai iniziarono ad avanzare nuovamente e questo periodo di raffreddamento improvviso, come abbiamo già visto, è stato chiamato Younger Dryas (YD), poiché fu riconosciuto per la prima volta nei pollini fossili del fiore selvatico *Dryas octopetala*, che divenne comune in alcune parti d'Europa proprio 12.800 anni fa.

Per molto tempo gli scienziati non sono stati sicuri di cosa avesse causato questa brusca inversione delle condizioni climatiche. Nel 2007, un team di scienziati internazionali guidati da Richard B. Firestone ha rinvenuto prove convincenti sul fatto che la terra fu letteralmente bombardata (circa nel 10.900 a.C.) da molteplici frammenti di una cometa gigante in disintegrazione che destabilizzò la calotta glaciale Laurentide e innescò il

---

[165] Edouard Bard, Bruno Hamelin, Richard G. Fairbanks & Alan Zindler, "Calibration of the 14C timescale over the past 30,000 years using mass spectrometric U-Th ages from Barbados corals", Nature, May 1990, 345, pp. 405-410.

raffreddamento dello Younger Dryas. Le onde d'urto e la combustione della biomassa generate da questo impatto catastrofico portarono all'estinzione di almeno 35 specie di megafauna del Pleistocene nordamericano e posero fine alla cultura preistorica di Clovis, i primi abitanti umani noti del Nuovo Mondo[166].

Il periodo dello Younger Dryas, che durò circa 1200 anni dal 10.900 al 9.700 a.C. circa, terminò bruscamente così come era iniziato, per ragioni ancora oggi non chiaramente comprese.

Concedendoci un piccolo inciso, proprio il 9.700 a.C. corrisponde all'epoca storica in cui il complesso di Gobleki Tepe venne volontariamente interrato preservandosi fino ai nostri giorni.

I geologi dell'Istituto Niels Bohr dell'Università di Copenaghen hanno studiato i dati ricavati nel 2008 dai carotaggi del ghiaccio della Groenlandia e hanno concluso che l'era glaciale è terminata esattamente nel 9.703 a.C. Il ricercatore del progetto Ice Core, Jorgen Peder Steffensen scrisse che, *"Poi, finalmente, 11.703 anni prima del 2000 d.C., il clima è tornato ad una norma più calda dove è rimasto da allora"*[167].

In un'intervista al quotidiano danese Politiken, Steffensen ha affermato che il passaggio dall'era glaciale all'attuale periodo caldo e interglaciale è stato così improvviso che *"...è come se fosse*

---

[166] R. B. Firestone et al, *Evidence for an extraterrestrial impact 12,900 years ago that contributed to the megafaunal extinctions and the Younger Dryas cooling*, Proceedings of the National Academy of Sciences (PNAS), Oct 2007, Vol.104, No.41, pp. 16016-16021, https://www.pnas.org/doi/full/10.1073/pnas.0706977104

[167] Jørgen Peder Steffensen, *Determination of end of the Ice Age?*, Niels Bohr Institute, University of Copenhagen, https://nbi.ku.dk/english/sciencexplorer/earth_and_climate/golden_spike/determination_of_end_of_ice_age/

stato premuto un pulsante". Nell'arco di un solo anno, le temperature aumentarono di 10 – 15°C in molte parti del mondo.

Nonostante il fatto che la fine dell'ultima era glaciale sia stata ristretta ad un anno specifico, cioè al 9.703 a.C., gli scienziati non sembrano ancora aver ben compreso cosa abbia causato questa improvvisa inversione delle temperature. Tuttavia, le leggende e i testi sacri lasciati dagli antichi indiani potrebbero fornire alcuni indizi ed elementi davvero interessanti.

Una leggenda in particolare presente nel Rig Veda indiano ci racconta di come Indra uccise il drago Vritra, una tradizione ripetuta in molti inni del testo sacro e che sembra descrivere una violenta raffica di impatti da parte di uno sciame di comete.

Gli echi della stessa storia possono essere trovati nella leggenda mesopotamica di Marduk che uccide il drago acquatico Tiamat, nel racconto dei nativi americani Cherokee del dio del tuono che uccide il mostruoso serpente acquatico Uktena e nella leggenda greca di Zeus che uccide il mostro dalla testa di serpente chiamato Tifone.

Gli inni del Rig Veda sono i primi testi scritturali dell'umanità composti in sanscrito vedico. Il testo contiene più inni dedicati al re degli dei, Indra, con il suo possente tuono, che a qualsiasi altra divinità. Il risultato più importante di Indra, per il quale era stato lodato in molti inni, fu la sconfitta del drago Vritra ("l'involucro") e il conseguente rilascio delle acque dei Sette Fiumi che erano stati "imprigionati" dallo stesso demone Vritra. Fu a causa di questa impresa che Indra ricevette l'epiteto Vrtraghna ("l'uccisore di Vritra"). Gli inni che descrivono la battaglia non si trovano solo nei Primi Libri (6, 3, 7) del Rig Veda ma anche nei Libri Medi (4, 2) e negli Ultimi Libri (5, 1, 8, 9, 10).

Il primo libro rigvedico, Mandala VI (Libro 6), fornisce una descrizione dettagliata della battaglia di Indra con Vritra, che fu ripetuta senza molte variazioni nei libri successivi.

Prima della sua epica battaglia con Vritra, Indra però consumò il succo del Soma che gli diede "potere ed estasi" (RV 6.40.2). Poi, "legato con Vishnu", "uccise Vrtra il drago che racchiudeva le acque" (RV 6.20.2). L'arma usata da Indra per schiacciare il drago era il suo irresistibile tuono, "il dardo dai mille aculei e dai cento spigoli", realizzato per lui da Tvastar (RV 6.17.10). Quando Indra colpì il drago, "liberò l'onda impetuosa delle acque, il grande moto ondoso delle onde circondò e ostruì" (RV 6.17.12). Le acque rilasciate precipitavano lungo i pendii della montagna lungo i canali scavati da Indra e si precipitavano verso l'oceano. "Lungo ripidi pendii hai girato il loro corso, Indra, diretto verso il basso, accelerando verso l'oceano" (RV 6. 17.12).

Questo è il tema essenziale della leggenda che si ripete in diversi inni del Rig Veda. È per noi ovvio che questi canti inni descrivono un evento di monumentale importanza accaduto in Himalaya in un lontano passato, poiché ci sono riferimenti inequivocabili ai "Sette Fiumi", che sono i sette affluenti del fiume Indo che erano collettivamente chiamati Sapta-Sindhu.

Ad esempio :

"Lui, è Indra, che uccise il drago, liberò i sette fiumi e scacciò le vacche dalla grotta di Vala" (RV 2.12.2-3).

"Indra con forza possente squarciò la testa di Arbuda, il mostro acquatico, uccise Ahi (un altro nome di Vrtra, che significa "serpente"), e liberò i Sette Fiumi" (RV 10.67.12).

È stato notato da studiosi e ricercatori che la distruzione di Vritra e il rilascio delle acque imprigionate dei Sette Fiumi potrebbero alludere al grande scioglimento dei ghiacciai dell'Himalaya alla fine dell'ultima era glaciale. Una delle prime osservazioni in questo senso è venuta dal geologo B.P. Radhakrishna, descritta nel libro *Vedic Sarasvati: Evolutionary History of a Lost River of Northwestern India* (1999).

"I dati geologici indicano come durante la glaciazione del tardo Pleistocene, le acque dell'Himalaya erano ghiacciate e al posto dei fiumi c'erano solo ghiacciai, masse di ghiaccio solido. Man mano che il clima si faceva più caldo, i ghiacciai cominciarono a sciogliersi e l'acqua ghiacciata e da essi trattenuta si riversò con grandi inondazioni, verso le pianure alluvionali di fronte alle montagne. Questo fu un grande evento e non c'è da stupirsi, i primi abitanti delle pianure scoppiarono in canti lodando il Signore Indra per aver rotto i ghiacciai e liberato l'acqua che scorreva in sette possenti canali (Sapta Sindhu). L'analogia di un serpente che si muove lentamente (Ahi) per descrivere il ghiacciaio dell'Himalaya è la più appropriata."[168].

L'osservazione di Radhakrishna secondo cui i serpentini ghiacciai dell'Himalaya erano descritti negli inni vedici come il drago Vritra è molto illuminante. Tuttavia, la sua ipotesi secondo cui lo scioglimento dei ghiacciai dell'Himalaya avrebbe provocato un improvviso rilascio delle acque ghiacciate, che scorrevano in sette possenti fiumi, non si è dimostrata del tutto convincente per diversi studiosi. Questo perché lo scioglimento dei ghiacciai avviene lentamente a causa dell'inerzia termica delle grandi calotte glaciali. Il Meltwater Pulse 1B, che aveva causato un episodio di rapido innalzamento del livello del mare tra il 9500 a.C. e il 9200 a.C., era iniziato quasi 200 anni dopo la fine dell'era glaciale.

---

[168] B. P. Radhakrishna, S. S. Merh, *Vedic Sarasvati: Evolutionary History of a Lost River of Northwestern India*, Geological Society of India, 1999, p. 7.

D'altra parte, la leggenda di Vritra descrive un improvviso, drammatico rilascio delle acque "prigioniere" dei Sette Fiumi, dopo che Indra sconfisse il drago.

Uno scenario leggermente diverso è stato proposto da Graham Hancock nel libro *Underworld: The Mysterious Origins of Civilization* (2002). Hancock ha suggerito che il rilascio delle acque imprigionate descriva probabilmente un episodio particolarmente devastante di "inondazioni di laghi glaciali" (GLOF), che si verificano quando enormi laghi glaciali sfondano le loro dighe di ghiaccio o moreniche e riversano le loro acque con violenza nelle vallate sottostanti.

Anche adesso inondazioni violente si verificano regolarmente in Himalaya. A volte le frane o l'innalzamento dei ghiacciai bloccano le valli fluviali creando grandi laghi glaciali. Un successivo nubifragio o una frana possono causare la rottura della diga morenica, provocando catastrofiche inondazioni che causano danni significativi a valle, cancellando villaggi, accampamenti militari, centrali elettriche, strade e terreni coltivabili. In poche parole, tutto quello che trovano davanti al loro cammino.

Una situazione simile potrebbe essersi verificata verso la fine dell'ultima era glaciale, anche se su scala molto più ampia.

Con l'inizio dello Younger Dryas, i ghiacciai iniziarono di nuovo ad avanzare e raggiunsero le stesse gigantesche dimensioni che avevano durante l'Ultimo Massimo Glaciale. È probabile che il nuovo avanzamento dei ghiacciai himalayani tra il 10.900 e il 9.700 a.C. abbia bloccato la maggior parte delle più importanti valli fluviali, interrotto il flusso dell'acqua lungo i fiumi e creato enormi laghi glaciali a monte. I bardi vedici potrebbero aver descritto questo evento come il drago Vritra che "imprigiona" le acque dei Sette Fiumi.

Quando l'era glaciale terminò improvvisamente nel 9.703 a.C., le dighe di ghiaccio che avevano bloccato il flusso dei fiumi furono improvvisamente e catastroficamente rotte e le acque degli enormi laghi glaciali esplosero in enormi torrenti, precipitando giù per le ripide montagne e pendii e giungendo fino all'oceano. Questo evento fu probabilmente descritto negli inni rigvedici nella traslitterazione poetica di Indra che uccide il drago Vritra e libera le acque dei Sette Fiumi.

Graham Hancock aveva inoltre affermato che "..."i saggi che composero almeno alcuni dei versi dei Veda avrebbero potuto essere sull'Himalaya 12.000 anni fa per testimoniare la fine dell'avanzata gelida dello Younger Dryas e per commemorarla come la vittoria di Indra su Vrtra"[169].

Anche se questa sembra essere la spiegazione più logica per questi inni sacri indiani, tali idee sono generalmente ignorate dagli storici tradizionali che sembrano non attribuire alcuna particolare importanza geologica, archeologica o ambientale a questi testi sacri lasciati dai nostri antenati. Il che, ovviamente, non ha alcun senso, dal momento che si prevede che i testi sacri, memorizzati e trasmessi oralmente per molti millenni, contengano importanti indizi (anche storici) sugli eventi più significativi del passato. E la storia indiana e piena di questi riferimenti.

L'improvvisa fine del periodo glaciale dello Younger Dryas provocò una serie di eventi catastrofici occorsi in tutto il mondo, e non solo nell'Himalaya. La leggenda vedica di Indra che uccide

---

[169] Graham Hancock, Underworld: The Mysterious Origins of Civilization, op. cit., p. 196.

Vritra ha la sua controparte quasi esatta nella storia di Marduk che uccide il drago acquatico Tiamat, così come descritto nell'*Enuma Elish*, l'epica della creazione babilonese.

Marduk era il dio della guerra e del tuono ed era a capo del pantheon babilonese. Il nome di Marduk era pronunciato come "Marutuk"[170], che suona stranamente simile a "Marutvat", un epiteto di Indra che significa "il capo dei Marut" (i Marut sono un gruppo di divinità del cielo che accompagnano Indra).

Mentre Indra cavalcava un carro trainato da due cavalli o era seduto su un elefante chiamato Airavata, Marduk andava in battaglia sul suo carro della tempesta trainato da quattro cavalli, o cavalcava un drago cornuto chiamato Mushussu. Il fulmine di Marduk e il "vajra" nelle mani di Indra sembrano esattamente simili; entrambi assomigliano a doppi tridenti.

Tiamat, era la dea del mare salato, simboleggiava le forze del caos. In alcune fonti è descritta come un enorme serpente marino o drago marino. Tiamat generò una stirpe di mostri - serpenti zannuti, uomini scorpione e altri esseri e nominò suo figlio Kingu generale nella battaglia contro gli dei. Marduk però creò una "rete dei sette venti" per intrappolarla, liberò un vento potente che le fece scoppiare il ventre e la uccise con i suoi fulmini[171]. Tagliò a metà il corpo di Tiamat mentre i suoi occhi divennero la sorgente dei fiumi Tigri ed Eufrate e le montagne emersero dai suoi seni.

Ci sono una serie di ovvi parallelismi tra questa storia e la leggenda rigvedica di Indra che uccide Vritra. Mentre l'uccisione

---

[170] "Marduk", Encyclopedia of Religion, ed. by Lindsay Jones, vol. 8, 2nd ed., pp. 5702–5703.

[171] "Enuma Elish", New World Encyclopedia, https://www.newworldencyclopedia.org/entry/Enuma_Elish

di Vritra da parte di Indra aveva liberato le acque dei Sette Fiumi, l'uccisione di Tiamat da parte di Marduk aveva liberato le acque dei fiumi Tigri ed Eufrate. Marduk aveva intrappolato Tiamat con una "rete dei sette venti", e la rete era l'arma usata da Indra per intrappolare i suoi nemici. L'Atharva Veda afferma "Vasta davvero è la rete del grande Indra... con quella rete, o Indra, avventati su tutti i nemici in modo che nessuno dei nemici possa sfuggire al giudizio e alla punizione."[172].

Nel folklore dei nativi americani, è stata raccontata una storia simile. Nelle leggende Cherokee, Uktena o Grande Serpente era un mostruoso serpente acquatico con le corna e un cristallo magico sulla testa. Secondo le leggende, *"… chiunque si avvicinasse a Uktena sarebbe rimasto stordito dalla luce del cristallo nella sua testa e sarebbe corso verso il serpente anziché allontanarsi da esso. In un mito, Uktena fu ucciso in una battaglia con il Tlanuwa, il Grande Falco... In un'altra leggenda, Uktena combatté con il Dio del Tuono, avvolgendosi attorno alla testa del Tuono così strettamente che il dio gridò aiuto. Un cacciatore stava venendo in soccorso di Tuono ma prima che potesse arrivare, Tuono uccise Uktena con un colpo mortale."*[173].

L'uccisione del mostruoso serpente acquatico Uktena da parte del Dio del Tuono ha evidenti parallelismi con l'uccisione di Vritra da parte di Indra o di Tiamat da parte di Marduk. La leggenda Cherokee non menziona specificamente le acque dei fiumi che furono rilasciate alla morte di Uktena ma alla luce degli altri collegamenti simbolici è plausibile pensare che la stessa leggenda possa essere stata registrata anche presso questo

---

[172] Atharva Veda 8.8.6, taken from Atharva Veda: Authentic English Translation by Tulsi Ram, 2013.
[173] Native American Mythology A to Z, Infobase Publishing, 2010, p. 48.

popolo. Ancor più essendo stato il disgelo glaciale un evento globale.

La storia greca di Zeus che uccide il mostro Tifone segue linee simili. In *Teogonia*, Esiodo scrive che, dalle spalle di Tifone crebbero "cento teste di serpente, un terribile drago, con lingue scure e tremolanti, e da sotto le sopracciglia dei suoi occhi nelle sue teste meravigliose balenò fuoco..."[174]. Zeus colpì Tifone con il suo fulmine, bruciò le teste di serpente del mostro e scagliò il suo corpo distrutto sulla Terra. Tale fu la forza dell'impatto, che la terra gemette e "gran parte del suolo fu bruciata dal terribile vapore e sciolta come si scioglie lo stagno".

Lo scioglimento della crosta terrestre suggerisce l'impatto di meteoriti e comete. Quando una cometa o un asteroide colpisce la Terra, vaporizza il materiale della roccia colpita, che poi si condensa in microscopiche gocce di metallo chiamate sferule da impatto. Questa leggenda allude forse all'impatto di una cometa alla fine dell'ultima era glaciale? Molto probabilmente.

Gli inni rigvedici ci informano che Indra aveva scagliato "il dardo con mille punte e cento spigoli" per frantumare il corpo di Vritra e liberare le acque imprigionate. Ciò sembra farci pensare, seguendo questo nostro ragionamento, che una pioggia di proiettili meteorici di natura rocciosa o di detriti cometari, abbia colpito le calotte glaciali dell'Himalaya e abbia innescato il crollo delle dighe di ghiaccio e il successivo scioglimento.

Gli inni rigvedici non risparmiano sforzi per ricordarci la tremenda forza con cui il dardo di Indra colpì il corpo di Vritra,

---

[174] Hesdiod, Theogony 825-880,
http://www.perseus.tufts.edu/hopper/text?doc=urn:cts:greekLit:tlg0020.tlg0
01.perseus-eng1:820-852

frantumandolo in innumerevoli pezzi, che furono poi spazzati via dai torrenti d'acqua zampillanti.

"Indra con il suo tuono grande e mortale fece a pezzi Vrtra." (RV 1.32.5) "Evirato ma rivendicando vigore virile, così Vrtra giaceva con gli arti sparsi sezionati." (RV 1.32.7) "Il Drago giace sotto i piedi dei torrenti che Vrtra con la sua grandezza aveva circondato." (RV 1.32.8) «Rotolato in mezzo a correnti incessanti che scorrono senza sosta per sempre. Le acque portano via il corpo senza nome di Vrtra. (RV 1.32.10).

Anche se gli inni rigvedici generalmente descrivono Indra come un potente dio che cavalca un carro trainato da una coppia di cavalli, uno degli inni che elogia la sua impresa di uccidere Vritra lo descrive come una "coda di cavallo":

"La coda di un cavallo eri tu quando lui (Vritra), o Indra, colpì il tuo dardo; tu, Dio senza secondo» (RV 1.32.12).

Ciò evoca l'immagine di una cometa, poiché la coda di polvere bianca e sinuosa di una cometa potrebbe assomigliare alla coda o alla criniera di un cavallo. Il filosofo romano Plinio aveva menzionato una classe di comete chiamate "hippeus" o "comete cavallo"[175], aventi piume molto simili alla criniera dei cavalli in rapido movimento. Efestione di Tebe ci racconta che la cometa Hippeus predisse la rapida caduta di re e tiranni[176].

La prima rappresentazione conosciuta di una "cometa cavallo" si trova sulle monete di bronzo emesse da Mitridate VI del Ponto, che mostrano la cometa insolitamente luminosa che apparve intorno al 135 a.C. circa, in coincidenza con l'anno di nascita di

---

[175] Plinio, Storia Naturale 2.22.

[176] M. R. Molnar, "New Numismatic Evidence about the Comets of Mithridates the Great of Pontus (134 and 119 BC)", Bulletin of the American Astronomical Society, December 1997, Vol.29, p.1262.

Mitridate. Le monete raffigurano una stella a dieci punte con una lunga coda che ricorda la criniera di un cavallo.

Potrebbe essere che l'apparizione celeste di Indra, verso la fine dell'ultima era glaciale, avesse la forma di un "cavallo cometa"? Forse è questo il motivo per cui Indra veniva visto nei cieli dai primi poeti, ma in un inno di un periodo successivo il compositore si chiede ad alta voce: "Dove si trova ora il famoso Indra? Dove viaggia, tra quale gente? (RV VI.21.4).

L'idea che Indra sia una "cometa cavallo" è in linea con l'ipotesi del Prof. RN Iyengar dell'Indian Institute of Science, che aveva sostenuto con prove sostanziali l'articolo intitolato "Comets and Meteoritic Showers in the Rig Veda and their Significance"[177] che il gruppo di divinità rigvediche chiamate Marut, che erano seguaci di Indra (Indra è chiamato Marutvat cioè "Capo dei Marut"), fossero in realtà "tempeste meteoritiche".

Ci sono 33 inni dedicati ai Marut nel *Rig Veda* . Sono descritti come un gruppo composto da 27 a 60 feroci figli di Rudra (Shiva). La maggior parte degli inni li descrivono come brillanti oggetti celesti, che si muovono in sciami e appaiono come stelle splendenti. Il loro suono ruggente induce paura nelle menti degli uomini e scagliano pietre che disturbano gli oceani, frantumano le montagne e le abitazioni umane e uccidono gli animali. Una volta hanno creato un cratere da impatto pieno d'acqua. Divorano anche le foreste con le loro fiamme rosso vivo.

---

[177] R.N. Iyengar, "Comets and Meteoritic Showers in the Rig Veda and their Significance", Indian Journal of History of Science, 2010, Vol.45, No.1, pp. 1-32,
https://www.academia.edu/7324390/COMETS_AND_METEORITIC_SH OWERS_IN_THE_R_GVEDA_AND_THEIR_SIGNIFICANCE

Il prof. Iyengar ritiene che tali inni possano riferirsi solo a uno "sciame di meteore" che periodicamente entrano nell'atmosfera terrestre e causano un caos diffuso. Esaminiamo alcune di queste descrizioni dal Rig Veda, come documentato dal Prof. Iyengar:

I Marut sono brillanti con forme terribili e uccidono le persone. I Marut siedono come divinità in cielo, sopra la volta luminosa. Muovono le montagne e disturbano gli oceani (RV I.19.5, 6, 7). I Marut sono descritti mentre si allargano con la loro luce e prendono d'assalto gli oceani con il loro potere (RV I.19.8). Per resistere al feroce viaggio dei Marut, l'uomo ha rafforzato la sua dimora con colonne. Anche le colline aspre vengono schiacciate (RV I.37.7). I Marut hanno falciato gli uomini sulla terra e hanno fatto cadere le montagne. Ovunque vada il gruppo di Marut, tutti sono sicuri di sentire il loro suono ruggente (RV I.37.12, 13). Al ruggito dei Marut, ogni casa sulla terra tremò. Anche il popolo tremò (RV I.38.10). I Marut sono potenti, con un potere meraviglioso e meravigliosamente luminosi, forti come montagne, che scivolano rapidamente sulla loro strada. Come gli elefanti selvatici divorano le foreste quando prendono forza tra le fiamme rosso vivo (RV I.64.7). Tutte le creature sulla terra insieme alle loro abitazioni tremano nella paura di poter essere colpite dalle armi dei Marut. Le armi laceranti dei Marut colpiscono gli animali come dardi ben mirati. I Marut sono visibili a distanza brillando come stelle (RV I.166). Vengono a migliaia come onde sull'acqua (RV I.168.4). Scesero insieme sulla terra, senza sforzo, con sguardi ardenti e scossero le montagne (RV I.168.5). Lungi da noi la tua freccia impetuosa. Lungi da noi la pietra che scagli (RV I.172.2). Maruts scavò un pozzo per Gotama (RV V.52.12).

Mentre l'inferenza del Prof. Iyengar secondo cui i Marut potrebbero essere uno sciame di "meteoriti pietrosi" è molto perspicace, vorrei portare avanti l'argomentazione e proporre che i Marut probabilmente fossero uno "sciame di comete". Questo perché si diceva che i Marut fossero un "numero fisso di divinità", compreso tra 27 e 60. Se i Marut fossero meteoroidi (che sono tipicamente piccoli granelli di polvere o ciottoli grandi quanto un pugno) si sarebbero bruciati e dissipati sul pianeti al loro ingresso nell'atmosfera o in caso di impatto con la superficie terrestre. Ma uno sciame di comete può avvicinarsi alla Terra, colpirne la superficie con detriti pietrosi e allontanarsi, conservando così il numero dei membri dello sciame.

Un altro punto che depone a favore del fatto che i Marut siano comete è che si diceva che formassero nuvole e portassero la pioggia. Ad esempio,

I Marut porteranno sicuramente docce senz'aria nei deserti (RV I.38.7). Allentano le loro piene di pioggia (RV I.38.8). Quando inondano la terra, diffondono l'oscurità durante il giorno, con la nuvola carica d'acqua (RV I.38.9).

L'attuale opinione scientifica è che le comete abbiano seminato la vita sulla Terra primordiale portando con sé acqua e molecole organiche complesse, la così detta teoria della panspermia. Si e appurato che le comete possiedano spesso un nucleo ghiacciato contenente svariati gas di cui la quantità più abbondante è quella di vapore acqueo congelato. Quindi, le comete che colpiscono la superficie terrestre potrebbero apportare acqua al nostro pianeta ed è una delle ipotesi predominanti su come si siano formati i mari che oggi conosciamo.

Se una cometa entra nell'atmosfera terrestre, i granelli di polvere nella chioma possono agire anche come "agenti nucleanti" attorno ai quali il vapore acqueo rilasciato dalla cometa stessa può condensarsi per formare gocce d'acqua. Pertanto, se uno sciame di comete dovesse scivolare attraverso l'atmosfera terrestre – cosa che non è accaduta in epoca storica – possiamo aspettarci la formazione di nubi temporalesche e forti precipitazioni.

La leggenda rigvedica di Indra che uccise Vritra sembra raccontarci di un periodo eccezionale della nostra preistoria, quando uno sciame di comete denominate in India Marut, entrò periodicamente nell'atmosfera terrestre colpendo la superficie del pianeta con grandi frammenti.

Forse lo sciame di comete rimase intrappolato nel campo gravitazionale del nostro pianeta per un lungo periodo di tempo verso la fine dell'ultima era glaciale. Qualcosa di simile era accaduto con la cometa Shoemaker-Levy 9 nel 1992, quando fu catturata dal campo gravitazionale di Giove durante un avvicinamento ravvicinato, e poi si spezzò in almeno 20 pezzi. Nel luglio 1994, per un periodo di sei giorni, questi pezzi, aventi un diametro fino a 2 km, si schiantarono su Giove a una velocità di 60 km/s generando enormi crateri sulla sua superficie[178].

Verosimilmente una delle comete di questo sciame denominato Maruts, era una gigantesca "cometa cavallo", che i saggi vedici chiamavano Indra, il re degli dei. Questa cometa gigante bombardò i ghiacciai dell'Himalaya con grossi frammenti infuocati che provocarono la rottura delle barriere di ghiaccio e il rilascio di immensi flutti d'acqua che erano stati rinchiusi nei laghi glaciali d'alta quota. Questa violenta raffica di impatti pose effettivamente fine all'era glaciale e diede inizio alla calda epoca interglaciale in cui viviamo oggi, chiamata Olocene. L'intera

---

[178] "Comet Shoemaker-Levy 9 Collision with Jupiter", NASA, http://nssdc.gsfc.nasa.gov/planetary/comet.html

natura subì una drastica trasformazione – quasi come se l'inverno avesse lasciato il posto alla primavera – nel 9703 a.C.

Arriviamo ora ad una conclusione piuttosto incredibile: Indra aveva ucciso Vritra esattamente nel 9.703 a.C.! È piuttosto sorprendente rendersi conto che è, infatti, possibile assegnare una data specifica a questa famosa leggenda rigvedica, che ha i suoi corrispettivi nelle tradizioni di molte altre culture. Ciò dimostra semplicemente che molti degli inni sacri e delle leggende orali trasmessi dai nostri antenati codificano informazioni vitali sugli eventi monumentali del remoto passato e, come tali, sono di grande importanza per noi per acquisire una comprensione a tutto tondo di ciò che potrebbe essere accaduto sul nostro pianeta in quei tempi antichi.

Un'ultima domanda, tuttavia, necessita ancora di una risposta. Se è stato uno sciame di comete a porre fine all'ultima era glaciale, allora da dove ha avuto origine questo sciame di comete?

Il Prof. RN Iyengar, al cui perspicace articolo sugli sciami di comete nel Rig Veda ho fatto riferimento in precedenza, aveva associato i Marut con il flusso meteorico delle Tauridi. Nei suoi studi il docente ha fornito prove specifiche tratte dai testi vedici a sostegno della sua tesi. Scrisse che il testo vedico chiamato *Taittiriya Brahmana* (che è un ramo del *Krishna Yajurveda*) "associa una stagione a Marut, vale a dire l'hemanta rtu (cioè l'autunno) la stagione della rugiada, che è il periodo di due mesi che termina con il solstizio d'inverno". Come sappiamo, questo è il periodo dell'anno in cui la terra attraversa il flusso meteorico delle Tauridi settentrionali.

Ha inoltre sottolineato che un altro testo dell'era vedica chiamato *Taittiriya Aranyaka* (che è anche un ramo del *Krishna*

Yajurveda) menziona due diversi gruppi di divinità del cielo correlate: rudra-gana e marut-gana. Il Prof. Iyengar ha scritto:

"Il Taittiriya Aranyaka differenzia rudra-gana da marut-gana e menziona che i primi compaiono nel grisma-rtu (estate), la stagione di due mesi che termina con il solstizio d'estate prima dell'inizio della stagione delle piogge. Questi ultimi appaiono nell'hemanta-rtu, come nel Taittiriya Brahmana. I commentatori affermano che entrambe sono divinità del cielo che appaiono nelle rispettive stagioni. Rudragana è descritto come vestito di bianco e ricorrente nella stagione estiva. Il secondo gruppo appare rosso di rabbia, come se fosse pronto alla battaglia nella stagione della rugiada. È facilmente riconoscibile che entrambi potrebbero essere gruppi di meteoriti separati da sei mesi".

Sulla base di queste informazioni, il Prof. Iyengar ha concluso che il flusso meteorico delle Tauridi era la fonte degli impattatori poiché, come ha scritto, "anche adesso, i due rami dello sciame meteorico delle Tauridi compaiono in maggio-giugno e novembre-dicembre".

Prima di andare oltre, lasciatemi aggiungere alcune informazioni rilevanti sul flusso meteorico delle Tauridi. Sappiamo che la Terra sperimenta ogni anno un certo numero di sciami meteorici, nel corso della sua orbita annuale attorno al sole. Gli sciami meteorici si verificano quando la Terra attraversa un flusso di meteoriti che ne interseca le orbite. I flussi meteorici sono "fiumi di detriti" lasciati da una cometa con un'orbita che attraversa la Terra, e sono composti principalmente da polvere e detriti rocciosi.

Il flusso meteorico delle Tauridi è il più grande flusso di detriti cosmici nel sistema solare interno. La terra attraversa il torrente

Tauride due volte nel corso della sua orbita attorno al sole, una volta in estate e una volta nel tardo autunno.

Il primo incrocio delle Tauridi avviene dal 5 giugno al 18 luglio, con il picco di attività il 29 giugno. Si tratta di un acquazzone diurno chiamato Beta Tauridi. Il successivo incrocio delle Tauridi avviene dal 10 settembre al 20 novembre, quando la terra attraversa le Tauridi meridionali, seguite dalle Tauridi settentrionali dal 20 ottobre al 10 dicembre. Queste sono due sezioni trasversali dello stesso flusso meteorico. Le Tauridi meridionali raggiungono il picco il 10 ottobre, mentre le Tauridi settentrionali raggiungono il picco il 12 novembre. È durante un periodo di una settimana che va dal 5 novembre al 12 novembre che le Tauridi sono più attive. Poiché questi sciami meteorici si verificano tra la fine di ottobre e l'inizio di novembre, vengono anche chiamati "palle di fuoco di Halloween".

Come ha sottolineato il Prof. Iyengar, nei testi astronomici vedici, le divinità del cielo chiamate rudra-gana che apparivano nella stagione estiva erano descritte come "vestite di bianco". Questo perché le Beta Tauridi, attive dal 5 giugno al 18 luglio, sono una pioggia diurna e le meteore, se sono visibili, appaiono come strisce bianche di luce. I testi vedici, invece, descrivono i marut-gana, che appaiono in autunno, come "rossi di rabbia". Questo perché le meteore delle Tauridi settentrionali, che splendono nei cieli tra il 20 ottobre e il 10 dicembre, hanno una tonalità gialla, arancione o rossastra.

Mentre la maggior parte dei flussi meteorici contengono piccole particelle, non più grandi di un granello di sabbia o di un frammento, il flusso meteorico delle Tauridi contiene alcuni grossi pezzi di rocce. Le Beta Tauridi sono state ritenute responsabili della generazione di meteore che hanno colpito la

Terra nel recente passato. Gli astronomi ritengono che le Beta Tauridi, che hanno un picco di attività il 29 giugno, probabilmente abbiano causato l'evento di Tunguska del 30 giugno 1908, quando una grande meteora esplose sulla Siberia orientale con la forza di 1.000 bombe nucleari di Hiroshima e rase al suolo oltre 2.000 chilometri quadrati. di foresta[179].

Si ritiene che la meteora fosse larga circa 120 piedi e pesasse 100 milioni di chilogrammi.

Gli astronomi britannici Victor Clube e Bill Napier[180] avevano ipotizzato che il progenitore del flusso delle Tauridi fosse una cometa gigante, di circa 50-100 km di diametro, entrata nel sistema solare interno almeno 20.000-30.000 anni fa. La cometa fu lanciata in un'orbita a breve termine attorno al Sole e si disintegrò gradualmente, lasciando dietro di sé una scia di detriti nota come Complesso delle Tauridi[181].

Le ricerche effettuate da Clube, Napier, Asher e colleghi indicano che la cometa gigante progenitrice delle Tauridi rimane ancora nascosta al centro del flusso delle Tauridi, muovendosi all'interno di uno sciame fitto costituito da diverse comete minori formatesi dalla frammentazione del progenitore (tutti probabilmente in uno stato dormiente) e dozzine di asteroidi a grandezza naturale fino

---

[179] John Roach, "Meteor Shower Promises Seven Shooting Stars an Hour", National Geographic News, 7 November 2003, https://news.nationalgeographic.com/news/2003/11/1107_031107_taurids.html

[180] W. M. Napier, *Palaeolithic extinctions and the Taurid Complex*, Monthly Notices of the Royal Astronomical Society, Volume 405, Issue 3, July 2010, Pages 1901–1906.

[181] D.I. Steel, D.J. Asher, S.V.M Clube, "The Taurid Complex: Giant Comet Origin?" International Astronomical Union Colloquium, 1991, Vol. 126, pp. 327-330, https://doi.org/10.1017/S0252921100067063

a 1 km di larghezza. Questo denso ammasso di comete e asteroidi all'interno del flusso meteorico delle Tauridi è chiamato "Sciame Risonante delle Tauridi".

La debole cometa Encke, che è l'unica cometa visibile oggi all'interno del flusso meteorico delle Tauridi, orbita attorno al Sole una volta ogni 3,3 anni e potrebbe essere un frammento recentemente riattivatosi della cometa progenitrice delle Tauridi. Lo sciame delle Tauridi si trova in un'orbita simile a quella della cometa Encke, muovendosi attorno al sole in un'orbita che attraversa la Terra ogni 3,3 anni. Napier ha osservato che almeno 19 dei più grandi NEO (Near-Earth Objects) hanno orbite significativamente vicine a quella della cometa Encke, e sono probabilmente i resti del gigantesco progenitore della Tauride[182]. Pertanto, la posizione più probabile per lo sciame di comete chiamato Maruts e la gigantesca "cometa cavallo" chiamata Indra descritta nel Rig Veda, è all'interno dello Sciame delle Tauridi, che contiene molti grandi frammenti della cometa progenitrice. È assolutamente possibile che la Terra abbia avuto alcuni incontri frontali e fatali con lo Sciame delle Tauridi nei decenni precedenti al 9703 a.C., che hanno provocato una serie di bombardamenti cometari che hanno portato alla fine dell'ultima era glaciale. I ricordi di questo evento epocale furono registrati dai saggi vedici nei loro inni sacri che commemoravano la vittoria del dio del tuono Indra sul drago Vritra, che aveva imprigionato le acque dei Sette Fiumi.

---

[182] W. M. Napier, "Palaeolithic extinctions and the Taurid Complex", Monthly Notices of the Royal Astronomical Society, Vol.405, No.3, July 2010, pp. 1901–1906, https://doi.org/10.1111/j.1365-2966.2010.16579.x

Capitolo IV - L'archeologia e le città sommerse

Rovine sommerse

Tra gli elementi più interessanti riscontrabili nel territorio indiano troviamo la prova su come il mito possa trasformarsi in realtà. La scoperta di città sommerse nell'India moderna ha, negli ultimi venti anni, rivoluzionato drasticamente non solo l'archeologia subacquea ma le stesse certezze fino a oggi accettate come dogma imprescindibile dall'ortodossia archeologica. Stiamo assistendo a un cambiamento epocale nella datazione delle origini dei primi insediamenti umani organizzati in queste terre nonché della storia stessa della razza umana.

Come abbiamo avuto modo di vedere fino a ora, i dati archeologici e storici sembrano presentarci un paradigma in molti casi differente da quanto fino a oggi proposto e presentato dal mondo accademico. A nostro giudizio uno dei problemi fondamentali e di non facile risolvibilità è il fatto che quasi sempre gli archeologi sono partiti dal presupposto che la popolazione mondiale di 10.000/20.000 anni fa si collocasse su un livello di sviluppo sociale ed economico uniforme, definibile con il modello dei cacciatori-raccoglitori. Se però lo sviluppo culturale non fosse stato in certe zone uniforme e se una o più civiltà si fossero sviluppate lungo le linee costiere, allora le inondazioni postglaciali avrebbero avuto un ruolo decisivo per la loro quanto per la nostra storia.

L'innalzamento del livello marino avrebbe necessariamente sommerso intere città distruggendo anche le prove della loro esistenza.

Lo ha acclarato il professor R. C. L. Wilson della Open University in Gran Bretagna, dimostrando come la formazione delle coltri di ghiaccio sulla terra ferma e durante l'Era Glaciale avesse sottratto agli oceani ben 165 metri mentre il livello del mare si era abbassato di soli 115 metri. La discrepanza si spiega vedendo come il ridotto carico d'acqua sugli oceani consentì al fondale marino di sollevarsi di cinquanta metri[183]. La velocità con cui la crosta e il mantello rispondono al carico e allo scarico dinamico è «Molto più lenta della formazione e dello scioglimento delle cappe di ghiaccio. Questo è il motivo per cui le zone che erano sepolte sotto parecchi chilometri di ghiaccio 18.000 anni fa si stanno sollevando ancora oggi»[184].

Parallelamente l'archeologia subacquea è stata scarsamente utilizzata lungo le piattaforme continentali mentre si è dato più spazio a quella riguardante la riscoperta di relitti o di siti sommersi in epoche storiche molto più vicine a noi. Forse l'unica eccezione alla regola è costituita dagli studi compiuti dal ricercatore Robert Ballard, per tramite della National Geographic Society, quando ha indagato gli eventi occorsi almeno 7.000 anni fa nel Mar Nero che lo hanno portato a identificare antiche linee costiere, conchiglie di lumache marine,

---

[183] R. C. Lawrence Wilson, S. A. Drury e J. L. Chapman, *The Great Ice Age*, Routledge and The Open University, 2000.
[184] *Ibidem.*

valli di fiumi sommersi, così come legni lavorati con strumenti artificiali di fattura umana. Il tutto a circa 100 metri dalla attuale costa del Mar Nero sul lato turco[185].

Nonostante oggigiorno si possiedano elementi concreti per sostenere l'esistenza di civiltà progredite e urbanizzate prima del 10.000 a.C.[186], nel caso una o più culture si fossero concentrate lungo gli antichi litorali costieri, poi sommersi dallo scioglimento postglaciale, le prove della loro esistenza sarebbero inesorabilmente quasi del tutto scomparse.

Non totalmente, come vedremo in questo capitolo e studiando proprio il caso indiano in cui, negli ultimi 20 anni, proprio lungo il litorale costiero sono state identificate innumerevoli città sommerse e databili a epoche estremamente antiche.

Dobbiamo considerare che l'enorme calotta di ghiaccio sulla terra ferma ha deformato e sottoposto a immense tensioni l'intero globo. Nel Nord America e in Europa circa 17.000 anni fa era presente una coltre di ghiaccio che era spessa tra i 2 e i 4 km e sottoponeva le masse continentali a un peso di svariate migliaia di miliardi di tonnellate[187]. Secondo geologi come Crowley e North, una coltre di ghiaccio sulla terra ferma spessa 100 metri avrebbe portato a un abbassamento della crosta continentale di 27 metri[188]. Una pressione del tutto similare è

---

[185] *New Scientist*, 4 maggio 2002, p. 13.

[186] Oltre a quanto trattato nel presente volume si considerino gli studi di Hancock, Bauval, Schoch, Flem-Ath, etc.

[187] N. C. Fleming, *Archeological evidence for vertical movement of the continental shelf during the Palaeolitic, Neolitic and Bronze Age periods*, in I. S. Stewart, C. Vita-Finzi, *Coastal Tectonics*, Geological Society, 1998.

[188] T. J. Crowley e G. R. North, *Paleoclimatology*, Oxford University Press, 1991 Oxford.

esercitata dall'acqua oceanica, che possiede un maggiore peso specifico, per cui 100 metri di acqua portano a un abbassamento della crosta di 30 metri[189].

I fenomeni isostatici che scaturirono dallo scioglimento del ghiaccio ebbero riflessi per migliaia di anni non solo sull'innalzamento dei livelli marini ma anche e soprattutto con terremoti e sconvolgimenti di grande intensità. Eventi che riteniamo possano essere stati alla base dei miti sul Diluvio presenti in tutto il pianeta. Il *rebound isostatico* continua ancora oggi e luoghi come le Highlands scozzesi, la Danimarca e la Norvegia, il Cile meridionale e il Canada nordorientale si stanno ancora oggi rialzando.

Anche qui però molti studiosi e accademici non accettano che gli eventi descritti possano aver causato dei veri e propri diluvi, ma si sostiene che questi cambiamenti siano stati "graduali" e soprattutto non catastrofici stimando che con il disgelo i mari siano tornati ad aumentare di circa 1 metro ogni secolo.

Da quanto abbiamo visto è del tutto illogico e anti-scientifico poter sostenere una tesi del genere soprattutto osservando in tutto il pianeta le tracce delle catastrofi causate da questi eventi. Tra le voci fuori dal coro troviamo però Cesare Emiliani, docente di geologia all'Università di Miami. Già dagli anni '70 i suoi studi hanno scardinato lo *status quo* dimostrando come il disgelo glaciale avesse creato una vera e propria catastrofe a livello planetario addirittura in epoche diverse. Sono

---

[189] R. C. Lawrence Wilson, S. A. Drury e J. L. Chapman, *The Great Ice Age*, op. cit.

precisamente 3 le catastrofiche inondazioni globali identificate[190] nei seguenti periodi:

- da 15.000 a 14.000 anni fa;
- da 12.000 a 11.000 anni fa;• e infine da 9.000 a

    8.000 anni fa.

Dalle analisi compiute, e convalidate nei decenni successivi, emerse che quasi la metà dell'acqua di scioglimento delle calotte glaciali venne rilasciata durante questi tre eventi in modo rapido e violento. Difficile negare l'evidenza!

Dwarka

Dwarka, o Bet Dwaraka, è una piccola città costiera nella penisola di Kathiawad affacciata sul Mar Arabico, da secoli venerata dagli induisti come uno dei più importanti *Char Dham*, i quattro "luoghi sacri" di pellegrinaggio dell'induismo una delle sette "città sacre"[191] *Sapta Puri* del paese e una delle quattro "dimore divine" denominate *Dhamas*[192].

La leggendaria città di Dwarka è però famosa per essere stata la dimora del dio Krishna. Dvārakā è menzionata nel *Mahābhārata*, uno dei due grandi poemi epici dell'India così anche nello *Shrimad Bhagavad Gita*, nello *Skanda Purān.a*, nel *Vis.n.u Purān.a* e nello *Harivam. śa*.

---

[190] C. Emiliani, *The cause of the Ice Age*, in Earth and Planetary Science Letters 37, 1978, pp. 347-354.

[191] Il *Garuda Purana* enumera otto città sacre che sono Ayodhya, Mathura, Maya, Kasi, Kanchi, Avantika, Puri e Dvaravati.

[192] Insieme a Rameshwaram, Puri e Badrinath.

Secondo la tradizione indiana, fu proprio Krishna a costruire la città di Dvārakā dopo essere stato portato da Garuda sulla costa di Saurashtra nell'India nord-occidentale. In un'altra versione, quando Krishna prese la decisione di costruire Dwarka invocò Vishwakarma, il nume dei costruttori, ma il dio lo informò che il compito poteva essere completato solo se il Signore del mare Samudradev gli avesse concesso una determinata e specifica terra.

Krishna adorava da sempre Samudradev e questi lo ricompensò dandogli 12 *yojana* (773 km quadrati) di terra. Su questo territorio, Vishwakarma poté allora iniziare la costruzione della leggendaria città.

I testi antichi[193] non sembrano lasciare nulla al caso e tutto fu pianificato minuziosamente nei minimi dettagli. La città era suddivisa in sei settori che comprendevano aree residenziali e commerciali, ampie strade, piazze, palazzi (700.000 costruiti in oro, argento e adornati con meravigliose pietre preziose), nonché numerosi servizi pubblici, tra cui lussureggianti giardini e splendidi laghi.

Una sala era chiamata *Sudharma Sabha*, "Incontro di una vera religione", ed era il luogo ove si tenevano le riunioni pubbliche.

Mentre la città era circondata da lunghi corsi d'acqua, era altresì collegata alla terraferma attraverso dei ponti, sofisticati sistemi di irrigazione e un grande porto. Si narra che Krishna visse per tutta la sua vita in questa splendida città. Tuttavia, dopo essere stato colpito accidentalmente da una freccia al calcagno, unico suo punto vulnerabile, mentre meditava sotto un albero nella foresta a Bhalka Tirtha, Krishna morì.

---

[193] Si veda in particolar modo la *Srimad Bhagavatam*.

Rovine sottomarine artificiali trovate a largo di Dwarka.

Secondo le più antiche tradizioni Dwarka, noto centro cerimoniale, fu sommersa dal mare in almeno sei occasioni e oggi, la città esistente sarebbe la settima costruita sulle rovine delle precedenti. Bet Dwarka è un sito archeologico noto fin dal 1930, ma solo dal 1983 l'Istituto Nazionale di oceanografia Indiano ha intrapreso ricerche[194] specifiche e mirate per studiarne la storia e verificare il mito. Durante campagne di studio alternatesi negli anni è stato comprovato che la città sommersa si estende in sei settori distinti fino a circa un chilometro dalla costa[141].

---

[194] *Dwarka to Kurushetra.* Dr. S. R. Rao. Journal of Marine Archaeology (1995-96). [141] Underwater Cultural Heritage. A.S. Gaur and K. H. Vora, *Current Science*, Vol. 86 N. 9, May 2004.

Le datazioni tendono a collocare Bet Dwarka almeno al II millennio a.C.: sono stati, infatti, recuperati diversi oggetti in ceramica che, sottoposti alla prova della termoluminescenza, sono risultati riferibili al 1528 a.C.

Una delle curiosità riguardanti Dwarka fu il ritrovamento di alcune anfore riconducibili alla cultura romana. Alcuni ricercatori hanno avanzato l'ipotesi di un naufragio di una nave di Roma, mentre altri sostengono che le anfore in questione fossero state ottenute in seguito ad alcuni scambi commerciali, lungo la via della seta. Le scoperte più interessanti sono state però compiute dall'archeologo subacqueo

S. R. Rao che ha identificato enormi strutture sottomarine riconducibili alle leggendarie città distrutte dalla furia degli elementi.

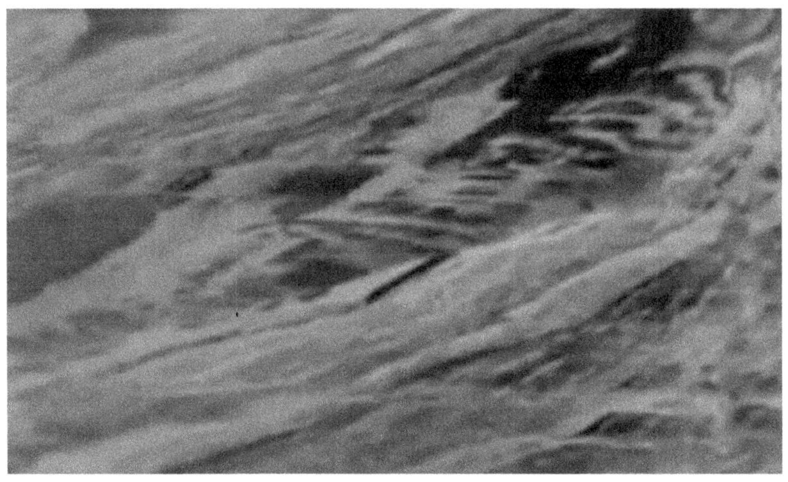

Immagine del Sonar a scansione delle strutture sommerse ritrovate a Dwarka.

Ancor prima di addentrarci nella riscoperta delle sue rovine sommerse è fondamentale conoscere e comprendere il significato che Dwarka nei millenni ha rivestito sia per i fedeli induisti che per gli studiosi occidentali.

La leggendaria epopea di Krishna, ottava incarnazione del dio Vishnu, narra come il mitico eroe, a seguito di uno scontro con il demone Kamsa, uno dei suoi molteplici nemici, avesse deciso di lasciare Mathura, la città che gli aveva dato i natali e in cui risiedeva e trasferirne la popolazione in una località ai confini della Terra. La nuova città, Dwarka, venne fondata su un sito indicato da Garuda, l'aquila divina, nell'attuale territorio del Gujarat. Gli Yadu, i suoi cittadini, considerarono le foreste e i giardini celestiali presenti nelle sue vicinanze luoghi ideali per le loro feste e per i loro divertimenti. Secondo la tradizione Krishna visse, insieme ad alcuni membri della sua famiglia e alle sue numerosissime mogli, nella città fino alla sua morte avvenuta nel 3102 a.C.

Il palazzo di Krishna fu realizzato, secondo il mito, dall'architetto dei semidei Vishvakarma, con colonne di corallo, soffitti ricoperti di gemme, mentre zaffiri ornavano mura e archi e i mobili sarebbero stati di avorio e ricoperti di oro e diamanti.

Al centro della città odierna si trova il Tempio di Dwarakadhisha, costruito, secondo la leggenda, nel luogo in cui Krishna aveva la propria dimora. Il cuore del santuario, secondo le guide locali, vanta ben 2500 anni di antichità ed è denominato "Jaga mandir", o "Nija mandir", costituito da un'alta torre e da una sala per i fedeli. Le indagini archeologiche condotte negli ultimi due decenni hanno permesso di confermare fuori da ogni dubbio la reale antichità della città collocando i suoi più antichi reperti nell'epoca in cui si ritiene sia vissuto Krishna. I primi scavi iniziarono circa 40 anni fa e rivelarono solo pietre, perle, vetri e frammenti di terracotta. Negli anni iniziarono a essere compiute ricerche più approfondite[195] che portarono all'identificazione di strutture sottomarine, strade, mura perimetrali di abitazioni e un porto di considerevoli dimensioni. Le esplorazioni di archeologia marina nella costa e nel tratto di mare antistante Dwarka identificarono anche un grande numero di strutture in pietra artificiali di forma circolare[196], rettangolare o quadrata a profondità che variavano dai 6 fino ai 16 metri.

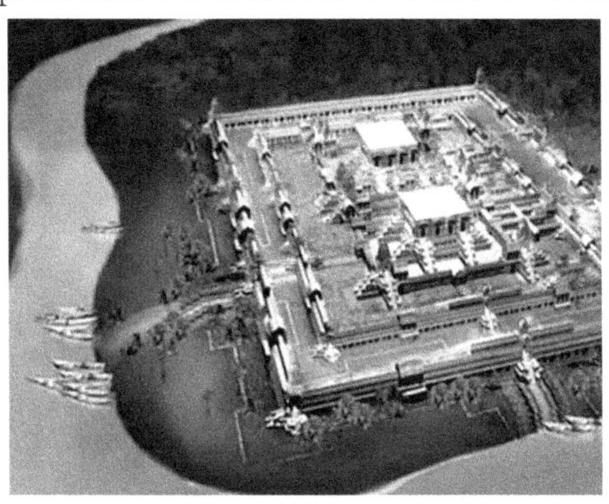

Ricostruzione della città sommersa scoperta a Dwarka.

Molte di queste strutture e reperti si trovano in un'area sottomarina abbastanza vasta e, in molti casi, è stato identificato anche un ampio numero di ancore in pietra. Tale evidenza ha confermato come Dwarka fosse uno dei porti più importanti della costa occidentale indiana durante epoche remote. Il dato

---

[195] A.S. Gaur, Sundaresh and Sila Tripati, *Ancient Dwarka: Study based on recent underwater archeological investigations*, Migration & Diffusion, Vol. 6, Issue Number 21, 2005, p.56.

[196] Underwater Cultural Heritage. A.S Gaur and K. H Vora. Current Science Volume 86 No 9 May 2004.

forse più interessante e affascinante è la recente scoperta, nella zona di Okhamandal, di due siti protostorici appartenuti alla civiltà Harappa: i siti di Nageshwar e Bet Dwarka. Questa realtà pone la questione su un piano estremamente differente, collocando la città di Dwarka nei tempi e nelle epoche addirittura antecedenti a Krishna stesso lasciando ritenere che il mito stesso possa avere realmente dei fondamenti di verità oggettiva. Le prove riscoperte dall'archeologia subacquea sembravano ulteriormente confermare il mito contenuto nel *Mahabarata* in cui è descritto l'inabissamento della città dopo una settimana dalla morte del dio Krishna, nel 3102 a.C.

Cambay

La leggenda diventa storia quando gli elementi contenuti nel mito assumono una forma concreta affondando le loro radici in un terreno oggettivo. Il 16 e il 19 gennaio 2002 il sito della bbc pubblicava due articoli sconvolgenti intitolati uno *"La civiltà indiana antica 9.000 anni"* e l'altro *"Una città perduta può riscrivere la nostra storia"*.

Il riferimento coinvolgeva la scoperta di due città sommerse lungo le coste occidentali indiane, insediamenti umani ritrovati a oltre 36 metri di profondità nel golfo di Cambay e databili a 9.500 anni fa. La scoperta fu accompagnata, nei due anni successivi, da altri rinvenimenti del tutto speculari disseminati lungo tutto il perimetro costiero indiano ma la scarsità di fondi unita a polemiche sollevate in ambito internazionale portarono queste incredibili scoperte a essere dimenticate e abbandonate.

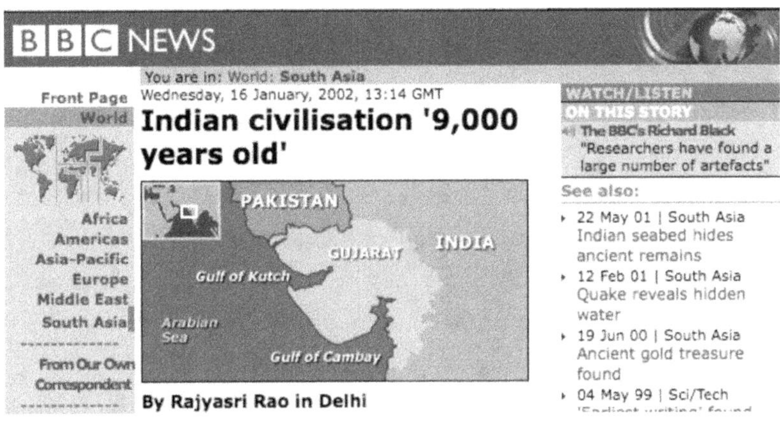

Autori della scoperta erano stati i geologi e gli oceanografi del National Institute of Ocean Technology (niot) indiano, una struttura para-governativa deputata allo studio oceanografico delle coste indiane. L'eccezionalità della scoperta impose agli studiosi di riesaminare la cronologia fino ad allora accreditata a livello internazionale ma ancor più di retrodatare di almeno 4000 anni i primi insediamenti umani fino ad allora noti. L'epoca cui risalirebbero queste città sommerse dai flutti del mare è infatti così remota da poter scardinare l'assetto fino a oggi accettato e avvalorato dalla storiografia ufficiale. Fino al 2001 la città sommersa più antica al mondo era considerata Uruk, in Mesopotamia, un insediamento urbano fondato nel 3500 avanti Cristo dal mitologico re Gilgamesh protagonista del "Diluvio sumerico". Dal punto di vista storico, invece, la città più antica al mondo è a oggi Gerico i cui primi insediamenti risalgono all'epipaleolitico (tra il 18.000 e il 12.500 a.C.), con successive presenze della cultura natufiana (tra il 12.000 e il 10.500 a.C.), e il rinvenimento di reperti del periodo neolitico pre-ceramico (tra l'8.000 a.C. e il 7.200 a.C.).

Nel caso indiano, però, la complessità e l'estensione delle rovine sommerse indicarono fin da subito la presenza di una civiltà estremamente avanzata urbanisticamente: non si trattava di costruzioni erette dagli "uomini delle caverne" bensì di complesse strutture realizzate attraverso una sapiente pianificazione e una oculata progettazione. Ritrovamenti di questo tipo non sono così rari come si potrebbe pensare. In tutto il mondo si annoverano migliaia di antiche costruzioni riscoperte nei fondali e lungo le antiche linee costiere. Come è possibile che una città possa essere stata sommersa dai flutti del mare? La spiegazione che l'archeologia e la paleoclimatologia ufficiali hanno fornito è forse la più semplice e intuitiva. Questi conglomerati urbani si trovavano sulla terra ferma quando il livello marino era molto più basso rispetto a quello odierno e l'unico periodo in cui tale situazione può essersi verificata è l'epoca che precedette la fine dell'ultima Era Glaciale, proprio in un arco temporale compreso tra 12.000 e 10.000 anni fa. Questa data non solo sembra collimare con le scoperte effettuate nei siti precedentemente citati, ma anche e soprattutto con le moltissime tradizioni e miti presenti in tutto il mondo che collocano in quello stesso periodo storico disastrosi sconvolgimenti che cambiarono il pianeta e distrussero una possibile civiltà precedente. Si stima che come risultato di questi tsunami giganteschi, dello scivolamento delle placche tettoniche, del disordine dei campi magnetici, della crescita delle temperature e scioglimento dei ghiacci, il livello dei mari si sia innalzato di almeno 45 metri e il 5% della superficie della terra sia finita sott'acqua[197] .

Questi stessi miti, oltre 650 in tutto il mondo, definiscono questo evento il "Grande Diluvio". È sintomatico constatare come non si tratti di un caso isolato ma di una "tradizione" che compenetri e conglobi l'intero pianeta, differendo nei nomi o nei dettagli ma in tutti i casi presentandosi come una storia globale.

Nella più classica delle tradizioni, la scoperta delle città del Golfo di Cambay avvenne nel maggio del 2001 in modo del tutto casuale a opera del National Institute of Ocean Technology (niot) indiano. Durante una ricognizione per monitorare i livelli di inquinamento della zona, i sonar rivelarono sul fondale, a 40 metri sotto il livello del mare, la presenza di una serie di grandi strutture geometriche. A rendere pubblica la notizia fu l'allora Ministro indiano per lo Sviluppo delle Risorse Umane, Murli Manohar Joshi che, durante una sua intervista, aveva evidenziato come le rovine scoperte sembrassero essere molto simili a quelle dei complessi urbani sorti lungo la Valle dell'Indo e appartenuti alla civiltà Harappa, nata 2500 prima di Cristo[198] e sorta 4000

---

[197] G. Milne, Dept. of Geology, University of Durham, riferimenti in Graham Hancock: *Civiltà Sommerse, op. cit*; oppure C. Knight and R. Lomas: *Uriel's Machine*, Fair Winds Press, 2001, p. 56-59.

[198] B. P. Radhakrishna, *Glimpses of lost Indian Civilizations*, Journal Geological Society of India, Volume 60, 2002.

anni dopo la distruzione delle città sommerse scoperte dal niot nel Golfo di Cambay.

Il sonar a scansione laterale identificò un'acropoli, una grande piscina, fondazioni di edifici, cortili, scale e canali come anche gli antichi letti di fiumi oggi sommersi dalle onde.

Una seconda ricognizione del novembre 2001 fornì nuove immagini sonar attraverso cui fu identificato il letto di un antico fiume che, per nove chilometri, era affiancato dalle tracce di edifici oggi sommersi. Con una draga furono portati in superficie diversi manufatti tra cui ceramiche e perle, ossa e denti, pezzi di sculture e legni incisi. Fu proprio uno dei reperti recuperati dal fondale, un pezzo di legno rinvenuto in prossimità di una struttura artificiale, a fornire i dati più sensazionali: analizzato al carbonio 14 il campione fu datato a 9.500 anni fa.

Per evitare una manipolazione di dati e un inquinamento dei risultati, alcuni frammenti del reperto furono inviati a diversi laboratori[199] tra cui il National Geophysical Research Institute (ngri) di Hyderabad (India) che fornì la data del 7.190 a.C., il Birbal Sahni Institute of Paleobotany (bsip) di Lucknow (India) che fornì la data del 8.450 a.C., il Physical Research Laboratory in Ahmedabad, India e infine l'Institute fuer Geowissenschaftlicte Gemeinschaftsaulguben[200] di Hannover (Germania) che stimò una data compresa tra il 7.545 e il 7.490 a.C. I reperti furono analizzati, oltre che al c14, anche attraverso la Termoluminescenza e la osl, la luminescenza stimolata otticamente. In un caso in particolare un reperto fu datato al

---

[199] S. Kathiroli, *Recent Marine Archaeological Finds in Khambhat, Gujarat,* Journal of Indian Ocean Archaeology, 2004, pp. 141-149.

[200] Altrimenti conosciuto come Leibniz-Institut für Angewandte Geophysik (liag).

13.000 a.C. (con uno scarto di ± 1950 anni) mentre un secondo, analizzato[201] dall'Università di Oxford, fornì la data del 16.840 a.C. (con uno scarto di ± 2620 anni)[202].

Siamo davanti ai più antichi manufatti cotti mai trovati al mondo. Come si può immaginare non tardarono ad arrivare le polemiche e se la bbc e News Scientist assunsero posizioni possibiliste verso la genuinità della scoperta; molte voci dissonanti e disomogenee si levarono iniziando a contestare la qualità delle analisi condotte come anche la stessa veridicità dei reperti.

Tale atteggiamento capzioso condusse ben presto a una certa ostilità generalizzata da parte della comunità scientifica internazionale soprattutto laddove le date proposte sembravano totalmente scardinare lo status quo fino ad allora, e a oggi, stabilito.

Mahabalipuram

La fascia costiera indiana è interamente costellata di rovine sommerse del tutto simili a quelle scoperte nel Golfo di Cambay, testimonianze silenziose che sono lentamente riemerse alla luce della storia. Nel Tamil Nadu, India del Sud, secondo un mito che dura da almeno undici secoli, si racconta che la città di Mahabalipuram avesse anticamente posseduto, lungo la sua costa, sette templi a forma di pagoda.

---

[201] Rinvenuto nelle seguenti coordinate 21° 12.54' N; 72° 30.370' E.

[202] M. Witzel, *Rama's realm: Indocentric rewritings of early South Asian archaeology and history* in Fagan, G. G., ed. Archaeological Fantasies. Routledge Taylor and Francis Group, New York.

Le prime tracce di questa tradizione nella letteratura occidentale compaiono con John Goldingham, un viaggiatore britannico che raggiunse Mahabalipuram nel 1798. Affascinato dalle meraviglie del luogo iniziò a raccogliere e trascrivere le tradizioni locali tra cui il mito delle Sette Pagode. Secondo la leggenda in questa zona sorgevano un tempo sette templi dello stesso tipo del Tempio della Spiaggia, l'unico sopravvissuto fino ai giorni nostri ed eretto nell'VIII secolo sulle rive del golfo del Bengala.

Agli inizi del XX secolo, l'inglese D. R. Fyson dopo aver soggiornato per numerosi anni a Madras, l'odierna Chennai, scrisse un breve volume sulla città di Mahabalipuram intitolato *Mahabalipuram or Seven Pagodas*. Tra le sue pagine era riportata la tradizione secondo cui il sovrano Narasimharavarman I della dinastia Pallava, verso il 630 d.C., aveva ampliato la città di Mahabalipuram sulle rovine di un più antico e leggendario insediamento. Fyson nel suo libro dedicò pochissimo spazio al racconto del mito delle Sette Pagode ma riportò la tradizione di come il dio Indra fosse divenuto geloso di questo luogo e lo avesse fatto sprofondare durante una terribile tempesta, risparmiando solo il tempio noto oggi come il Tempio della Spiaggia[203]. Un'altra leggenda brahmanica sovente raccontata nella cittadina spiega invece l'origine delle pagode in termini soprannaturali. Il principe Hiranyakasipu si rifiutava di adorare Vishnu. Al contrario suo figlio Prahlada, venerava il dio e criticava aspramente il padre per la sua mancanza di fede. Hiranyakasipu bandì Prahlada dal regno ma in seguito la sua

---

[203] J. Goldingham, *Some account of the Sculptures at Mahabalipuram; usually called the Seven Pagodas - Descriptive and Historical Papers Relating to The Seven Pagodas on the Coromandel Coast*, Ed. Mark William Carr., New Delhi, India, Asian Educational Services, 1984. Ristampato dall'edizione originale del 1869.

collera si placò e permise al figlio di tornare. I due iniziarono ben presto a disputare sulla natura di Vishnu, e quando Prahlada affermò che il dio era presente in ogni luogo compresi i muri della loro casa, il padre diede un calcio a un pilastro. Subito dal pilastro emerse Vishnu in forma di uomo con testa di leone e uccise Hiranyakasipu. Prahlada divenne re ed ebbe un figlio chiamato Bali che fondò Mahabalipuram su questo sito[204].

Secondo lo storico indiano Ramaswami uno dei primi esploratori europei che giunse a Mahabalipuram sarebbe stato invece Marco Polo che descrisse sommariamente la cittadina ma registrò la sua posizione nella cosiddetta "mappa catalana" del 1275[152].

In epoche successive molti altri europei accennarono alla leggenda delle Sette Pagode durante i loro viaggi verso le colonie indiane. Tra i primi troviamo John Goldingham, astronomo inglese che visse a Madras fra la fine del XVIII secolo e gli inizi del XIX. Nel 1798 egli scrisse un resoconto della sua visita e della leggenda, dati che furono raccolti nel 1869 in un libro da Mark William Carr[205]. Ancora più interessante è la tradizione[206] recuperata sul posto nel 1914 da J. W. Coombes in cui si

---

[204] Coombes, J. Waters, *The Seven Pagodas*, Londra, UK: Selley, Service & Co., Ltd., 1914. [152] N. S. Ramaswami, *Temples of South India*, Madras, Tamil Nadu, India - Maps and Agencies, 1993.

[205] J. Goldingham, *Some account of the Sculptures at Mahabalipuram; usually called the Seven Pagodas -Descriptive and Historical Papers Relating to The Seven Pagodas on the Coromandel Coast*, Ed. Mark William Carr. New Delhi, India: Asian Educational Services, 1984. Ristampato dall' edizione originale del 1869.

[206] J. Waters Coombes, *The Seven Pagodas*, Londra, UK, Selley Service & Co. Ltd., 1914. [155] D. R. Fyson, *Mahabalipuram or Seven Pagodas*, Madras, Tamil Nadu, India, Higginbothams Publishers, 1931.

sosteneva che in tempi molto antichi diverse costruzioni si trovassero sulle sponde dell'oceano e che le loro cupole di rame servissero come indicazione per i naviganti, grazie alla riflessione della luce solare.

Già agli inizi del '900 Fyson accennava alla tradizione, riportata dagli abitanti locali, secondo cui alcuni dei templi sommersi fossero ancora visibili fra le onde quando le loro imbarcazioni da pesca si avventuravano poco a largo dalla costa[155].

La medesima tradizione fu riferita al noto scrittore di best seller internazionali Graham Hancock durante alcune spedizioni compiute tra la fine degli anni '90 e i primi del nuovo millennio. Oggigiorno gli unici testimoni dell'antico splendore di Mahabalipuram si trovano sul litorale prospicente la città che ospita due monumentali complessi religiosi costituiti dal cosiddetto "Tempio sulla Spiaggia" e da un immenso blocco di pietra denominato "La discesa del Gange" dove sono state rappresentate scene mitologiche. Le origini e la storia del luogo furono oscurate dal passare del tempo e dalla totale mancanza di fonti documentali scritte, nonché dal tramandarsi di generazione in generazione di una tradizione orale che lo rese patrimonio di un gruppo unico selezionato di individui. Per secoli questo mito rimase un'affascinante testimonianza ma, inaspettatamente, pochi anni fa, alcuni eventi cambiarono radicalmente la sua percezione storica.

In seguito al catastrofico maremoto occorso nell'oceano Indiano il 26 dicembre 2004, e al conseguente tsunami, dalle coste di Mahabalipuram ritornarono alla luce un'antica città portuale e alcune rovine risalenti al VII secolo d.C., ma non solo! Durante l'acme dell'evento, le acque prospicienti Mahabalipuram si ritirarono così violentemente da trascinare con sé una gran quantità di sabbia e sedimenti che nei secoli avevano ricoperto il fondale. Tale violenza disseppellì strutture rocciose e sculture fino ad allora ignote, testimonianze custodite e preservate dalle acque per oltre due millenni[207]. Ritornarono così alla luce statue rappresentanti animali fra cui un'elaborata testa di elefante[157] e un cavallo alato. Un'altra struttura rinvenuta nelle immediate vicinanze ritraeva un leone.

L'uso e lo stile di queste sculture risulta congruente con i templi e le decorazioni del periodo Pallava, epoca compresa fra il VII e l'VIII secolo d.C. Già alcuni anni prima degli eventi drammatici che avevano interessato questi luoghi, nel 2002, alcuni archeologi avevano però voluto approfondire la possibile realtà riferita nei racconti dei pescatori locali concernente la presenza di rovine in fondo al mare.

Monumenti riemersi a Mahabalipuram dopo lo Tsunami del 2004.

---

[207] P. Maguire, *Tsunami Reveals Ancient Temple Sites,* BBC News (Online), 27 ottobre 2005. [157] Sopra la testa dell'elefante si trovava una piccola nicchia quadrata con una statua di una divinità.

Il progetto vide una cooperazione anglo-indiana e non tardò a portare alla luce i primi risultati. Semisepolti dalla sabbia, a una profondità compresa fra i 5 e gli 8 metri e a una distanza dalla costa compresa fra i 500 e i 700 metri[208], vennero trovati i resti di mura perimetrali di edifici.

L'aspetto dei resti suggeriva che appartenessero non a una sola struttura ma costituissero i perimetri distrutti di numerosi templi attribuibili alla dinastia Pallava.

La leggenda delle Sette Pagode iniziava così a emergere dalle nebbie della storia trasformandosi da mito a realtà concreta.

Il gruppo di studio, dopo le analisi del 2002, sancì la reale esistenza di rovine sommerse a Mahabalipuram ma per quanto gli sforzi fossero stati diretti a proseguire le analisi e le immersioni, l'intera vicenda si arenò nell'arco di pochi anni sia a causa della mancanza di fondi sia di problemi burocratici.

Lo tsunami del 26 dicembre 2004 diede però nuova vita alla ricerca delle rovine sommerse. Poco prima del disastro, il mare prospiciente Mahabalipuram si era ritirato a seguito di un processo ben noto che precede questi eventi. Nel caso specifico circa 500 metri di fondale marino, per pochi minuti, erano ritornati visibili mostrando ai turisti e ai residenti presenti in quel momento ciò che fu in seguito descritto come «[…] una lunga e dritta fila di grandi rocce»[209]. La fugace visione delle rovine sommerse fu seguita da un muro di acqua che si abbatté sulla

---

[208] K. H. Vora, *Application of Geological and Geophysical Methods in Marine Archaeology and Underwater Explorations*, Scientific Achievements 5, Tamil Nadu, National Institute of Oceanography, Goa, India.
[209] T. S. Subramanian, *The Secret of the Seven Pagodas*, Frontline 22.10 (maggio 2005), The Hindu Online.

costa. Secoli di sedimenti che avevano ricoperto fino ad allora le strutture sommerse furono spazzati via[210].

La violenza dell'evento era stata tale da aver ripulito non solo la sabbia che aveva ricoperto queste strutture ma da aver addirittura modificato la linea costiera dell'intera zona.

La presenza delle rovine sommerse non poteva più essere negata: nell'aprile del 2005 fu così creato un nuovo team di studio composto da archeologi indiani che grazie all'aiuto della Marina Militare Indiana, la Bharatiya Nau Sena, avviarono una nuova ricerca ad ampio raggio lungo le coste di Mahabalipuram[211].

Attraverso l'impiego di diverse strumentazioni, tra cui la tecnologia sonar, il team scoprì che le "pietre" osservate subito prima dello tsunami erano parte di un muro alto poco meno di due metri e lungo circa 70 metri[212].

Durante queste ricerche furono ritrovati anche due templi sommersi e un tempio scavato nella roccia, tutti entro i 500 metri di distanza dalla linea costiera[213]. Tali scoperte non sono certamente sufficienti a sostenere in toto il mito delle Sette Pagode ma costituiscono indubbiamente un primo elemento concreto attraverso cui poter ampliare lo spettro di ricerche e analisi sulle origini di questo mito.

Le indagini del 2005 permisero anche di mettere in relazione le strutture sommerse con altre minori presenti nella zona e con il Tempio della Spiaggia ottenendo un quadro estremamente simile

---

[210] P. Maguire, *Tsunami Reveals Ancient Temple Sites*, bbc News, 27 ottobre 2005.

[211] S. Das, *Tsunami Unveils Seven Pagodas*, The Times of India, 25 febbraio 2005.

[212] S. Biswas, *Tsunami Throws up India Relics*, bbc News, 11 febbraio 2005.

[213] S. Das, *Tsunami Unveils Seven Pagodas*, op. cit.

all'unico dipinto di epoca Pallava raffigurante l'antica disposizione del complesso delle Sette Pagode[214].

Nel gruppo di strutture dissepolte dalla furia dello tsunami si trovava anche una grande pietra recante numerose iscrizioni tra cui la storia del sovrano Krishna III. Secondo il racconto il regnante aveva pagato una forte somma di denaro per mantenere una fiamma eterna davanti a un vicino tempio.

Gli archeologi iniziarono a scavare nei pressi della pietra trovandosi ben presto davanti alla struttura descritta nell'iscrizione, un tempio di epoca Pallava[215]. Durante gli scavi vennero alla luce anche le fondamenta di un tempio tamil, risalente a circa 2.000 anni fa. Quale evento poteva aver seppellito queste strutture? Si trattava veramente delle leggendarie Sette Pagode oppure i templi trovati costituivano l'ultimo retaggio di una più antica realtà?

Queste domande non sembrano ancora aver trovato pienamente una risposta ma gli stessi archeologi che hanno lavorato sul sito sono convinti che in un'epoca imprecisata compresa fra il periodo Sangam e il periodo Pallava, uno tsunami abbia colpito duramente le coste della regione distruggendo e seppellendo numerosi templi e strutture che si trovavano anticamente sul litorale costiero. Ad avvalorare questa ipotesi vi è anche il recente ritrovamento di numerosi strati di conchiglie e detriti sparsi su una vasta area.

Memorie storiche a noi più vicine riportano che nel XIII secolo un altro tsunami fu la causa della distruzione degli ultimi templi

---

[214] S. Das, *Tsunami Unveils Seven Pagodas*, op. cit.

[215] Nello stesso posto furono ritrovate anche numerose monete e oggetti usati nelle cerimonie induiste. Si veda anche P. Maguire, *Tsunami Reveals Ancient Temple Sites*, op. cit.

di epoca Pallava di Mahabalipuram, un maremoto che risparmiò unicamente il Tempio sulla Spiaggia.

Prove a sostegno di questi eventi catastrofici possono essere ritrovate lungo tutto il litorale costiero orientale indiano aprendo la strada a nuovi scenari del tutto dimenticati[216].

Poompuhar

Un articolo del «*The Times of India*» del 22 luglio 2010 titolava "Post-tsunami, raising the lost treasures of Poompuhar challenge divers" annunciando nuovi ritrovamenti archeologici compiuti sul litorale della città indiana a seguito di una campagna di scavi originatasi a seguito dello Tsunami del 2004.

Come nel caso di Mahabalipuram, gli eventi occorsi agli inizi del nuovo millennio avevano riportato alla luce anche a Poompuhar una ragguardevole quantità di rovine e manufatti lungo il tratto litoraneo donando una nuova e inaspettata credibilità alle antiche tradizioni che, anche in questo caso, narravano di una gloriosa città sommersa, in tempi antichissimi, dalla furia del mare.

Già con il primo tsunami del 2003 i reperti riemersi dal mare avevano destato l'interesse del Dipartimento Navale Idrografico Indiano (INHD) e dell'Archaeological Survey of India (ASI), istituzioni che avevano subito varato una campagna di studi per analizzare le rovine.

---

[216] *Tsunami's might opens way for science*, tratto da *The Globe and Mail*, 18 febbraio 2005. bbc News, *India finds more tsunami gifts* (in inglese, tratto dal sito della bbc, 27-02-2005).

Poompuhar si trova nel Nagapattinam, Tamil Nadu, una regione estremamente ricca di tradizioni che descrivono una antica civiltà nata e distrutta lungo le sue coste.

Poompuhar fu la capitale del regno Chola ma anche una fiorente realtà portuale: il tempo e le dominazioni spostarono però gli scambi commerciali in altre realtà costiere più a nord.

L'antica Puhar, nome con cui era nota, fu distrutta dal mare circa 1500 anni fa, probabilmente a causa di uno tsunami originatosi dall'esplosione del vulcano Krakatoa avvenuta nel 535 d.C.

Alcuni siti e città sommerse scoperte nell'ultimo ventennio in India (Fonte niot).

Questo evento è menzionato nel poema epico Tamil *Manimekhalai*[217], ove si afferma che la città di Kaveripattinam (da identificare con Poompuhar/Puhar) fu sommersa dalle onde

---

[217] Rao Bahadur Krishnaswāmi Aiyangar, *Man.imekhalai in its Historical Setting*, London, 1928, pp. 185, 201, etc.

poiché il suo re, appartenente alla dinastia Chola, non aveva fatto celebrare l'annuale festa dedicata al dio Indra.

Questa leggenda è supportata da recenti[218] ritrovamenti archeologici avvenuti nel tratto di mare antistante la città, che sembrano ulteriormente suffragare l'evidenza di una traslitterazione in forma mitica di eventi avvenuti in tempi molto antichi, una trasformazione mitopoietica comune ai popoli di tutto il mondo.

Nel 1993 il nio aveva effettuato alcuni sopralluoghi nella zona ma fu la spedizione del 2001, finanziata dall'emittente televisiva inglese Channel 4 e dalla statunitense Learning Channel in associazione con il nio, a fornire i risultati più interessanti.

Nel team era presente anche lo scrittore inglese Graham Hancock che, a seguito di successive scoperte effettuate fuori dal perimetro delle esplorazioni subacquee ufficiali, identificò nuovi insediamenti umani, rovine che sfuggivano a qualsiasi collocazione cronologica in quanto sembravano risalire a un periodo compreso tra i 17.000 e i 7.000 anni fa.

A differenza dei composti organici, è quasi impossibile poter conoscere l'età di un composto inorganico come una pietra, se posto in rapporto al periodo in cui fu utilizzata per una determinata costruzione.

Attraverso sistemi come la datazione al Carbonio 14 è possibile conoscere l'età di un composto organico valutando il tempo di decadimento della stessa molecola del Carbonio: procedimenti simili sono impiegati nel campo scientifico per conoscere l'età di

---

[218] Si veda i seguenti articoli. A. S. Gaur and Sundaresh, *Underwater Exploration off Poompuhar and possible causes of its Submergence*, 1998, *Puratattva*, 28: 84-90. E anche *Marine archaeological explorations of Tranquebar-Poompuhar region on Tamil Nadu coast*, S. R. Rao, *Journal of Marine Archaeology*, Vol. II, July 1991, pp. 5 - 20.

un oggetto. Quando ci troviamo davanti a una costruzione fatta dall'uomo l'unico elemento che ci permette di poterla collocare temporalmente sono le fonti storiche.

Il mito non è considerato un parametro attendibile all'interno di questo processo ma laddove siano assenti tutti i fattori oggettivi in grado di fornire elementi in grado di aiutarci nella datazione niente può essere escluso, e il mito stesso e gli indizi in esso contenuti possono divenire uno strumento di indagine nella ricerca di nuove risposte.

L'antropologo ed etnologo francese Lévy-Bruhl, nei suoi *Quaderni* del 1949, si chiese in quale senso dovesse essere intesa la "verità" della storia mitica. I miti sono vicende realmente accadute ma occorse in un tempo, in uno spazio e in un mondo diversi da quello attuale, ma tuttavia non meno reali.

Il problema che si pone è la discriminante intorno alla quale dobbiamo muoverci per tentare di chiarire questo dilemma, ovvero cosa si debba intendere per "realtà storica" cioè quali parti sono frutto di una creazione fantastica e quali invece affondano le radici in un terreno concreto. Laddove il mito compenetri le sue spire all'interno del mondo oggettivo, come nel caso di reperti o scoperte archeologiche che ne avvalorano l'autenticità storica, risulta allora consequenziale intraprendere un percorso di decodifica che possa differenziare gli elementi realistici da quelli fantastici presenti nel mito stesso.

Per formulare la sua ipotesi, e proporre quindi certe date, Hancock si è avvalso quindi di rinomati studiosi nelle più disparate discipline come a esempio la paleoclimatologia, campo di studi che è stato in grado di fornire riscontri attendibili riguardo l'epoca in cui queste rovine si trovarono alla luce del sole.

Una conferma alle sue ipotesi arrivò da studiosi come Glenn Milne, geologo dell'Università di Durham, nel Regno Unito, che evidenziò come i nuovi ruderi studiati da Hancock potessero trovarsi sulla terra emersa solo nelle epoche da lui ipotizzate.

Le strutture si trovano a 23 metri sotto il livello del mare e il periodo in cui questo tratto costiero poteva trovarsi alla luce del Sole è inderogabilmente il 9500 a.C. Quest'area antistante la città di Poompuhar 11.000 anni fa poteva essere quindi abitata e coltivabile. Siamo in un'epoca usualmente definita Era Glaciale a sua volta suddivisa, per la sua vasta estensione temporale, in diversi periodi intermedi. Nella nostra analisi riveste un'importanza primaria il periodo denominato "glaciazione Würm", o "wurmiana", che rappresenta l'effetto prodotto su una zona estesa a livello globale dell'ultima era glaciale terminata tra il 9.600 e il 9.700 a.C., circa 12.500 anni fa[219]. In questa fase i livelli dei mari erano più bassi di circa 120-140 metri rispetto a quelli attuali[220].

---

[219] L' ultima era glaciale iniziò nel Pleistocene e si estese temporalmente tra i 110.000 e i 12.000 anni fa.

[220] Si vedano i seguenti articoli scientifici: G. A. Milne, A. J. Long, S. E. Bassett, *Modelling Holocene relative sea-level observations from the Caribbean and South America - Quaternary Science Reviews*, 24 (10-11): 1183-1202, (2005). E anche K. Fleming, P. Johnston, D. Zwartz, Y. Yokoyama, K. Lambeck, J. Chappell, *Refining the eustatic sealevel curve since the Last Glacial Maximum using far- and intermediate-field sites - Earth and Planetary Science Letters* 163 (1-4): 327-342, (1998).

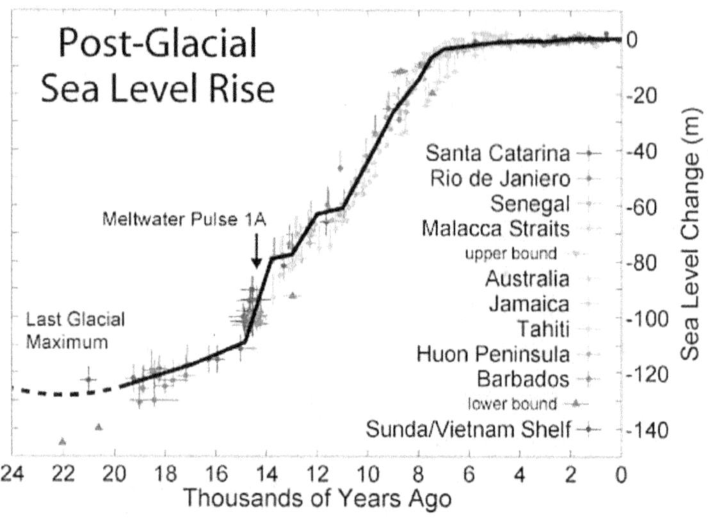

Curva dell'aumento del livello dei mari a seguito del disgelo glaciale. (©Immagine di Robert A. Rohde per il Global Warming Art project).

Questo dato ci permette di considerare una realtà quasi sempre estromessa dall'archeologia ufficiale, ovvero la concreta possibilità che lungo i litorali costieri del pianeta si potessero trovare insediamenti umani abitati e civilizzati. Questa condizione sembra confermarsi nelle scoperte archeologiche sottomarine compiute sul litorale indiano così come in molti altri luoghi del pianeta dal Giappone a Cuba, dal Sud America all'Inghilterra e alle zone scandinave. In tutti questi casi sono state individuate rovine sommerse, di chiara realizzazione umana, tracce collocabili a una profondità variabile tra i 10 e i 60 metri.

Escludendo fenomeni recenti di subsidenza del terreno, l'unica spiegazione ammissibile per queste vestigia sommerse è che si trovassero alla luce del sole prima dell'ultimo disgelo glaciale quindi in epoche anteriori al 9.700 a.C. Qualsiasi obiezione contraria si scontra con la realtà paleoclimatologica nonché con i dati archeologici. Ne è un esempio la struttura a "u" trovata due miglia a largo della costa di Poompuhar e 100 miglia a sud di Mahabalipuram. Come nei casi precedenti numerose immersioni identificarono una struttura complessa e dalla forma regolare, costruita utilizzando rocce naturali presenti nel luogo assieme a inclusioni di pietre lavorate e modellate per produrre la forma desiderata.

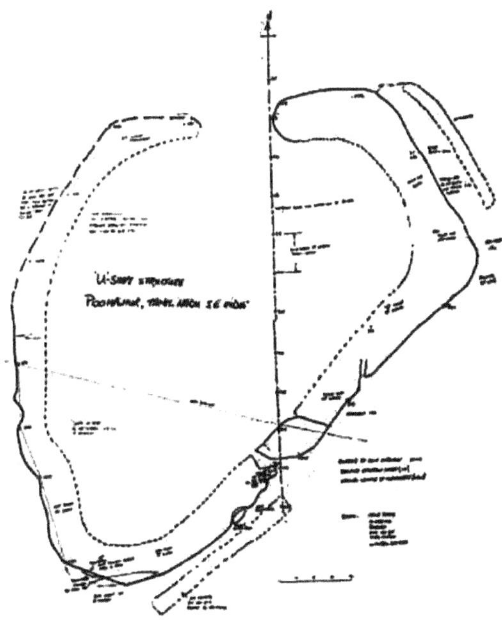

La struttura a forma di U trovata a largo di Poompuhar.

Gli studi paleoclimatologici e la posizione della costruzione, se confrontati con la progressione di innalzamento dei livelli dei mari, hanno permesso di ubicare temporalmente questa struttura a circa 11.000 anni fa.

Un caso isolato non costituisce certamente una prova e infatti l'intera zona, dal litorale prospicente Poompuhar fino a circa tre miglia dalla costa, è interamente costellata di rovine sommerse, ampiamente documentate dai sonar e da immersioni compiute per convalidare i dati.

Gli stessi pescatori raccontano da secoli storie di antiche rovine sommerse e di come, sovente, le reti si impiglino ancora ai giorni odierni in ciò che loro stessi definiscono "ruderi sommersi".

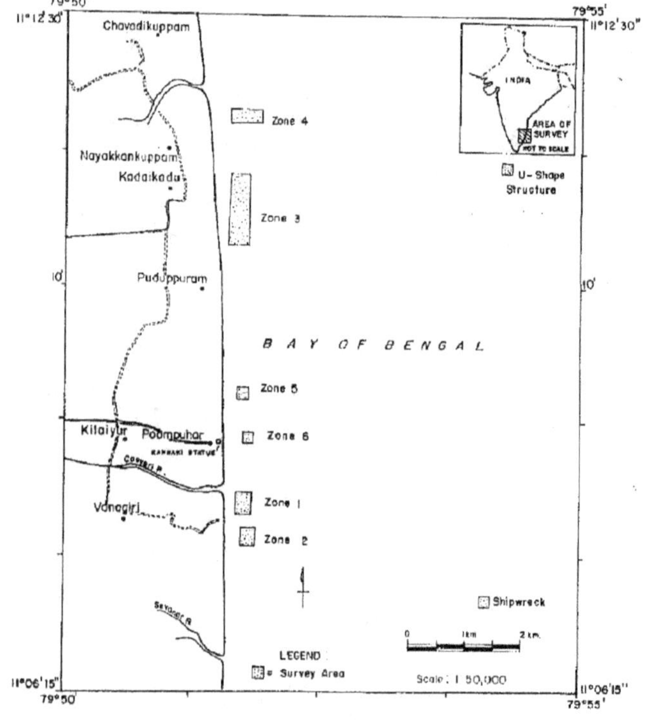

FIG. 1. Location map showing the survey area.

Mappa del NIOT in cui sono evidenziati alcuni ruderi sommersi a largo di Poompuhar.

Le indicazioni fino a oggi raccolte indicano chiaramente come nel periodo precedente l'ultimo disgelo glaciale esistesse una grande massa continentale, estesa dal nord dell'India fino a oltre l'attuale Sri Lanka, che inglobava le terre del Tamil Nadu e comprendeva ampie fasce di terre oggi sommerse.

Le mappe paleoclimatologiche relative alle epoche comprese tra i 21.300 e i 16.400 anni fa mostrano chiaramente l'estensione e l'esposizione alla luce del Sole dello scudo continentale durante l'ultima era glaciale.

Arunachala

Nell'india del sud, nella provincia di Tamil Nadu, la leggenda narra che nei tempi antichi il dio Shiva fosse disceso dal cielo sotto forma di una fulgida colonna di luce, detta *Jyotirlinga*.

La sacra collina di Arunachala, alta circa 800, metri ha una base con circonferenza di circa 10 km. Il pendio orientale della collina è ricco di caverne naturali, molte usate da sempre come luogo di meditazione da grandi saggi. Alcune di queste sono le note Skandashramam, la caverna di Virupakshi, il Tempio di Guhai Namasivaya, la caverna dell'Albero di Baniani, la Caverna dell'Albero di Mango, la Caverna di Vannathi e le caverne accanto alle sette sorgenti usate abitualmente dai primi ricercatori nelle loro intense pratiche spirituali. L'aspetto del dio, apparentemente piuttosto aggressivo, aveva una sua ragion d'essere. Secondo la tradizione discese con portando la notizia di una catastrofe imminente ma avendo individuato un luogo particolare in cui l'insieme delle conoscenze in ogni campo sarebbero state conservate al sicuro:

«quando avverrà l'azzeramento di tutte le creature viventi (per via di un imminente Diluvio) tutte le future sementi dovranno assolutamente essere depositate qui… Tutte le tradizioni, le arti, la ricchezza delle scritture e i Veda saranno ben sistemati in questo posto»[221].

La notizia, nonostante fosse poco edificante, fu accolta dalle altre due divinità creatrici Vishnu e Brahma. Tuttavia, la luce di Shiva era così forte che le altre due divinità lo implorarono di attenuarla in modo che anche i mortali potessero avvicinarglisi senza danni altrimenti sarebbe servito a poco costruire un archivio di conoscenze a cui gli uomini non avrebbero potuto accedere. Shiva ci pensò, assentì e abbassò la sua radiosità che da quel momento in poi prese la forma di una montagna di fuoco. Quel momento divenne riconoscibile per una collina piramidale di pietra rossa chiamata *Arunachala*, conosciuta anche come la "Sacra Collina Rossa". Oggi nessuno dubita della sua qualità numinosa. Alla sua base di 24 acri, infatti, giace il tempio di Arunachaleswara, uno dei cinque più importanti templi dell'India dedicati al dio Shiva. Il concetto di questo tempio rimanda direttamente alla divinità, perché Shiva si è manifestato anche sotto forma di colonna di pietra sul fianco orientale della collina e per questo motivo Visvakarma, l'architetto degli Dei, lì eresse il primo tempio con il simbolo fallico di Shiva, lo Shivalinga, ospitato all'interno della sancta sanctorum (oggi la

---

[221] *Skanda Purana*, 12, chapter 2, verse 52; M. C. Subramanian, *Glory Of Arunachala*, Sri Ramanasramam, Tiruvannamalai, 1998, p. 100.

struttura poggia ancora su queste fondamenta estremamente antiche)[222].

Il Ponte di Adamo

Ci siamo spesso avventurati nei misteri dell'India antica. Studiando e analizzando i suoi segreti abbiamo cercato di sollevare quel velo di Maya che sembra talvolta oscurare ed eclissare molte sue antiche testimonianze. Ogni tassello sembra aprire nuovi orizzonti, ogni scoperta lascia trasparire incredibili verità!

Spesso tra gli scettici si tende a sminuire il valore e l'importanza delle antiche vestigia presenti nel continente indiano. È un dato di fatto che lungo le coste del Golfo di Cambay, nel Tamil Nadu o a Mahabalipuram esistano sott'acqua antichissimi insediamenti urbani, tracce di una civiltà dimenticata che dopo la fine dell'ultima glaciazione, e l'aumento dei livelli costieri del mare, si trovò a fuggire repentinamente dalle loro città sacre. Nel sud dell'India, nel Tamil Nadu, una testimonianza tra tutte sembra superare ogni aspettativa, proponendosi come un elemento incontrovertibile dell'antica presenza in questi territori di una civiltà estremamente evoluta e in grado non solo di solcare i cieli con i suoi Vimana ma anche di compiere mirabili opere di ingegneria ambientale paragonabili, se non superiori, a quelle odierne. Tra l'India e l'isola di Sri Lanka, un istmo di rocce e

---

[222] Skandananda, *Arunachela Holy Hill*, Sri Ramanasramam, Tiruvannamalai, 1995, xi-xl.

alcune piccole isolette sembrano creare un ponte tra questi due
territori.

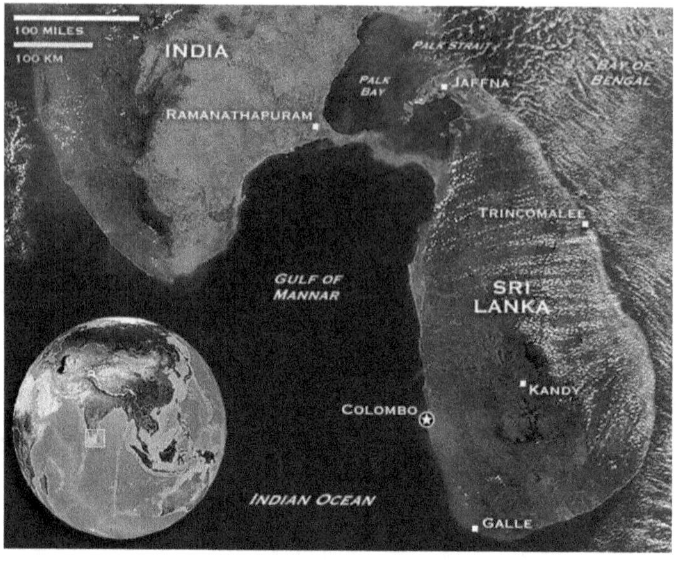

Tra India e Sri Lanka si nota l'istmo di terra conosciuto come Ponte di Adamo.

All'apparenza naturale, secondo gli induisti questo esilissimo
lembo di terra costituisce invece i resti del cosiddetto Ponte di
Rama (*Setubandh* nella lingua locale) una struttura che, come
narrato nell'antico poema epico del *Ramayana*, sarebbe stata
costruita dal dio Hanuman e dal suo esercito di uomini-scimmia
per consentire al dio Rama di salvare sua moglie Sita tenuta
prigioniera dal demone Ravana.

Lo Stretto di Palk separa la costa dello Stato indiano del Tamil
Nadu dall'isola di Sri Lanka connettendo la Baia del Bengala a
nordest con il Golfo di Mannar, a sud. Nel suo estremo
meridionale lo stretto è costellato da una catena di basse isole
rocciose e trami di barriera corallina a formare un istmo

comunemente chiamato "Ponte di Rama" o, ai tempi del Raj britannico, *Adam's bridge*, "Ponte di Adamo"[223]. Questo ultimo nome non è di origine induista ma nasce da leggende mussulmane locali che vorrebbero Adamo avesse attraversato quel lembo di terra per raggiungere il cosiddetto "Picco di Adamo", sull'isola di Ceylon, sulla cui cima sarebbe rimasto da solo per mille anni.

Il Ponte di Rama si estende tra *Dhanushkodi*, sull'isola indiana di Rameswaram, e Talaimannar, fino all'isola cingalese di Mannar. L'isola di Rameswaram è collegata alla terra ferma indiana dal Ponte di Pamban, il più lungo ponte ferroviario dell'India, ben 2.3 Km.

L'industrializzazione moderna vorrebbe sfruttare questo stretto braccio di mare per costruire nel prossimo futuro un ponte che colleghi l'India all'isola di Ceylon ma il progetto di un ponte sul canale è da anni fortemente avversato dagli ambientalisti ma soprattutto da gruppi religiosi induisti che vedono nel Ponte di Rama l'antichissima traccia delle imprese del divino Rama, narrate nella celebre epica del *Ramayana*.

È stato grazie all'era delle foto satellitari fornite dalla Nasa che gli ambientalisti indiani si sono ulteriormente convinti della veridicità delle loro leggende.

---

[223] Tradizioni locali vogliono che Adamo fosse stato fatto cadere dal cielo e durante la sua discesa fosse passato per questi territori dando così il nome al luogo. Si veda a tale riguardo Ricci, Ronit, *Islam Translated: Literature, Conversion, and the Arabic Cosmopolis of South and Southeast Asia*, University of Chicago Press, 2011, p. 136.

L'esercito dei Vanara mentre costruisce il Ponte di Rama seconda l'epica del Ramayana.

Ben 103 piccoli isolotti creano questo lembo di terra in parte sommerso e, nonostante la sua natura, anche le più recenti ricerche hanno dimostrato come su una preesistente base naturale del passato l'intervento umano abbia sfruttato questa curiosa struttura modellandola e trasformandola per un certo periodo di tempo in un vero e proprio ponte di terra[224]. Su una struttura preesistente costituita da secche e barriere coralline

<hr>

[224] E. Suess *The Face of the Earth Vol. II*, Translated by B. C. Hertha Sollas, Oxford, Clarendon Press, pp. 512–513, (1906).
Si veda anche S. D. Ripley, B. M. Beehler, *Patterns of Speciation in Indian Birds*, Journal of Biogeography, 17(6), 639 – 648, doi:10.2307/2845145, jstor 2845145, november 1990.

nulla vieta che un riporto artificiale di pietre possa essere stato operato per rinsaldare e costruire un percorso transitabile e fruibile.

Studi condotti sotto il "Project Rameswaram" del Geological Survey of India (gsi), che hanno anche incluso una datazione dei coralli, indicano che il Rameswaram abbia iniziato a formarsi naturalmente circa 125.000 anni fa. Analisi al radiocarbonio hanno parallelamente indicato che ampie parti di questo lembo di terra, tra Rameswaram e Talaimannar, siano state esposte per lunghi periodi di tempo alla luce del sole (quindi fossero terre emerse) tra il 7.000 e i 18.000 anni fa. Investigazioni del Centre for Remote Sensing (CRS) della Bharathidasan University di Tiruchi e capitanate del Prof. S.M. Ramasamy datano invece la struttura a 3500 anni fa ma la considerano frutto di un intervento artificiale su preesistenti basi naturali[225].

Di non minor valore sono gli studi condotti dal dottor Badrinarayanan, ex direttore del Geological Survey of India ed ex coordinatore della divisione di indagine dell'Istituto Nazionale di Tecnologie Oceaniche (niot) di Chennai. Badrinarayanan ha avuto modo soprattutto di studiare i campioni ottenuti attraverso carotaggi del terreno del sedimento che costituisce il ponte di Rama.

Badrinarayanan, durante un'intervista rilasciata alla rivista «*Rediff*» e in una pubblicazione sul Rama Setu, ha pubblicamente affermato che dopo aver effettuato dei carotaggi profondi dieci metri sul sedimento che costituisce il lembo di terra

«Abbiamo riscontrato nella parte alta la presenza di sabbie marine al di sotto del quale c'era un misto di coralli, arenaria calcarea e materiali

---

[225] Rama's bridge is only 3,500 years old: crs, *Indian Express*, 2 February 2003.

di tipo roccioso. Stranamente, sotto questo strato, fino a quattro-cinque metri di profondità, abbiamo nuovamente scoperto della sabbia sciolta e sotto ancora c'erano della formazioni solide»[226].

Ad aver incuriosito e lasciato perplesso Badrinarayanan, era la presenza di rocce al di sopra di uno strato di sabbia marina, un evento che apparentemente potrebbe risultare naturale ma nel modo e nella situazione rivenuta nel Ramasetu portò subito lo studioso a ipotizzare che quelle formazioni rocciose fossero state poste in quel modo artificialmente.

Nell'epica del Ramayana, il "ponte" è descritto essere lungo cento *yojana* e dieci di larghezza. Approssimativamente uno *yojana* equivale a circa 8 chilometri. Se dovessimo ritenere realmente di origine artificiale questo ponte di terra ci troveremmo davanti a una delle più grandi opere di ingegneria della storia umana.

Non si può ovviamente escludere che detto "ponte di terra" possa essere di origine naturale. Come prevede il metodo scientifico per sostenere una tesi, oltre a poterla e doverla replicare, si deve considerare anche tutte quelle realtà che potrebbero metterla in contraddizione o confutare. A tale riguardo abbiamo analizzato anche queste possibilità. Il dato che ha portato a escludere l'origine naturale del Ponte di Rama è l'incredibile stratificazione di terreni sovrapposti riscontrati dal dottor Badrinarayanan. Voci fuori dal coro hanno proposto spiegazioni alternative.

---

[226] S. Kalyanaraman, *Rama Setu Including Proceedings of the International Seminar on Scientific and Security aspects of Setusamudram Channel Project held in Chennai*, Rameswaram Ram Setu Protection Movement, May 12, 2007.

Suvrat Kher, geologo specializzato in formazioni marine, ha proposto una sua analisi e descrive alcuni scenari possibili

«Durante l'era glaciale del Pleistocene, la crescita dei ghiacciai e il loro scioglimento hanno provocato nel livello del mare oscillazioni di decine di metri, creando così le condizioni per molteplici episodi di formazione di scogliere coralline e di banchi di sabbia. Durante i periodi del Pleistocene, in cui il livello del mare è fortemente calato, si sarebbe creato un collegamento terrestre tra l'India e lo Sri Lanka. Tuttavia, alla fine dell'ultima glaciazione Wisconsin, il livello del mare ha iniziato a salire in tutto il mondo»[227].

Nella sua ipotesi Kher sostiene che dal momento che le barriere coralline si sviluppano verso l'alto, alla fine abbiano raggiunto le acque più basse dove talvolta venivano frantumate dalle onde cadendo così sul fondo per poi depositarsi. Allo stesso modo la sabbia potrebbe essere stata trasportata e quindi essersi depositata nel corso dei secoli e dei millenni fino a formare vari strati equivalenti sopra i sedimenti.

Kher ritenne che, secondo quanto osservato dai carotaggi, il posizionamento dei sedimenti rocciosi da parte dell'uomo potesse non essere l'unica spiegazione plausibile, e la formazione sarebbe potuta nascere anche naturalmente.

Alcune istituzioni scientifiche indiane, tra cui il Center for Remote Sensing (crs) della Bharathidasan University, coordinati dal Prof. S. M. Ramasamy, datarono invece l'intera struttura tra i 3500 e i 5.000 anni fa. Il dottor Badrinarayanan aveva invece stimato che l'intervallo di tempo in cui si erano create le formazioni osservate nei suoi carotaggi possedesse un'età

---

[227] http://suvratk.blogspot.com

variabile tra i 5.800 e i 4000 anni fa. A portare ulteriori elementi sulla questione nel 2018 uno studio congiunto della Anna University e della Madras University indiane datavano la formazione della struttura a ben 18.400 anni fa.

Carbon dating used to determine age

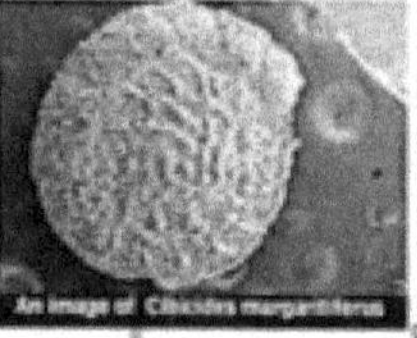

The Deccan Herald del 30 gennaio 2018.

Il Prof. Srinivasalu, dell'Institute of Ocean Management della Anna University e principale studioso del progetto, aveva analizzato attraverso l'analisi al Carbonio-14 i resti fossili del *Cibicides margaritiferus*, rinvenuti a una profondità tra i 94 e i 132 cm e il risultato era stato davvero sorprendente. Quei resti erano antichi almeno 18.400 anni (con uno scarto di circa 700-780 anni). Questi dati ci dicono il periodo in cui questo lembo di terra si formò ma non confermano certamente la sua possibile natura artificiale. Ci permettono di collocare temporalmente la genesi del Ponte di Rama e quindi di poter avere elementi su cui poter creare nuovi set di indagini e sopralluoghi.

Nonostante la discordanza delle date proposte è comunque interessante notare come quasi tutte le ricerche[228] condotte fino a oggi non escludano assolutamente che questo lembo di terra abbia subito un intervento "umano" (diversamente da una costruzione *ex nihilo*) per renderlo percorribile e sfruttabile in spostamenti tra India e Sri Lanka così come raccontato nel Ramayana.

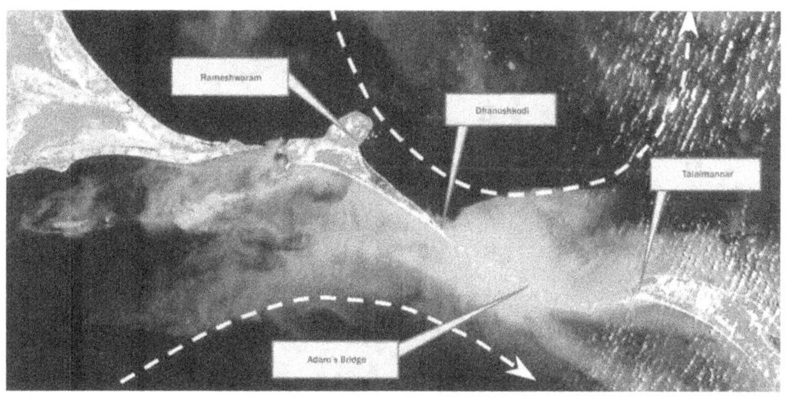

Foto dallo studio del Dr. S.M. Ramasamy in cui si dimostra
la possibile origine artificiale del Ponte di Rama.

---

[228] *Ram Sethu - man-made - says government publication*, *Sify News*, 8 December 2007.

A tutto ciò si aggiunge il fatto che nell'antichità questo ponte fu realmente un passaggio transitabile a piedi fino al XV secolo, quando uno tsunami mutò il territorio e le profondità marine sommergendo buona parte del tracciato.

Nel 2007, invece, una pubblicazione accademica curata dal Prof. G. Madhavan Nair del National Remote Sensing Agency (nrsa) di Hyderabad e parte della isro (Indian Space Research Organisation) affermava pubblicamente che l'intera struttura fosse stata «costruita da mani umane»[229].

Come affermavamo, secondo il Ramayana il Ponte di Rama fu costruito su diretta richiesta del dio stesso per tramite dei suoi servitori, i Vanara, esseri mezzi uomini e mezzi scimmia, capeggiati dal dio Hanuman. L'intero percorso venne sostenuto grazie a rocce sabbiose che successivamente questi esseri avrebbero ancorato al fondo marino, dando origine all'attuale struttura.

La stessa letteratura indiana, sacra ed epica, ci dice che una volta utilizzato per raggiungere l'isola il Ponte di Adamo fosse stato distrutto per volere dello stesso dio Rama[230].

Tenendo conto che la sottile fascia è costantemente battuta da correnti molto forti e da condizioni climatiche spesso difficili, è normale che il tempo e le forze della natura possano aver condotto a un suo sfaldamento e alla consequenziale perdita della sua antica transitabilità. Proprio un tifone la distrusse definitivamente nel XV secolo, cinque secoli fa, ma supponendo che sia antico di migliaia di anni, se i suoi antichi costruttori

---

[229] *Images India*, Published by Sankalpit, ISBN 13: 9788175256521, Majestic Books, United Kingdom, London.
[230] Come ricordato nel *Padma Purana* e nel *Kamba Ramayanam*.

persero la possibilità di mantenere la struttura in buono stato (un po' come con le moderne autostrade) è naturale che si sia assistito nei secoli a un suo graduale sfaldamento e che la sua percorribilità sia mano a mano andata diminuendo in rapporto all'assenza di interventi ricostruttivi. Per quanto ci si ostini a voler negare l'evidenza dei fatti, queste testimonianze ci mostrano le ultime vestigia di un'antichissima civiltà che abitò le terre indiane molte migliaia di anni fa. Quali conoscenze avanzate poterono permettergli di realizzare un'opera ingegneristica di tale portata? Chi furono questi sconosciuti? Come mai scomparvero e di loro ci sono rimaste solo poche tracce? Un puzzle di tasselli sparsi ma che sta lentamente riprendendo forma.

Dhanushkodi, la città sprofondata

Un caso interessante e che rientra in quanto finora esposto è la città di Dhanushkodi, un piccolo centro urbano indiano ubicato esattamente sul Ponte di Rama nella punta più estrema dell'India. Fino a qualche decennio fa costituì l'ultimo avamposto umano prima dello stretto canale fra il subcontinente indiano e lo Sri Lanka ovvero l'ultimo braccio di terra che dalla punta più estrema dell'India dava inizio al Rama Setu.

Come abbiamo imparato a conoscere secondo le scritture induiste Rama, grazie all'esercito dei Vanara, poté costruire il Ponte, strumento che servì a condurre il suo esercito fra la terraferma e lo Sri Lanka. Vinta la guerra e incoronato un nuovo Re, Vibhishana chiese a Rama di distruggere l'istmo di terra e, secondo il Ramayana, il dio distrusse il ponte con l'estremità del suo arco[231]. Non a caso il nome *Dhanushkodi* significa esattamente "Fine dell'Arco".

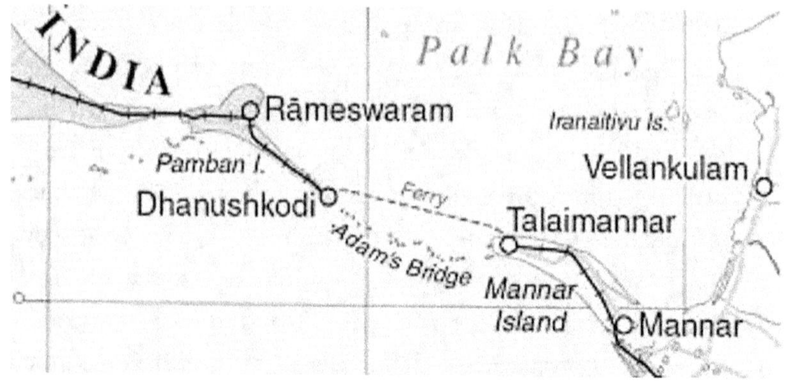

Il tempio Kodhanda Ram Kovil, vuole la tradizione, fosse il luogo dove Rama avrebbe iniziato il suo viaggio verso Lanka.

I pellegrini induisti sono soliti, da secoli se non millenni, fare il bagno in questo punto dell'oceano prima di completare il pellegrinaggio finale nella città di Rameswaram.

Il luogo è sacro e di notevole importanza anche perché costituisce un punto di confluenza fra il Golfo del Bengala e l'oceano Indiano mentre tra i pellegrinaggi che gli induisti compiono quello alla città santa di Kashi (Varanasi), nel nord dell'India, non è ritenuto completo se non è affiancato anche da una visita al Rameswaram, che comprende il bagno rituale a Dhanushkodi. Questo dato ci indica quanto sia importante all'interno del mondo induista questa città oggi distrutta.

Come è visibile dalla mappa sopra riportata, Dhanushkodi costituisce oggi il confine naturale terrestre tra l'India e lo Sri

---

[231] *Ramayana*, Libro VI, Yuddha Kanda, *Libro della Guerra*, Capitolo (Sarga) 22, 6-22-2.

Lanka, ed è anche una delle "frontiere" più corte al mondo, con una larghezza di soli 45 metri di terra.

Abbiamo parlato della città di Dhanushkodi perché ci permette di conoscere e comprendere ciò che questo lembo di terra ha vissuto e subìto nel corso dei millenni. Prima che nel 1964 un ciclone ne sconvolgesse il territorio, Dhanushkodi era una città turistica e di pellegrinaggio molto antica e visitata da migliaia di fedeli. Il suo antico retaggio legato al Ramayana la rendeva un luogo sacro per moltissimi induisti. Il fatto che vi fossero solo 31 km di distanza tra questa città posta nella punta più estrema dell'India e Ceylon (oggi Sri Lanka) ne aumentava inoltre enormemente l'importanza e il ruolo. Quotidianamente numerosi traghetti collegavano Dhanushkodi a Talaimannar.

Parallelamente a Dhanushkodi erano presenti alberghi, negozi di tessuti e numerosissime attività commerciali, religiose e turistiche focalizzate prevalentemente all'accoglienza dei pellegrini e la linea ferroviaria arrivava sino al molo permettendo a molti viaggiatori di proseguire il loro viaggio in Sri Lanka attraverso lo stretto di Palk. Come dicevamo, però, fra il 22 e il 23 dicembre del 1964 una vera e propria calamità naturale distrusse interamente la città. Venti a 280 km orari si abbatterono su Dhanushkodi generando onde alte fino a 7 metri che spazzarono via ogni cosa[232].

Il 22 dicembre, alle 23 e 55, il treno numero 653 della linea Pamban-Dhanushkodi con 110 passeggeri e 5 addetti fu investito dalla forza dell'onda e il treno venne spazzato via uccidendo tutti i passeggeri, e delle carrozze non furono trovate

---

[232] G. G. Vaz, M. Hariprasad, B. R. Rao, V. Subba Rao, *Subsidence of southern part of erstwhile Dhanushkodi township*, Tamil Nadu, Current Science, 92: 671–672 (10 March 2007).

tracce sino a due giorni dopo. Il computo totale stabilì "ufficialmente" circa 1.800 morti mentre la città di Dhanushkodi fu letteralmente spazzata via dalla furia del mare.

Non molto tempo dopo il disastro, il governo dichiarò Dhanushkodi una città fantasma ma soprattutto non idonea alla vita. I rischi che si potessero ripresentare situazioni come quella del '64 erano troppo alti e il rischio di perdere nuove vite umane a seguito di una eventuale ricostruzione, impossibile.

Oggi, in ciò che rimane dell'antico centro urbano, vivono solo due pescatori. Qualche decennio dopo un evento davvero suggestivo ebbe luogo nel dicembre del 2004 quando, poco prima dell'arrivo dello Tsunami che coinvolse l'oceano Indiano, il tratto di mare prospicente Dhanushkodi si ritirò di circa 500 metri esponendo così la parte sommersa e più antica della città. Questo evento, rarissimo, fu testimoniato dai pescatori locali. Lo stesso avvenne nella cittadina di Mahabalipuram dove l'arretramento temporaneo del mare dovuto allo tsunami, espose a largo della costa antiche rovine sommerse, descritte dai pescatori e legate alle "leggende" del posto.

La conferma archeologica

Dobbiamo spostarci ora nel tempo e nello spazio per vedere con occhio ancor più ampio i dati fino a ora esposti. Nella loro poliedricità sembrano ricevere ulteriori conferme grazie agli scavi e agli studi compiuti nel corso degli ultimi cento anni da team di archeologi, così come dalla seria ricerca indipendente.

L'India dimostra di possedere, in questo modo, antichissime vestigia archeologiche e storiche tra le più estese e antiche al mondo. La civiltà Harappa, o civilizzazione della valle dell'Indo (o Indo-Saraswati), dimostra di essere stata la più grande cultura urbana esistita al mondo prima del III millennio a.C. La nuova cronologia ufficiale della civiltà Harappa retrodata ampiamente le date fornite da Max Muller nel XIX secolo e dai suoi prosecutori affermando che:

- La fase Harappa più antica si collocherebbe almeno tra il 3300 e il 1900 a.C.;

- La fase Harappa intermedia, dal 1900 al 1300 a.C.;

- La più recente verso il 550 a.C.

La scoperta, come abbiamo già evidenziato, nelle montagne del Belucistan tra Pakistan e Afghanistan, del sito neolitico di Mehrgarh ha ulteriormente cambiato le carte in tavola dimostrando come quest'ultimo sia databile almeno tra l'8.000 e il 7.000 a.C. con una sua prosecuzione stimata fino al 5.500 a.C. Oltre a essere stata la stessa probabile culla da cui si sviluppo la civiltà Harappa, questa regione vide la nascita della moderna civilizzazione umana. Mehrgarh non costituisce un caso isolato come dimostrato da Gobekli Tepe, sito archeologico posto a circa 18 km a nordest dalla città di Sanlıurfa, nell'odierna Turchia vicino al confine con la Siria, che presenta uno stupefacente insediamento datato al 9.500 a.C., ben 12.000 anni fa. Per motivi del tutto ignoti verso l'8.000 a.C. il sito venne deliberatamente abbandonato e volontariamente seppellito, con terra di riporto, dai suoi costruttori[233]. Settemila anni prima delle piramidi una civiltà sconosciuta costruì questi complessi

---

[233] K. Schmidt, *Costruirono i primi templi. 7000 anni prima delle piramidi*, Oltre Edizioni, 2011 Sestri Levante.

insediamenti circolari, verosimilmente con funzioni astronomiche, utilizzando pietre pesanti fino a 15 tonnellate per poi ritornare nell'ombra della storia. Come nel caso di Mehrgarh, dopo un ininterrotto silenzio durato migliaia di anni, una semplice casualità ha permesso di far riemergere alla luce del Sole due realtà che sembrano totalmente scardinare l'assetto fino a oggi proposto sulla nostra evoluzione, due insediamenti che retrodatano la civiltà umana almeno al 9.000 a.C. Esiste però ancora un gap temporale tra questa nuova cronologia e i dati forniti dai testi indiani, un divario che probabilmente sarà colmato con la scoperta di nuove vestigia archeologiche, elementi oggettivi che già in parte stanno riemergendo dai fondali dell'oceano Indiano. In riferimento alla civiltà Harappa, le tracce della sua estensione non sono certamente poche. Nei decenni sono stati identificati più di un migliaio di siti archeologici estesi in un'area tra India, Pakistan e Afghanistan, realtà che hanno rivelato l'esistenza di una cultura e di una civiltà impressionante[234]. Le sue vestigia ci testimoniano, infatti, una ricchezza culturale senza pari.

Gli scavi e le analisi scientifiche hanno determinato che la civiltà Sindho-Saraswati, altro nome con cui è nota, ha conosciuto un periodo di gloria nel III millennio a.C. e, nel suo apogeo, si estese su di un territorio che andava dal fiume Gange a ovest fino all'Afghanistan e dalla frontiera dell'Iran fino a Bombay[235]. In questa sua ultima propaggine la civiltà Harappa distò poche centinaia di chilometri dal sito di Gobekli Tepe.

---

[234] http://www.harappa.com/indus/map1.html

[235] http://www.harappa.com/har/har0.html

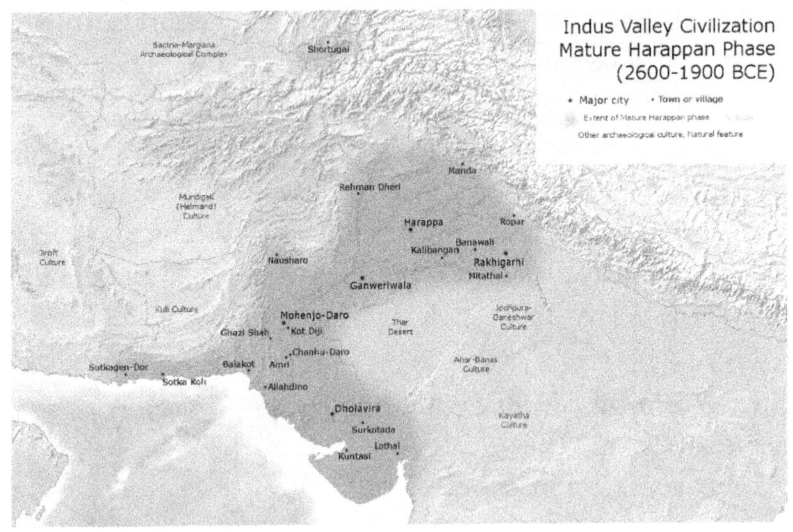

Una mappa dell'estensione della civiltà Harappa tra il 2600-1600 a.C.

Fruì inoltre di una pianificazione urbana significativa, con vie orientate secondo i punti cardinali e ad angolo retto, case costruite in mattoni che raggiungevano i tre piani, acqua corrente e fognature centralizzate, templi, magazzini, empori, bagni privati e pubblici[236], oggetti di artigianato: erano in uso ceramica, maioliche, metalli, gioielli, l'impiego di unità di misura e di peso standardizzate e una forma di scrittura che ancora non è stato possibile decifrare. Solamente il 30% dei siti archeologici di questa civiltà sono stati oggetto di scavi e poiché un certo numero di aree si trovano tra il Pakistan e l'Afghanistan, si può capire come non sia stato ancora facile poterli studiare. La nuova coscienza assunta verso questa realtà sembra aver svelato un nuovo mondo ancora da esplorare, una terra incontaminata che aspetta solo di donare la sua vera anima. Legata a queste vestigia,

---

[236] http://www.harappa.com/indus/8.html

a queste tradizioni e a una conoscenza plurimillenaria troviamo indissolubilmente legata una disciplina oggi divenuta una dei simboli che contraddistinguono il territorio indiano, lo Yoga. Abbiamo visto nei capitoli precedenti come alcune figure, vissute prima del Pralaya, siano divenute depositarie del Veda indiano, la conoscenza, e tra di loro i Sapta Rishi. A loro è legata una tradizione yogica che vede in quest'arte un retaggio della civiltà che ci avrebbe preceduto.

Lo Yoga ha più di 5000 anni

L'unione tra corpo, mente e spirito, il legame dell'uomo ai regni della natura (animale, vegetale, minerale) e ai quattro elementi (terra, acqua, fuoco e aria) costituiscono l'essenza e i princìpi fondanti dello Yoga.

La traduzione letterale della parola è "giogo", inteso nel suo significato di legame o unione con il Tutto. Lo yoga ha una storia senza tempo, le sue stesse origini si perdono nella notte dei tempi. Il primo riferimento documentato sulla sua esistenza si trova in un sigillo ritrovato a Mohenjo Daro (Pakistan) durante i primi scavi nel sito negli anni '20 del XX secolo e databile quantomeno al 2900 a.C.[237] in cui è ritratta una divinità in una tipica posizione "Asana" dello Yoga. Lo Yoga ha almeno 5.000 anni!

---

[237] Sir J. Marshall, *Mohenjo Daro and the Indus Civilization*, 1931 London.

La figura, del tutto simile al dio celtico Cernunnos, è sicuramente identificabile con Rudra altrimenti detto Shiva Pashupati, il Signore degli Animali, antico nome con cui fu venerato il dio. Il dio si trova in una posizione che non è la tipica postura del loto ma viene definita *Mulabandhasana* e richiede la rotazione di 180° dei piedi verso l'interno del corpo.

Per poter eseguire questa asana si deve necessariamente aver acquisito, e padroneggiare, numerose posizioni intermedie. Pertanto, a meno che non si voglia credere che lo Yoga sia apparso improvvisamente almeno 4.700 anni fa sotto forma di un sistema già completo ed elaborato, dobbiamo necessariamente ritenere che queste pratiche siano molto più antiche.

Ottenere una tale perfezione nel 2900 a.C., cinquemila anni fa, ci conduce a pensare che la pratica dello Yoga si fosse sviluppata molto tempo prima rispetto a quanto ritenuto dalla storiografia occidentale, che la colloca verso il 1900 a.C., e costituisse il retaggio di secoli, se non millenni, di una disciplina portata al suo perfezionamento estremo. La testimonianza emersa dalle sabbie di Mohenjo Daro pone una luce del tutto nuova sulla civiltà Harappa e la sua misteriosa cultura[238]. Per quanto progredita urbanisticamente si è ritenuto fino a poco tempo fa che il sapere di questo popolo fosse riferibile a una rozza forma di religiosità panteistica sviluppatasi solo successivamente nella raffinatezza dei Veda. In realtà, come sottolinea Roberto Calasso[239] nel suo *Ardore*, il sapere di questo popolo «comprese in sé tutto, dai granelli di sabbia fino ai confini dell'universo».

---

[238] Y. Y. Dhyansky, *The Indus Valley Origin of a Yoga Practice*, *Artibus Asiae* Vol. 48, No. 1/2 (1987), pp. 89-108.
[239] Roberto Calasso, *Ardore, op. cit.*

Sigillo rinvenuto a Mohenjo Daro rappresentante il dio Rudra/Shiva
in una tipica posizione Yoga.

Non possiamo conoscere il livello raggiunto nella civiltà Harappa in questa disciplina e sarà solo attraverso le *Upanishad*, e la figura del suo riformatore, che lo Yoga assumerà una struttura più definita. Verso il 500 a.C., Patanjali (figura semi-leggendaria alla stregua di Omero) compilò gli *Yoga Sutra* in cui fu trascritta e codificata una parte della conoscenza su questa disciplina.

Il Buddismo, nel VI secolo a.C., conferì alla pratica dello Yoga una ulteriore connotazione meditativa che contribuì a risaltarne elementi teologici nonché valori quali l'etica e la moralità a detrimento, però, delle pratiche preparatorie che vennero relegate a un piano inferiore. Nella cultura occidentale, basata sulla frammentarietà dell'essere e la fuga nel quotidiano, un'imprecisione ricorrente è stata invece di dividere questa disciplina in numerose correnti ritenendo che tale "semplificazione" potesse avvicinare maggiormente la nostra mentalità alla comprensione dello Yoga ma creando, in realtà, una dispersione e distorsione del suo messaggio originario. Tale confusione appartiene spesso anche a chi lo pratica e lo tramanda, risulta infatti comune che si interpreti lo yoga come se fosse una religione *"yoga isthadevatā"*, che gli atleti lo vedano come un insieme di pratiche fisiche per il miglioramento muscolare *"hatha yoga"*, mentre gli amanti della musica lo interpretino come un potente strumento sonoro *"mantra yoga"* fino ad arrivare a chi lo considera un mezzo per migliorare le proprie azioni *"karma yoga"*.

Il significato profondo di questa antica disciplina è invece di condurre l'uomo in un lungo percorso di autoconoscenza consapevole affinché il microcosmo umano possa fondersi con il macrocosmo universale. Le più antiche tradizioni identificano in Shiva il dio dello yoga *"l'Adhiyogi"*, divinità contraddittoria e affascinante, figura estremamente complessa e ricca di ambivalenze, enigmaticità e apparenti antinomie. Evoluzione del terribile dio vedico Rudra, Shiva rappresenta il tempo che distrugge l'intero universo, ma la distruzione del vecchio crea il nuovo, da cui il dio si manifesta contemporaneamente come il distruttore e il creatore, la morte e la vita. Shiva è il Tutto e il suo complementare, il Nulla. Shiva è il Signore di tutti gli *yogin*, i praticanti dello yoga, l'asceta perfetto simbolo del dominio sui sensi e sulla mente, eternamente immerso nella beatitudine "ananda" e nel *samadhi*[240].

Questi concetti si legano al dio Rudra venerato e adorato nella città di Mohenjo Daro, nonché dalla civiltà Harappa. Il sigillo scoperto negli anni '20 da Marshall ci dimostra come la finezza e la complessità di questa disciplina fossero già conosciute e praticate da questo popolo. Esistono due leggende che ci

---

[240] Il *samadhi*, termine traducibile con "congiunzione", è la meta del percorso yogico ovvero un particolare stato della coscienza in cui ogni separazione fra soggetto conoscente e oggetto da conoscere sfuma nell' unione fra i due.

permettono di conoscere la storia dello Yoga e legarlo a questo nostro studio. Mentre Shiva insegnava questa disciplina alla sua sposa, la dea Parvati, un piccolo pesce spinto dalla curiosità si immobilizzò nel fiume che scorreva ai loro piedi intento e affascinato dall'addestramento. Parvati lo scorse e, indicandolo a Shiva, gli chiese di ricompensare il pesciolino per l'attenzione e la saggezza dimostrate.

Il Dio dello yoga accettò e, nel tramutare il piccolo pesce in uomo, gli assegnò la missione di trasmettere all'umanità tutta la scienza che aveva appena imparato. Fu così che *Matsyendra*, signore dei pesci, diventò un grande yogi e fece conoscere questa disciplina agli uomini. La seconda tradizione, narrata in particolar modo nello *Skanda Purana* ma anche da numerosi altri testi tra cui lo *Shiva Purana*, afferma invece che il primo insegnamento yogico fu impartito dal dio Shiva sul Monte Kailash (Tibet) ai Sapta Rishi, i Sette Saggi indiani. Come analizzavamo all'inizio del testo, il Tibet corrisponde anche all'approdo di Manu e dei Sette Saggi a seguito del Pralaya, il Grande Diluvio indiano.

Tale conoscenza divenne il dono di Shiva all'umanità per tramite dei Sapta Rishi[241], i Sette Saggi, considerati i veri autori dei *Veda* e delle *Upanishad*, inviati nel mondo per civilizzarlo! Per volere di Shiva e attraverso i loro viaggi, sempre secondo i testi sacri, percorsero tutta l'Asia, la Persia, il nord Africa e il Sud America. Curiosamente abbiamo riscontrato, nei nostri studi, in molti popoli del pianeta una tradizione speculare, la memoria di sette sapienti giunti da terre remote per aiutare e civilizzare i popoli.

---

[241] Secondo la tradizione Agastya Muni fu il *Rishi* inviato in India per diffondere le sue conoscenze alla gente.

Troviamo riferimenti alla loro esistenza nell'antica Persia/Iran con gli Amesha Spenta, in Egitto (i Sette Sapienti dei Testi di Edfu), in Cina o in Giappone così come tra i Sumeri con gli *Apkallu* per citarne solo alcuni.

Secondo una tradizione yogica più recente, il dio Shiva insegnò agli uomini lo *Shiva Samhita*, dal sanscrito letteralmente "La raccolta di Shiva", considerato il testo più completo sull'Hatha Yoga messo per iscritto dopo una millenaria tradizione orale da un autore anonimo solamente nel XVIII secolo. Shiva è il "signore dell'elevazione" che dona ai suoi devoti la forza necessaria per perseverare nella propria disciplina spirituale, *sadhana*, è il protettore degli eremiti, degli asceti, degli *yogin*, dei *sadhu*[242], di tutti quegli allievi spirituali che, con lo scopo di indagare la Verità e conseguire così la liberazione, il *moksa*, hanno scelto come stile di vita la rinuncia all'individualità, al mondo, alla sua ricchezza e ai suoi piaceri. Questa pratica è documentata per la prima volta nella storia umana proprio nel sigillo rinvenuto a Mohenjo Daro, Pakistan, e datato 5.000 anni fa. Lo Yoga si collega quindi, ineluttabilmente, a un passato estremamente più remoto, a una memoria profondamente più antica, a una tradizione che non nacque in una notte ma affondò le sue radici in un passato dimenticato, in epoche che furono mitizzate ma in cui una figura che venne conosciuta con il nome di "Shiva" codificò per la prima volta questa disciplina migliaia di anni fa. I Sette Saggi scampati al Diluvio, inoltre, non

---

[242] I *sadhu*, e le *sadhvi*, sono dei "rinuncianti" che conducono una vita isolata, sovente nelle vicinanze dei templi, la cui unica meta è quella della realizzazione spirituale, la liberazione.
Spesso sono riconoscibili per avere il volto, o anche il corpo, ricoperto di polveri colorate.

divennero solamente i depositari della conoscenza proveniente da una civiltà precedente ma anche i testimoni e i prosecutori di questa disciplina che tramandarono alle generazioni successive per "il bene dell'umanità".

La scrittura Harappa e l'Isola di Pasqua

A questa tradizione se ne affianca un'altra altrettanto inspiegata. L'oscurità più completa regna sulla scrittura della civiltà Harappa. Indecifrata e indecifrabile da oltre 5000 anni è stata rinvenuta su sigilli e lamine di rame in tutto il bacino della Valle dell'Indo, giungendo fino in Mesopotamia e in Egitto, evidentemente attraverso attività commerciali[243] durante la prima metà del III millennio a.C. Questa lingua è stata riconosciuta come parte integrante e probabile capostipite del sanscrito, un proto-brahmi, ma la brevità e complessità delle iscrizioni rappresenta uno dei più grandi ostacoli per la sua decifrazione. A distanza di quasi un secolo dalla sua scoperta non esiste accordo tra gli studiosi nemmeno sul numero dei segni da cui sarebbe composta, taluni ne contano 400 altri soltanto 150[244].

Per lo più, si suppone, che siano costituiti da una combinazione di ideogrammi e segni fonetici, propriamente dei segni sillabici.

---

[243] Si veda a tale riguardo: E. Baccarini e A. Di Lenardo, *Dall' India alla Bibbia*, Enigma Edizioni, 2018 Firenze.

[244] S. Farmer, R. Sproat, M. Witzel, *The collapse of Indus-script thesis: the myth of a literate Harappan civilization*, Electronic Journal of Vedic Studies (ejvs), 11-2, 2004, pp. 19-57.

Gli scritti più antichi risalgono a 5.500 anni[245] fa e, nel tempo, sono stati compiuti numerosi tentativi per stabilire una possibile relazione fra la scrittura Harappa e quella delle civiltà minoica, cananea e ittita.

Nel difficile compito di decifrazione si cimentarono luminari come Piero Meriggi e Bedrich Hrozny, ottenendo scarsi risultati. Lo studioso ungherese Guillaume De Hevesy, nel 1932, identificò[246] invece una curiosa coincidenza, una convergenza che sembrava legare la scrittura Harappa con quella di una civiltà distante ben 20.000 km e separata da quasi 3500 anni di storia. Era il *rongorongo* dell'Isola di Pasqua, situata nell'estrema parte orientale dell'arcipelago polinesiano, che dimostrò possedere una somiglianza impressionante con la scrittura della Valle dell'Indo. Anche in questo caso tale scrittura risulta, a oggi, indecifrata e, per quanto siano stati compiuti numerosi sforzi per rompere il suo silenzio[247], ogni tentativo, come nel caso dell'Indo, è stato vano. La scrittura *rongorongo* fu incisa su tavolette di legno che si iniziò a rinvenire dal 1870 ma, già a quell'epoca, nessuno degli indigeni era più in grado di leggerle. In questo caso sono stati contati circa 500 segni. Per quanto molti luminari dell'epoca fossero stati estremamente cauti nel validare gli studi di De Hevesy, e fossero nate molte polemiche e critiche contro le sue

---

[245] N. S. Rajaram e D. Frawley, *Vedic Aryans and the Origins of Civilization, a Literary and Scientific Perspective*, Edition Voice of India, 1997 New Delhi.

[246] G. de Hevesy (1935), riprodotta in G. L. Possehl, *Indus Age: The Writing System*, New Delhi, Oxford & IBH, 1996, p. 94-95.

[247] Sr. J. Imbelloni dell'Argentine Museum of National History, in The Journal of Polynesian Society, *Recent discoveries in the middle-indus area and their relation to the easter island script*, Vol. 48, 1939, Vol 48, N. 189, The Easter Island script and the Middle-Indus seals, p. 60-69.

analisi, studiosi come Alfred Metraux[248] presero cautamente in considerazione la relazione tra le due scritture ma demandando al futuro e alla loro decifrazione la risoluzione dell'arcano.

Tabelle comparative realizzate da Guillame De Hevesy[249] nel 1939 in cui furono identificate le corrispondenze tra la scrittura Harappa (Valle dell'Indo) e il Rongorongo (Isola di Pasqua).

Ancora oggi nessuno è riuscito nell'arduo compito di decifrare e scoprire i significati più reconditi sotto i simboli di queste due civiltà. Il punto più problematico dell'intero impianto di studi non fu però solo comprendere la somiglianza, se non vera e propria identità, o capire il legame di scritture così distanti quanto cogliere, nel caso di una loro correlazione, come potessero essere arrivate dal Pakistan/India all'Isola di Pasqua.

---

[248] A. Metraux, *Mysteries of Easter Island*, in *pto* (October 1939), pp. 33-47 si veda anche la *The Yale Review* (1939).

[249] Sr. J. Imbelloni, Volume 48, 1939, Volume 48, No. 189, *The Easter Island script and the Middle-Indus seals*, p. 60-69.

Per tentare di svelare questa migrazione di scritture dobbiamo considerare come l'India abbia da sempre esercitato una notevole influenza sull'intero bacino dell'Asia sudorientale, non solo in tempi storici a noi vicini ma anche in epoche estremamente antiche. La stessa terra d'origine delle lingue austronesiane[250] è identificata con la "regione agricola" dell'Asia sudorientale, e non dovrebbe sorprendere che un elemento appartenente alla cultura dell'India antica possa essersi spinto così lontano dalla sua terra d'origine.

Gli austronesiani, per cui anche gli antichi indiani, furono marinai abilissimi. La loro dispersione nell'oceano Pacifico conobbe diverse fasi, Formosa (4000 a.C.), le Filippine (3000 a.C.), Timor (2500 a.C.), Sumatra e le Marianne attraverso la Micronesia e la Polinesia occidentale (1200 a.C.), la Polinesia centrale (200 a.C.), le Hawaii e l'isola di Pasqua (300-400 a.C.). Una civiltà marittima che navigò nel mondo e insegnò alcune delle proprie arti e conoscenze ai popoli indigeni con cui entrò in contatto. Questa è l'ipotesi che è stata avanzata nel corso degli ultimi decenni da numerosi studiosi, una teoria che potrebbe illuminare l'intera storia delle civiltà vissute nell'Oceania e potrebbe altresì cambiare radicalmente la comprensione del nostro passato. L'importanza di questo collegamento tra la civiltà dell'Indo e l'Isola di Pasqua non risiede solo nell'eccezionalità di un possibile contatto avvenuto in tempi estremamente remoti ma forse ancor più nella consapevolezza

---

[250] Le lingue austronesiane sono una famiglia linguistica composta da oltre 1200 lingue parlate in una vasta area geografica compresa fra il Madagascar, il Sud-est asiatico, Formosa e l'Oceania, da una serie di popolazioni imparentate tra loro e note collettivamente come Austronesiani (Fonte Wikipedia).

che le nostre concezioni su queste epoche, e sugli uomini che le vissero, sembrano ancora oggi oltremodo riduttive e limitanti, circoscritte a un recinto in cui l'uomo "doveva" vivere solo di agricoltura e pastorizia, di guerre e conquiste. La possibilità di poter anche solo ipotizzare scenari diversi da quelli stabiliti ha indotto, fino a oggi, la comunità scientifica internazionale a chiudersi entro una cortina di silenzi sempre più grotteschi e anacronistici. L'eventualità di poter accettare l'esistenza di una cultura, di una civiltà progredita, in tempi ed epoche diverse da quelle generalmente note dovrebbe spingerci ad approfondire il nostro passato e riscoprire quale civiltà, quali uomini, furono in grado di spingersi nel cuore più estremo dell'oceano Pacifico.

Indiani in Australia nel 2217 a.C.?

Esiste però una possibilità concreta per comprendere come fosse stato possibile che l'Isola di Pasqua avesse "accolto" una scrittura del tutto simile a quella della Valle. Incredibile e ancora dibattuta nella comunità scientifica è infatti una recente scoperta avvenuta analizzando il dna delle popolazioni autoctone australiane comparandole con quelle di diversi gruppi etnici, in particolar modo delle popolazioni del Sud dell'India.

Il dato che ha sconvolto e continua a far discutere, nonostante la sua assoluta veridicità, è la scoperta di un "flusso genico" avvenuto dall'India all'Australia circa 4000 anni fa. Questo significa che in quel periodo un gruppo abbastanza nutrito di individui approdò nel continente australiano "fondendosi" con gli abitanti di quei territori. Il motivo di tanto scompiglio e di infinite discussioni risiede nel fatto che tale scoperta mette in discussione lo scenario, fino a oggi accettato e non modificabile, secondo cui dopo un'originaria colonizzazione dell'Oceania avvenuta circa 45.000 anni fa non ci sarebbero più stati più contatti fra gli aborigeni australiani e altre popolazioni. Questo fino all'arrivo dei primi europei verso la fine del XVIII secolo. Secondo le conoscenze attuali, gli esseri umani avrebbero colonizzato, espandendosi sul nostro pianeta, a partire da un'originaria migrazione dal continente africano e sostituendo specie umane più arcaiche come i Neanderthal e i Denisoviani. Questa diaspora avrebbe seguito due rotte: la prima verso nord, percorsa tra i 23.000 e i 38.000 anni fa, attraverso l'Asia. La seconda, più antica, sarebbe avvenuta verso sud, lungo le coste della Penisola arabica e dell'India, fino all'Australia[251].

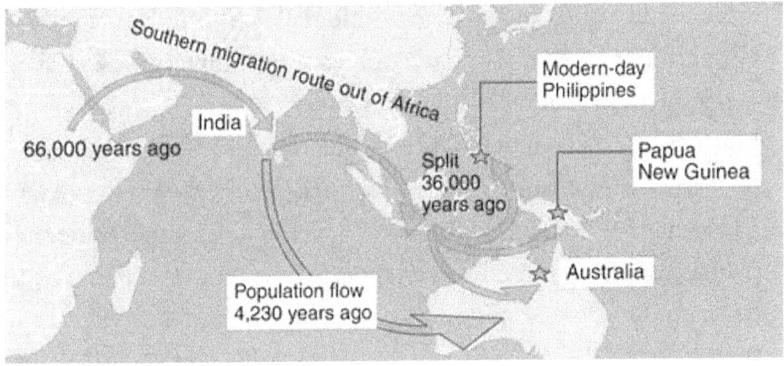

Flussi migratori nel corso dei millenni. Si noti dallo studio della Pugach la "colonizzazione" dell'Australia nel 2230 a.C. dall'India.

---

[251] I reperti archeologici portano a ipotizzare che circa 45.000 anni fa queste migrazioni raggiunsero il *Sahul*, ovvero l'insieme di Australia e Nuova Guinea, all'epoca unite, con una differenza sostanziale: mentre sono state trovate prove di un successivo flusso genico verso la Nuova Guinea, si riteneva che l'Australia fosse rimasta isolata fino alla fine del XVII secolo. [202] I. Pugach, F. Delfin, E. Gunnarsdóttir, M. Kayser, M. Stoneking, *Genome-wide data substantiate Holocene gene flow from India to Australia*, pnas January 29, 2013 - 110 (5) 1803-1808.

L'antropologa evoluzionistica Irina Pugach e i suoi colleghi[202] del Max Planck Institut di Lipsia hanno analizzato i dati relativi ai polimorfismi di singoli nucleotidi rilevati nelle popolazioni degli aborigeni australiani, e in popolazioni delle *highlands* della PapuaNuova Guinea, di India e alcune isole del Sudest asiatico.

I risultati dei loro studi, pubblicati su pnas[252], *Proceeding of the National Academy of Sciences*, sono stati a dir poco sconcertanti e hanno confermato che gli aborigeni, le popolazioni della Nuova Guinea e i Mamanwa (una etnia delle Filippine) possiedono un'origine comune.

I diversi gruppi si sarebbero separati circa 36.000 anni fa, questa conclusione supporta l'ipotesi che essi rappresenterebbero i discendenti di un'antica migrazione dall'Africa in direzione sud. Gli altri abitanti di queste regioni sarebbero invece l'esito di una diaspora indipendente e successiva.

Lo studio ha anche rilevato un dato senza precedenti e fondamentale in questa nostra trattazione ovvero un importante flusso di geni tra India e Australia avvenuto 141 generazioni fa.

Considerando una media di trent'anni circa per ogni generazione (ovviamente rapportandolo alle aspettative medie di vita in quel preciso periodo storico) tale flusso si collocherebbe 4230 anni fa, ovvero nel 2217 a.C. circa.

Questo dato non solo mette in dubbio l'idea che dopo la sua prima colonizzazione, l'Australia sia rimasta isolata da qualunque altro contatto con esseri umani fino all'arrivo degli inglesi alla fine del '700 ma circostanzia anche quale gruppo etnico indiano specifico poté raggiungere questo continente così distante.

---

[252] Vedi articolo sopra.

Gli unici in grado erano i rappresentanti della civiltà Harappa, un popolo di grandi navigatori e mercanti che, con le sue navi, intratteneva già proficui scambi commerciali con i Sumeri e l'Egitto[253]. I pattern genetici identificati nello studio della Pugach collegano indissolubilmente gli indiani agli aborigeni australiani e hanno permesso ai ricercatori di calcolare il momento preciso quando questo contatto sarebbe avvenuto portando a una contaminazione tra aborigeni e indiani, tra il 2200 e il 2300 avanti Cristo. In quell'epoca, l'età del bronzo indiana era al suo apice, e deve aver permesso a quelle popolazioni di costruire navi abbastanza grandi da solcare l'oceano a grande distanza dalla costa, fino ad arrivare (intenzionalmente o per errore) in Australia. Curiosamente, quei pattern di snp non si trovano nemmeno nelle popolazioni del Sud Est Asiatico, quella indiana non fu dunque una espansione graduale ma una avventura estrema attraverso l'oceano che li portò dal Kerala direttamente in Australia.

Non a caso, quel periodo storico coincide con importanti cambiamenti nella cultura materiale aborigena, ben visibili dalle tracce archeologiche. Prima tra tutte il passaggio dall'uso di attrezzi rudimentali in pietra, tipici del paleolitico, a quelli più raffinati e lavorati del neolitico. L'altro cambiamento evidente è il Dingo, il cane australiano che, a un certo punto nella storia del continente, comparve e si diffuse portando all'estinzione di altre specie autoctone. Si è sempre saputo che il Dingo non è originario dall'Australia e la sua somiglianza con alcune specie di canidi selvatici del subcontinente indiano è oltremodo evidente se non sconcertante. Lo studio della *Pugach* suggerisce che possa

---

[253] Si veda E. Baccarini, *Dall' India alla Bibbia*, Press & Archeos, 2024, Firenze.

essere arrivato direttamente dall'India a bordo delle navi, per poi colonizzare l'intero continente. Un esempio similare lo ritroviamo proprio a seguito della colonizzazione inglese quando l'introduzione del coniglio portò a un drastico cambiamento nella catena alimentare animale australiana nonché a una vera e propria proliferazione senza precedenti di questa specie.

La domanda che ne consegue è come mai e perché un gruppo numeroso di individui della civiltà Harappa (cospicuo perché fu in grado di lasciare tracce indelebili nei millenni nel patrimonio genetico degli aborigeni) si fosse avventurato così lontano dalla propria patria. Fu casuale o voluto? Cercavano nuovi luoghi per commerciare o erano alla ricerca di qualcosa di preciso? Penso non lo potremo mai sapere, almeno per molto tempo ancora, ma i dati emersi non possono essere contraddetti e l'evidenza di questo flusso testimonia senza ombra di dubbio le capacità nautiche ma ancor più l'estensione che la civiltà dell'Indo ebbe nel passato del nostro pianeta. Questo stesso dato può costituire inoltre la "prova provata" dell'origine del rongorongo nell'Isola di Pasqua.

Capitolo V - Kumari Kandam e le Maldive

La maggior parte degli individui ha familiarità con il mito di Atlantide, la leggendaria città sprofondata nell'omonimo oceano e descritta dal filosofo greco Platone nei suoi *Timeo* e nel *Crizia*. Ancora ai nostri giorni possiamo leggere e ascoltare accesi dibattiti sulla possibilità che questa isola/continente e la sua storia possano o debbano essere lette letteralmente o essere prese solo come un racconto mitologico e di formazione morale. Per quanto sia meno noto, in altre zone del pianeta sono presenti tradizioni similari in cui si parla di antichi continenti o grandi estensioni di terra che, a seguito di uno o più cataclismi, furono distrutti in tempi estremamente remoti.

In Sud America possediamo il mito di Aztlan[254], la mitica patria del popolo Azteco e di tutte le popolazioni di etnia Nahua che sprofondò nei flutti del mare proprio a seguito di un terribile diluvio. Spostandoci in Asia, in particolar modo in India, oggetto del nostro interesse, ritroviamo un racconto similare legato al mitico continente di Kumari Kandam. La storia che si lega a questa mitica terra è ancora oscura e ampiamente da scoprire ma negli ultimi due decenni ha certamente svelato un numero cospicuo di elementi che tenderebbero a suffragarla e convalidarla.

---

[254] Per visionare la tradizione originale azteca possono essere trovati su internet il *Codex Boturini* (in cui è presente tra le altre cose un disegno dove si vede questo popolo fuggire dall' isola di Aztlan) o anche il il *Codex Azcatitlan*.

Un continente scomparso?

È fondamentale però, prima di addentrarci nella sua storia, rimarcare una netta suddivisione, quantomeno nei tempi più antichi, tra le tradizioni e le culture che appartennero alla civiltà dell'Indo con quelle che possiamo trovare nel sud dell'India. Nei secoli e soprattutto nei millenni si fusero tra loro e, nel passato più remoto, talvolta si intersecarono ma rimasero per molto tempo distinte e univoche alla civiltà entro cui nacquero e si svilupparono. La tradizione che si lega a Kumari Kandam ha origini remote ma, nei tempi moderni, è stata utilizzata anche come elemento di propaganda politica di tipo nazionalista sia nel sud dell'India che in Sri Lanka. Nel XIX secolo un numero cospicuo di studiosi e accademici speculava sulla possibile esistenza di un continente sommerso nell'oceano Indiano, una terra che aveva ricevuto il nome di Lemuria e che avrebbe potuto spiegare alcune similarità geologiche presenti in Africa, Australia, India e Madagascar.

Tra i tanti, il geologo inglese Philip Sclater era rimasto colpito dalla presenza di fossili di lemuri in Madagascar e in India ma dalla loro assenza nell'Africa continentale e nel Medio Oriente. In un suo articolo del 1864 intitolato *I mammiferi del Madagascar*[255], Sclater propose che quest'isola e l'India fossero stati un tempo parte di un continente più grande, e nominò questa terra mancante "Lemuria". Nella sua plausibilità e logicità, la teoria di Sclater fu ben presto accettata dalla comunità scientifica di quel periodo che la accolse come la logica spiegazione dell'evidenza con cui i lemuri avrebbero potuto migrare dal Madagascar

---

[255] Pubblicato sulla rivista *The Quarterly Journal of Science*.

all'India (o viceversa) in tempi antichi. L'emergere delle teorie sulla deriva dei continenti e della teoria della tettonica a zolle, però, misero in sordina e successivamente in disparte la sua ipotesi.

Se le speculazioni di Sclater affondano a un'epoca abbastanza recente, il termine Kumari Kandam appare invece in epoca molto più antica ovvero almeno nel XV secolo all'interno del *Kanda Purana*, la versione tamil dello *Skanda Purana*. Lontano da ogni dubbio o forma di "creazionismo" moderno, l'esistenza di un antico continente successivamente sommerso era già ben presente all'interno delle tradizioni e della cultura del sud dell'India. Questo ci permette di escludere totalmente e categoricamente, come taluni hanno fatto in anni recenti, che la leggenda di Kumari Kandam fosse una "produzione" moderna. Quando nell'India coloniale giunsero le teorie di Sclater e le ipotesi geologiche sul continente di Lemuria, il paese stava attraversando un periodo di rinnovato fermento culturale in cui si cercava di recuperare le antiche tradizioni nel tentativo di non farle cancellare dal dominio inglese. Su tali basi Lemuria fu identificata abbastanza rapidamente con Kumari Kandam e divenne, nel corso del tempo, uno strumento per profondi sentimenti nazionalistici.

Osservavamo precedentemente come i ricercatori del National Institute of oceanography indiano avessero dimostrato senza ombra di dubbio che il livello del mare circa 14.500 anni fa fosse inferiore di 100 metri e di 60 metri circa 10.000 anni fa. Le tracce e le antiche vestigia "archeologiche" sommerse rinvenute nel sud dell'India negli ultimi venti anni hanno dimostrato senza ombra di dubbio una estensione delle terre emerse ben maggiore di quella moderna nonché la chiara presenza di insediamenti umani successivamente inabissatisi. La paleoceonagrafia sembra conciliarsi pienamente con il mito di Kumari Kandam, un leggendario regno che la tradizione

Tamil narra si estendesse ben oltre l'attuale Sri Lanka e le Maldive.

La prestigiosa rivista «*Nature Geoscience*» del 24 febbraio 2013 riportava un articolo a firma di Bjørn Jamtveit[256], geologo dell'Università di Oslo, in cui erano pubblicati i risultati di un suo studio di geologia marina compiuto sul fondale dell'oceano Indiano tra India, Sri Lanka e le Mauritius. L'articolo sostiene una tesi, corroborata dai dati, oltremodo affascinante secondo cui in questo tratto di mare oggi sommerso si trovi un'isola, un vero e proprio micro continente grande circa tre volte l'isola di Creta sprofondato a seguito dei cambiamenti della crosta terrestre. Nel 2017 un articolo pubblicato su «*National Geographic*» riprendeva ulteriormente la notizia iniziando il suo articolo con le seguenti parole

«Non c'è oceano di cui si favoleggi almeno un continente inabissato, che sia Atlantide, Lemuria oppure Mu. Tuttavia, solo quello dell'oceano Indiano è esistito davvero, come afferma un articolo pubblicato sulla rivista «*Nature Communications*» dai geologi di alcuni istituti di ricerca europei e sudafricani»[208].

---

[256] T. H. Torsvik, H. Amundsen, E. H. Hartz, F. Corfu, N. Kusznir, Carmen Gaina, P. V. Doubrovine, B. Steinberger, L. D. Ashwal, B. Jamtveit, *A Precambrian microcontinent in the Indian Ocean*, Nature Geoscience, doi:10.1038/ngeo1736 - 24 February 2013. [208] Articolo tratto da *National Geographic* del 2 febbraio 2017 intitolato *Trovata l'Atlantide dell'oceano Indiano*, a firma Davide Michielin. (http://www.nationalgeographic.it/scienza/2017/02/02/news/l_atlantide_p erduta_dell_ oceano_indiano-3408359/).

Battezzato Mauritia, in quanto oggi distante circa 900 chilometri dalla costa del Madagascar sotto l'arcipelago di Mauritius, questo continente si sarebbe staccato dalla grande isola malgascia quando i movimenti tettonici hanno spinto il subcontinente indiano verso nord, contro la costa asiatica. I successivi spostamenti della crosta terrestre avrebbero causato l'affondamento dell'isola di *Mauritia* ma la sua presenza sul fondale è comprovata anche dal fatto che in quella zona la crosta terrestre è spessa più di 25 km, contro i 5-10 km della media dell'oceano Indiano.

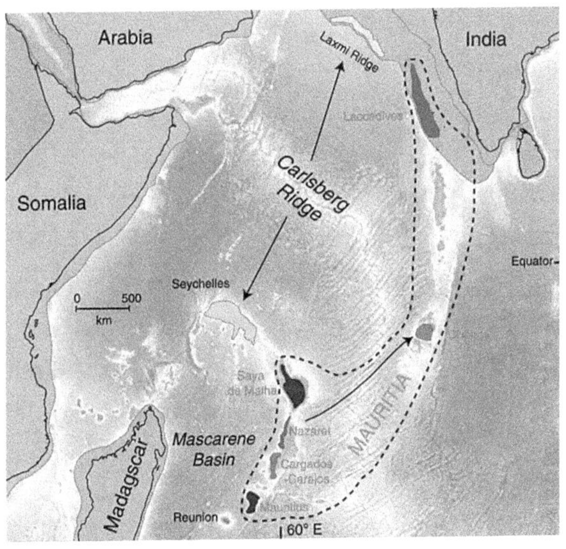

Mappa realizzata dalla University of the Witwatersrand.

La terra perduta è stata soprannominata *Mauritia* e si sarebbe trovata proprio, come racconta il mito di Kumari Kandam, tra il Madagascar e l'India.

Circa 750 milioni di anni fa, il subcontinente indiano e questa grande isola erano una sola entità e formavano parte di quello che in geologia viene ricordato come il super continente Rodinia. Il team coordinato da Jamtveit, analizzando le spiagge delle Mauritius, ha scoperto che alcuni granelli di sabbia risalgono a eruzioni vulcaniche databili a 9 milioni di anni fa ma che dispersi tra questi si trovavano anche dei campioni ben più antichi.

Gli studiosi hanno infatti rinvenuto anche una ventina di zirconi, ovvero cristalli di silicato di zirconio, minerali che sono tipici delle croste continentali e datati in un *range* compreso tra i 2000 e i 660 milioni di anni fa.

Per Jamtveit e il suo team, i minerali ritrovati costituiscono la prova dell'esistenza di un continente che, dopo la separazione tra India e Madagascar, collocabile circa 85 milioni di anni fa, cominciò lentamente a sgretolarsi per venire infine sommerso dalle onde. Le epoche storiche citate sono indubbiamente molto remote ma, come dimostrato dallo studio, lo sprofondamento del continente *Mauritia* avvenne in tempi estremamente lunghi tali, aggiungiamo noi, da poter aver permesso in tempi a noi più recenti la creazione di insediamenti umani e forse anche urbani. Questa scoperta scientifica sembra avvalorare le antichissime tradizioni del popolo Tamil che parlano di una terra sommersa a seguito del Pralaya.

Kumari Kandam

Già nel 1927 lo studioso indiano M. S. Purnalingam Pillai [257] aveva analizzato il mito di Kumari Kandam affermando che la stessa civiltà della Valle dell'Indo sarebbe sorta dai sopravvissuti tamil al massacro di Kumari Nadu. Un'ipotesi oltremodo suggestiva e ancora tutta da verificare ma che, in base ai dati fino a oggi recuperati, potrebbe essere non del tutto peregrina.

La sua leggenda, come dicevamo, è codificata in epoca medievale ma la sua memoria si perde nella notte dei tempi. Come riportato nel testo *Iraiynar Kalviyalurai*, attribuito a Nakkirar e datato tra il VII e l'VIII secolo d.C. al X sec. d.C.[258], la tradizione Tamil ricorda l'era delle "Tre Sangam", *can.kam*, letteralmente assemblee o accademie. Altri riferimenti alle Tre Sangam possiamo ritrovarli nel testo *Thiruvilaiyadal Puranam* di Perumparrapuliyūr Nambi, e in un altro lavoro (omonimo nel titolo) scritto da Paranjothi Munivar[259], entrambi del XIII secolo. In questi volumi si riscontrano però sostanziali differenze nei racconti presentati sulle tre Accademie al punto da aver portato studiosi come Kamil Zvelebil a ritenere che avessero attinto a fonti e tradizioni differenti[260].

Generalmente gli storici rigettano categoricamente l'esistenza delle prime due Sangam in quanto ritenute frutto del mito e

---

[257] M. S. Purnalingam Pillai, Ravana The King Of Lanka Purnalingam, The Bibliotheca Munnirpallam, 1928.

[258] Zvelebil, *The Smile of Murugan: On Tamil Literature of South India*, Leiden: Brill, isbn 90-04-03591-5, 1973b, p. 46.

[259] J. R. Marr, *The Eight Anthologies, Madras: Institute of Asian Studies*, pp. 8–9 (1985).

[260] Zvelebil, 1973a & pp. 126-127.

troppo antiche "per essere vere" mentre c'è accordo comune che la terza sia esistita realmente e storicamente. Divergendo da questa linea selettiva, basata unicamente sul fatto che le prime due sarebbero "troppo antiche", si sono posti però studiosi come Kamil Zvelebil[261] che ritiene plausibile l'esistenza di queste prime due Sangam nonostante siano relegate a un passato quasi leggendario. La *Mudal Sangam*, o "Prima Assemblea", fu composta di 4.449 poeti e avrebbe avuto sede a Thenmadurai dove sopravvisse per 4.440 anni, fino a quando la città venne sommersa dalle acque e la sua capitale venne spostata a Kapatapuram, luogo ove fu fondata *l'Idai Sangam*, o "Seconda Assemblea". Questa nuova accademia operò per 3700 anni e sopravvisse assieme ai suoi 4.449 poeti[262], accompagnati da 89 regnanti della dinastia Pandiya, e furono composti poemi come i *Paripaadal, Mudunarai, Mudukurugu, Kalariyavirai*. Un nuovo Diluvio distrusse nuovamente la capitale che venne quindi spostata a Madurai, dove fu edificata la terza e ultima accademia denominata *Kadai Sangam*.

Per 1850 anni, 449 poeti studiarono le arti e le scienze fino a quando un terzo e ultimo Diluvio non distrusse anche questa assemblea. Nel computo totale, secondo il mito, queste scuole operarono per un periodo di 9.990 anni!

Curiosamente la concomitanza dei tre diluvi descritti, della distruzione delle Sangam e l'epoca stessa in cui sono situate, sembrano corrispondere a un solo periodo storico, il disgelo

---

[261] Zvelebil 1973a, (1973a), *The Earliest Account of the Tamil Academies*, *Indo-Iranian Journal*, 15 (2): 109–135, pp. 126–127.

[262] *Srinivasa-Iyengar, p.t., History of the Tamils: from the earliest times to 600 a.d., New Delhi: Asian Educational Service*, ISBN 81-206-0145-9, p. 230 (1929).

occorso dopo l'ultima Era Glaciale con le conseguenti catastrofi climatiche e marine che abbiamo ripercorso all'inizio del testo.

Nelle date indicate dalle tradizioni indiane, avvennero tre grandi distruzioni di massa originatesi dallo scioglimento glaciale, un evento che non fu esclusivo e unitario ma che si protrasse per diverse migliaia di anni con molteplici inondazioni e il consequenziale innalzamento dei livelli marini a livello globale.

La conoscenza e i pensieri non muoiono se la loro forza si origina da un ideale puro e incorrotto. Forse l'eco di un'antica patria perduta resistette e trasmigrò nelle leggende e nei miti di popoli che furono costretti a emigrare per salvarsi e sopravvivere e che si trovarono costretti a spostarsi da un'isola perduta nell'oceano Indiano verso le coste dell'India. Una estensione modesta se confrontata con le masse continentali ma certamente non così piccola da non aver potuto permettere la presenza di vita e di una civiltà[263].

Sono numerose le fonti Tamil (India del Sud) che contengono racconti leggendari di una mitica patria sprofondata nei flutti del mare. La causa è attribuita al *Katalkol*, letteralmente "la grandezza dei mari", un evento che sembra in tutto e per tutto equiparabile a uno tsunami. Come ricordavamo poco fa, la fonte più antica di cui disponiamo è l'*Iraiyanar Akapporul* a cui si affiancano altri testi che riportano più o meno specularmente le medesime storie. Il testo non cita le dimensioni del territorio di Kumari Kandam, informazione che ritroveremo per la prima volta nel XV secolo nel libro denominato *Silappatikaram*.

---

[263] N. Subrahmanian, *The Tamils - Their History, Culture and Civilisation*, Institute of Asian Studies, 1996.

Secondo i commentatori medievali come Adiyarkunallar, questa terra era delimitata a Nord dal fiume Pahruli e a Sud dal Kumari, vi sorgevano 49 territori detti *Natu* mentre la distanza tra i due corsi d'acqua era di 700 katham, una unità di misura sconosciuta, ed erano classificati secondo le seguenti categorie[264]:

- Elu teñku natu ("Terra delle sette noci di cocco")
- Elu Maturai natu ("Terra dei sette mango")
- Elu munpalai natu ("Sette terre frontali sabbiose")
- Elu pinpalai natu ("Sette terre anteriori sabbiose")
- Elu kunra natu ("Sette colline sabbiose")
- Elu kunakarai natu ("Sette terre costiere")
- Elu kurumpanai natu ("Sette terre delle palme nane")

Altri autori medievali come Ilampuranar e Perasiriyar, hanno parlato di questo mitico territorio antediluviano nei loro commentari all'antico testo *Tolkappiyam*, collocandolo a sud dell'attuale zona di Kanyakumari. Nel *Purananuru* (databile tra il I secolo a.C. e il V d.C.)[265] e nel *Kaliththokai* (VI-VII secolo d.C.)[266] sono riportate leggende di come la dinastia Pandia avesse perso vaste zone di territorio che erano state sommerse dal mare. Sempre secondo queste tradizioni i Pandia avevano compensato la perdita di questi territori sommersi invadendo altrettanta parte di terre emerse nei limitrofi regni di Chera e Chola. Come si può evincere da queste antiche fonti storico-letterarie, sono davvero

---

[264] *Ramaswamy, Sumathi, The Lost Land of Lemuria: Fabulous Geographies, Catastrophic Histories*, University of California Press, (2004), isbn 978-0-520-24032-2, pp. 143–145.

[265] *Purananuru* 6:1–2, 17:1, 67:6.

[266] *Kalittokai* 104:1–4.

numerosi i riferimenti a un "mitico" continente sprofondato sotto i flutti del mare in epoche estremamente antiche.

Non solo nella letteratura si possono ritrovare resoconti di terre sommerse e che non appartenevano alla dinastia Pandia. Molti santuari Tamil si sarebbero salvati dall'enorme inondazione descritta nella mitologia induista. Questi includono templi di un certo rilievo come quelli di Kanyakumari, Kanchipuram, Kumbakonam, Madurai, Sirkazhi e Tiruvottiyur[267]. Tra questi troviamo anche la leggenda delle Sette Pagode di Mahabalipuram precedentemente citata. Curiosamente i *Purana* collocano l'inizio del Pralaya, e quindi della leggenda di Manu, proprio nell'India del Sud. Nel *Bhagavata Purana* (databile intorno al VI sec. a.C. nelle sue prime forme scritte) troviamo proprio Manu (denominato anche Satyavrata) come Signore dei Dravida, ovvero dell'India del Sud.

Nel *Matsya Purana* (databile tra il 250 e il 500 d.C.) viene descritto Manu mentre praticava il *tapas* sul Monte Malaya nel sud dell'India[220].

Il testo *Manimeghalai* (databile attorno al VI secolo d.C.) riporta invece che l'antico porto Chola della città di Kaveripoompattinam (l'attuale Puhar/Poompuhar) fosse stato distrutto da un'inondazione. Nel testo si dice che questo maremoto fosse stato voluto dal dio Indra perché il re aveva dimenticato di celebrare la festa a lui dedicata[268]. È interessante, a tale riguardo, anche lo studio condotto da R. Mathivanan, editore Capo del *Tamil Etymological Dictionary Project* per il

---

[267] D. D. Shulman, *Tamil Temple Myths: Sacrifice and Divine Marriage in the South Indian Saiva Tradition.* Princeton University Press, (1980), isbn 978-1-4008-5692-3, pp. 57-69. [220] *Ibidem*, p. 57.
[268] *Ibidem*, p. 62.

Governo del Tamilnadu che, nel 1991 e a seguito di uno studio sugli antichi testi indiani e le tradizioni di queste terre, fornì una cronologia approssimativa del suo popolo:

- ca. 200,000 to 50,000 a.C.: prime tracce di vita umana intelligente nel Tamil Nadu;

- ca. 200,000 to 100,000 a.C.: inizio del linguaggio Tamil;

- 50,000 a.C.: civiltà di Kumari Kandam;

- 20,000 a.C.: un possibile contatto con la cultura dell'Isola di Pasqua tra le ultime sopravvissute di una civiltà avanzata;

- 16,000 a.C.: sprofondamento di un continente denominato Lemuria;

- 6087 a.C.: seconda Sangam creata dalla dinastia Pandya;

- 3031 a.C.: secondo le leggende Tamil un principe della dinastia Chera durante alcune esplorazioni marittime approda nelle Isole Salomone (oceano Pacifico) dove trova la canna da zucchero selvatica e ne avvierà la coltivazione nel Tamilnadu;

- 1780 a.C.: epoca della Terza Sangam stabilita dalla dinastia Pandya;

- VII secolo a.C.: *Tolkappiyam*, la prima grammatica Tamil nota.

Si tratta di datazioni che, per l'archeologia ufficiale, risultano inverosimili e assolutamente frutto della creazione fantastica di questi popoli ma, per quanto alcune date siano estremamente remote nel tempo, la tradizione Tamil recuperata da Mathivanan sembra fornire interessanti elementi di indagine e riscontro con le più recenti scoperte dell'archeologia subacquea.

Osservando gli studi moderni compiuti sulla possibile realtà storica del continente di Kumari Kandam (che alcuni traducono come "la terra della vergine" o "il continente vergine")[269] eminenti storici indiani come Ramachandra Dikshitar avanzano l'ipotesi che

«[…] Benché l'origine della Sangam come istituzione sia avvolta in un profondo mistero, sta di fatto che esisteva qualcosa di simile a un'accademia organizzata… e che la sua esistenza si protrasse per alcuni secoli»[270].

Se gli studiosi sono generalmente concordi nell'accettare la Terza Sangam e la sua fine avvenuta tra il 350 e il 550 d.C., questo dato ci permette di fare alcune considerazioni "affondando" la nostra indagine alle due accademie precedenti considerate solo un mito. Se sottraiamo alla data del 350 d.C. i 1850 che corrispondono alla sua durata temporale ci ritroviamo nel 1500 a.C., ovvero pochi secoli dopo la fine della civiltà della Valle dell'Indo.

Se a questo valore sottraiamo ulteriormente i 3700 anni indicati come la durata della Seconda Sangam, ci troviamo nel 5.200 a.C. Se a quest'ultima sottraiamo i 4.440 anni della prima Sangam, la data che otteniamo è il 9.600 a.C., guarda caso proprio la stessa in cui Platone ci dice che l'isola di Atlantide fu sommersa da un maremoto ovvero lo stesso periodo in cui la paleoclimatologia ci dice che in tutto il pianeta si verificarono enormi catastrofi naturali e spaventose inondazioni dovute allo scioglimento delle coltri di ghiaccio presenti sulla terraferma.

---

[269] Comunicazione personale del dottor t. n. p. Haran a Graham Hancock.

[270] C. Ramachandra Dikshitar, *Studies in Tamil literature and History*, The South India Sauiva Siddhanta Works Publishing Society, Madras 1983.

La domanda che nasce naturale dai calcoli sopra indicati è come sia possibile che, parallelamente, Platone ci dica che 11.600 anni fa Atlantide sprofondò sotto i flutti del mare e contemporaneamente Nakikar asserisce che fu fondata la prima Sangam della tradizione Tamil? Un semplice caso?

Le tradizioni minori che parlano di questo continente esteso oltre l'India del Sud possono essere anche trovate in una costellazione di opere minori ma non per questo di minor valore storico. Secondo lo storico dell'India meridionale V. Kanakasbhai, le popolazioni tamil del primo millennio della nostra era continuavano a tramandare una tradizione in particolare, già molto antica ai loro tempi, secondo cui

«[…] Ai tempi antichi la terra si estendeva molto più a sud e a sud di capo Kumari esistevano un monte chiamato Kumarikoddu e un vasto tratto di campagna irrigato dal fiume Prahuli. Durante una violenta irruzione del mare, il monte Kumarikoddu e l'intera regione attraverso cui scorreva il Prahuli furono inghiottiti dalle acque»[271].

Kumari Kandam può essere stato uno degli ultimi lembi di terra sopravvissuti al continente di Mauritia?

Non esistono al momento prove inconfutabili ma certamente gli elementi fino a oggi recuperati sembrano propendere per una stringente correlazione tra le evidenze geologiche, recentemente riemerse, e le più antiche tradizioni dei popoli Tamil.

Tra le fonti a cui ha attinto Kanakasbhai troviamo due testi molto antichi, il *Kalittogai* (stanza 104: 1-4) e il *Silapathikaram*

---

[271] V. Kanakasbhai, *The Tamils Eighteen Hundred Years Ago*, Saiva Siddantha, 1996 Madras, p. 21.

(XX: 1720) in cui si afferma che «Il fiume Prahuli e il monte Kumari, circondato da molte colline, furono sommersi dal mare infuriato»[272]. Un importante riferimento è stato identificato anche dallo storico P. Ramanathan in numerose poesie tamil in cui si allude e parla di inondazioni consecutive che si verificarono nell'estremità meridionale dell'india, con una conseguente riduzione delle terre emerse[273].

Sempre Ramanathan ricorda come secondo la tradizione Tamil, i Pandya fossero

> «[...] La più antica delle tre antiche dinastie tamil, e forse la dinastia regnante più antica al mondo [...] Alcuni resoconti [...] affermano che Cheras e Cholas erano semplici rami collaterali della dinastia Pandya che si separarono molto tempo fa»[274].

Nel suo studio, lo storico, ripercorre quanto già citato nel testo Kalittogai riportando una leggenda secondo cui

> «Si dice che uno dei primi re della dinastia Pandya, Nediyon (l'alto, ndr), avesse istituito il culto del mare. Alcune porzioni del suo territorio, a sud di Capo Comorin [Kaniya Kumari], erano state sommerse dal mare e, per ovviare a questa perdita, egli aveva conquistato enormi territori a nord del regno dei Pandya»[275].

---

[272] *Ibidem* p. 21, nota 3.

[273] P. Ramanathan, *A New Account of the History and Culture of the Tamils*, Chennai, Saiva Siddhanta Works Publishing Society, 1998, 8-10; T.R. Sesga Iyeangar, *Dravidian India*, New Delhi, Asian Educational Service, 1995, p. 154.

[274] P. Ramanathan, *op. cit.*, p. 32.

[275] P. Ramanathan, *op. cit.*, p. 32-33.

Parallelamente anche lo storico T. R. Sesha Iyengar riporta tradizioni tamil in cui si afferma che, sebbene Kumari Kandam comprendesse nei suoi territori anche delle isole (e potremmo supporre fossero principalmente le Maldive) il suo territorio si estendeva in gran parte sulla terraferma

> «[...] a contatto con il territorio dell'India meridionale [...] che fu sopraffatta e sommersa da un immane diluvio. Nelle tradizioni tamil esistono prove inequivocabili del fatto che la regione interessata dal Diluvio confinava con il Tamilakam e naturalmente, dopo il moto di subsidenza, i tamil si trasferirono nelle provincie settentrionali»[276].

Non ultimo in un articolo dal titolo *The Cultural Heritage of the Ancient Tamils* (Il retaggio culturale degli antichi Tamil) scritto dal Dr. M. Sundaram, già decano e direttore del dipartimento di Studi Tamil del Presidency College di Madras si affermava che

> «[...] la tradizione che allude alla perdita di un enorme continente in seguito a un'inondazione marina è troppo solida negli antichi classici tamil perché un'indagine seria possa ignorarla. In effetti si dice che la prima Sangam dei tamil avesse sede a "Madurai del sud', nel continente perduto. Gli antichi testi grammaticali tamil e i commentatori successivi attestano che il fiume Prahuli e il monte Kumari furono sommersi da un diluvio, un verso del Purunaruli fa riferimento al fiume Prahuli e il Silipathikaram accenna al Diluvio nel quale andò perduto il continente di Kumari [...] tra il fiume Prahuli e il monte Kumari esistevano quarantanove distretti. Il commentatore erudito del Tolkappiyam, PerAsiriyar, ha affermato che, dopo un

---

[276] T. R. Sesha Iyengar, *Dravidian India*, New Delhi, Asian Educational Service, 1995, p. 24-25.

diluvio, della regione del fiume Kumari restò soltanto il promontorio omonimo»[277].

Si potrà addurre la tesi che l'autoreferenzialità di questi popoli, unita a una inflessione nazionalista, possa aver portato a ciò che in psicologia viene definita *Apofenia*, ovvero il riconoscimento di schemi o connessioni in dati casuali e disgiunti tra loro, ovvero a "una immotivata visione di connessioni" come la definì Klaus Conrad colui che coniò il termine. In realtà, come abbiamo visto fino a ora, di casuale non c'è niente e tutti gli indizi, anche i più lontani tra loro, conducono a una medesima e sola soluzione. Il solo ritrovamento di vestigia sottomarine, antiche migliaia di anni, unita alle innumerevoli tradizioni presenti in tutto il territorio indiano.

Le Maldive

Un paradiso terrestre, questa è l'immagine che abbiamo sempre avuto di questa distesa di isole dell'oceano Indiano. Sono circa 1200 e si estendono per otto gradi di latitudine sparse in 90.000 km^2 di oceano.

Oggi il fondo delle lagune è sommerso ma, al tempo dell'ultima glaciazione circa 12.000 anni fa quando il livello del mare era più basso di circa 120 metri, gli enormi bacini all'interno degli atolli maldiviani erano "terra emersa".

---

[277] M. Sundaram, relazione disponibile anche online.

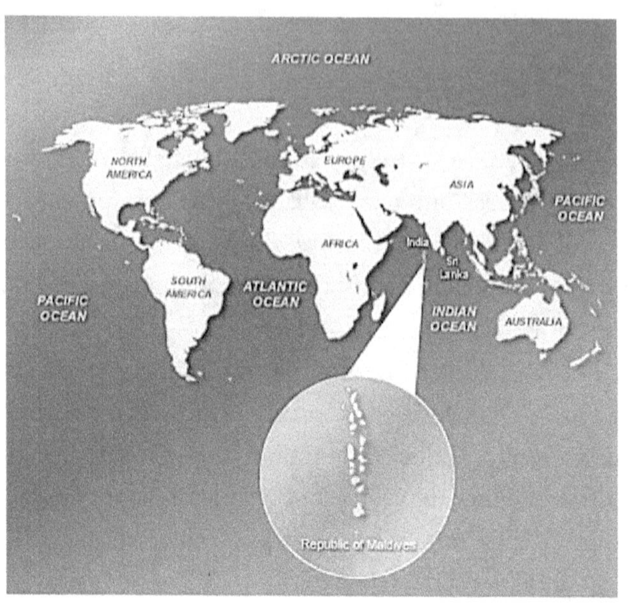

Localizzazione delle Maldive.

Dagli studi paleoclimatologici sappiamo che durante l'ultima glaciazione questa collana di atolli corallini era una distesa quasi ininterrotta di terre emerse, con piccole baie, insenature, canali che interrompevano qua e la questa distesa di terre.

Dei 90.000 km^2, fra i 21.000 e i 16.000 anni fa circa 50.000 km^2 si trovavano alla luce del Sole. Oggigiorno circa 40.700 km^2 sono invece sommersi. Il paesaggio che ci si sarebbe trovati davanti sarebbe stato quindi ben diverso dal "paradiso terrestre" che possiamo vedere oggi. Ipotetici navigatori di un'epoca così remota, in rotta verso il sud dell'India, si sarebbero trovati davanti a qualcosa come 800 km di pareti rocciose, una barriera naturale in pieno mare che avrebbe costituito una tappa obbligata per chiunque avesse voluto dirigersi verso il sud dell'India.

Non conosciamo quasi nulla della storia antica delle Maldive e, l'innalzamento del livello dei mari di cui parlavamo prima, ha indubbiamente, laddove fosse esistita, cancellato buona parte delle tracce di un'antica civiltà che vi avrebbe potuto vivervi. Nonostante in queste isole siano stati condotti ben pochi studi archeologici, secondo l'opinione ortodossa degli archeologi *"i primi abitanti giunsero probabilmente da Ceylon non oltre l'anno 500 della nostra era, ed erano buddisti"*[278] ma non mancano altri studi (e studiosi) che ipotizzano con cognizione di causa una presenza umana ben prima della data sopra esposta rilevando influssi religiosi che possono verosimilmente essere ricondotti all'area Tamil, nell'India meridionale[279].

Thor Heyerdahl

Tra i pochi studiosi ad aver condotto studi approfonditi su queste splendide isole, non può non essere citato l'esploratore e antropologo Thor Heyerdahl[280] che è stato tra i pochi ad aver effettuato studi sistematici sulla storia di questi atolli ovvero a convincersi che sulle loro strisce di terra potessero ancora essere riscontrabili insediamenti umani databili a un

[278] Enciclopaedia Britannica, Macropaedia, 174.

[279] Lyon, *op. cit.*, p. 11.

[280] T. Heyerdahl, *The Maldives Mystery*, Unwin Paperbacks, 1988 Londra, p. 197 (traduzione italiana *Il Mistero delle Maldive*, cde, 1989 Milano).

periodo tra il 2000 e il 3000 a.C. e che questi luoghi avessero giocato un ruolo non di poco conto all'interno della antiche rotte commerciali che si aprivano lungo l'oceano Indiano e che vedeva coinvolte l'antica civiltà egiziana, mesopotamica ma ancor più profondamente la civiltà della Valle dell'Indo.

Per dovere e onestà dobbiamo precisare che a oggi la tesi di Heyerdahl non ha trovato le conferme dell'archeologia ufficiale ma, parimenti, nessun indizio ha portato a confutare questa stessa tesi anzi, la scoperta di manufatti appartenuti alla civiltà Harappa sia in Egitto che in Mesopotamia (così come sugli atolli maldiviani) tendono ad avvalorare ancor di più questo costrutto teorico. Torniamo a Thor Heyerdahl. Tutto iniziò nell'autunno del 1982 quando, lo studioso, ricevette una lettera contenente la foto di una statua in pietra rinvenuta in una delle isole del vasto arcipelago.

L'emozione e il richiamo furono così profondi che Heyerdahl iniziò a programmare una spedizione archeologica per scoprire gli artifici di quella pregevole scultura ma ancor più perché mai nessuno prima di lui, tantomeno il governo maldiviano, aveva mai avviato alcuna campagna di scavi per riscoprire le origini e la storia di quei luoghi.

Nel passato delle isole solo alcuni navigatori britannici avevano avuto modo di effettuare qualche sporadico studio in alcuni atolli seguito dal ritrovamento di piccoli oggetti appartenuti a una civiltà sconosciuta pre-islamica che aveva dimorato su alcune isole. Dal 1922 al 1982 tutto però era ricaduto nel più totale oblio. La storia ufficiale delle Maldive inizia soltanto con la conversione di questi atolli e dei suoi abitanti alla fede islamica, nel 1153 d.C. ovvero nel 583 anno dell'Egira.

Tutto ciò che era esistito in precedenza era stato semplicemente dimenticato o distrutto.

Parallelamente la più antica iscrizione rinvenuta[281] fino a oggi alle Maldive, contiene un testo in sanscrito del buddismo Vajrayana, collocabile quindi tra il VI e il III secolo a.C. Parallelamente il *Divehi*, la lingua ufficiale parlata negli atolli, appartiene alla famiglia Indoeuropea ed è legata al sanscrito[282] e quindi anche al cingalese

(la lingua dello Sri Lanka), dimostrando una filiazione stessa del Divehi da una matrice continentale. Secondo studiosi come Clarence Maloney anche nella lingua delle Maldive esiste un substrato Tamil/Dravidico che lascia ritenere come «l'induismo fosse presente nelle Maldive prima del periodo buddista»[283].

Heyerdahl, già noto per le sue spedizioni oceaniche con il Kon-Tiki e il Ra con cui aveva dimostrato la possibilità di viaggi transoceanici sia nell'Atlantico sia nel Pacifico, fu accompagnato nella nuova avventura dal suo vecchio amico e archeologo Arne Skjølsvold, coadiuvato dai due giovani ricercatori Øystein Koch Johansen e Egil Mikkelsen.

Su quasi ogni isola in cui il gruppo sbarcò furono rinvenuti grandi cumuli di pietre a formare delle strutture piramidali che gli isolani chiamavano *Hawitta*.

Dislocate quasi sempre al centro delle isole, queste strutture sembravano comprovare dietro la loro costruzione un progetto intelligente e articolato, una fattura avanzata e non grossolana, ma ancor più sbalorditivo fu constatare come questi cumuli

---

[281] Divehi Writing System, Maldives National Center for Linguistic and Historical Research, 1999, 5.

[282] Encyclopedia Britannica, Micropaedia, 10; 837.

[283] C. Maloney, *People of the Maldive Islands*, Orient Blackswan, Madras 1980.

contenessero dei piccoli templi costruiti con blocchi accuratamente ricavati dalla pietra locale o dal corallo.

Foto di Heyerdahl della Hawitta trovata sull'atollo Gan.

Analisi al radiocarbonio[284] dimostrarono, inoltre, che alcune di queste Hawitta erano state costruite nel 550 d.C. circa, nonostante Heyerdahl ritenesse che la colonizzazione di queste isole fosse avvenuta tra almeno tra il 2.000 e il 3.000 a.C., ma ancor più affascinante fu la scoperta di come, nei dintorni di questi templi, fossero presenti delle vasche in pietra con scale cerimoniali per scendere all'interno di piscine artificiali. Nella campagna di scavi che fu avviata, non senza qualche problema da parte delle stesse autorità maldiviane, Heyerdahl e il suo team trovarono numerose statue in pietra, alcune delle quali raffiguravano il Buddha, così come piccoli *stupa* o decorazioni di

---

[284] Kon Tiki Museum, *Archaelogical Test-Excavations on the Maldives Island*, in Occasional Paper, II, 1991 Oslo, p. 66.

templi e lastre in pietra scampate al tempo con scolpiti simboli e scritte.

Nella storia maldiviana le Hawitta compaiono in modo improvviso e soprattutto già perfettamente formate. Le analisi al radiocarbonio ci dicono che compaiono circa 1500 anni fa e con un aspetto già ben definito, il che presuppone la padronanza delle capacità costruttive necessarie. La domanda a cui ancora oggi non si è riusciti a dare risposta è se fossero l'opera di popoli provenienti dal subcontinente indiano? Importarono negli atolli un canone preesistente? In India e Sri Lanka non si è trovata traccia dello stile tipico delle Maldive. Quindi da dove provenivano?

Una risposta potrebbe venire da ricerche che furono condotte tra la popolazione locale e che portarono alla scoperta di antiche leggende in cui si narrava l'approdo sugli atolli maldiviani di un misterioso popolo denominato *Redin*. Anche il *Fua Mulaku Rashoveshi*, un antico poema maldiviano, riporta la storia di questa popolazione dedita a un culto solare e costruttrice delle Hawitta.

Un verso in particolare recita «Hawitta uhe haudahau, Redin taneke hedi ihau» attribuendo la costruzione di queste strutture proprio a questa misteriosa civiltà.

Lo studio delle Hawitta dimostrò come il basamento su cui erano state generalmente costruite fosse molto antico e, solo successivamente, fosse stato riutilizzato per costruirci degli *stupa* buddisti. Parimenti a seguito della dominazione islamica si riutilizzarono alcune di queste strutture (o di alcune loro parti) per costruire delle moschee. Nella Hawitta dell'atollo di Gan, Heyerdahl scoprì inoltre che la struttura era allineata astronomicamente con il Sole confermando le antiche leggende che volevano i Redin dediti, appunto, a un culto solare. Dalle informazioni che Heyerdahl ottenne nel corso delle sue indagini, tutte le tradizioni degli atolli maldiviani erano concordi nel ritenere che il popolo dei Redin avesse la pelle bianca (o quantomeno molto più chiara rispetto al fenotipo autoctono di queste isole), e che il colore dei loro capelli fosse castano, possedevano nasi adunchi e occhi azzurri[285] mentre gli abitanti dell'atollo di Nilandu riportavano nelle loro tradizioni che i Redin avessero i capelli rossi[286]. Secondo quanto fu possibile scoprire i Redin abbandonarono queste isole verso il 500 a.C. lasciando successivamente spazio a quella che sarebbe divenuta la "colonizzazione" buddista, verosimilmente proveniente dallo Sri Lanka.

Heyerdahl si convinse che le Maldive fossero state un'importante stazione commerciale, un avamposto e un crocevia già dal 2000 a.C. In quell'epoca ci troviamo in piena civiltà della Valle dell'Indo, detta anche Harappa, e come vedremo a breve questo stesso popolo intrattenne importanti scambi commerciali con varie realtà, tra cui la stessa civiltà sumera.

---

[285] T. Heyerdahl, *op.cit.*, p. 56-57.
[286] T. Heyerdahl, *op.cit.*, p. 146.

Heyerdahl ipotizzò[287] che la civiltà della Valle dell'Indo fosse passata dalle Maldive, a seguito di antiche rotte commerciali, tramite l'India e lo Sri Lanka e che potessero essere identificati proprio con il popolo dei Redin.

Questa teoria incontrò non poche resistenze da parte dell'archeologia ufficiale che, parimenti, non riuscì però mai a trovare alcun elemento che potesse invalidare quanto sostenuto dallo stesso Heyerdahl. Come affermava l'astronomo britannico Sir Martin Rees, «l'assenza della prova non è la prova dell'assenza» e in questo caso l'unica civiltà possibile, a livello storico, che poté disporre in quel periodo di una flotta navale e di tecnologie nautiche avanzate in grado di raggiungere le Maldive nel 2000 a.C. era stata solo e unicamente la civiltà dell'Indo.

Nonostante il team di Heyerdahl non avesse rinvenuto prove sufficienti per confermare questa ipotesi, curiosamente però lo stesso gruppo di archeologi rinvenne una moneta romana risalente al 90 a.C. circa[288]. Che vi fosse giunta per rotte commerciali romane, comprovate storicamente, oppure per scambi di altra natura non lo possiamo sapere ma

---

[287] T. Heyerdahl, *Il Mistero delle Maldive*, cde, 1989 Milano.
[288] *Ibidem.*

indubbiamente testimonia l'importanza che rivestì nel passato tutto l'arcipelago maldiviano per le rotte navali da e per l'India.

Le Maldive, a esempio, furono storicamente il principale centro di scambio delle conchiglie *cauri* che, nell'antichità, erano usate come metodo di pagamento. Conchiglie simili si trovano anche nella Norvegia del Nord o in tombe dell'età del ferro.

Le Maldive costituirono nei secoli una tappa importante delle rotte commerciali nautiche che copriva gran parte dell'Asia e con probabili collegamenti anche con l'Europa.

Che fossero intercorsi scambi commerciali tra la civiltà dell'Indo e la Mesopotamia dei Sumeri è la stessa storia a confermarcelo. La civiltà Harappa fu conosciuta anche con il nome di *Meluhha*, termine con cui la civiltà mesopotamica li definì e con cui ebbe fiorenti scambi commerciali[289].

Ne rende testimonianza, a esempio, un'iscrizione su una tavoletta[290] sumera datata al 2400 a.C. in cui si riporta che «nel porto del re Sargon di Akkad attraccarono le navi provenienti da Meluhha, da Makan e da Dilmun cariche di rame del Makan». Attraverso questo sigillo sumero non solo possediamo il primo riferimento conosciuto della civiltà di Makan e di Dilmun, che venne poi ripresa e citata anche nell'epopea di Gilgamesh, ma anche un richiamo chiaro a Meluhha ovvero alla civiltà della Valle dell'Indo.

---

[289] J. Mc Intosh, *The Ancient Indus Valley: New Perspectives*, abc-clio, 2008, p. 46.
[290] D. Potts, *The Road to Meluhha*, in «*Journal of Near Eastern Studies*», 1982, vol. 41, n. 4, pp. 279-288.

Piscina cerimoniale rinvenuta vicino all'Hawitta di Gan.

Statuetta preislamica trovata nell'atollo Huvadhu.

La fine di questa rete commerciale coincise con il crollo della civiltà Harappa, verso il 1800 a.C. Molte città mesopotamiche meridionali subirono la stessa sorte intorno al 1740 a.C.

Nel 1932, C. J. Gadd fu il primo archeologo a rinvenire le prove di questi contatti, scoprendo e pubblicando[291] alcuni volumi in cui si mostravano sigilli mesopotamici in chiaro "stile indiano". Una seconda serie di studi sui contatti tra la civiltà dell'Indo e la Mesopotamia possiamo ritrovarla nei testi[292] degli anni '70 di Parpola in cui si dimostra "archeologicamente" come i maggiori flussi commerciali in Mesopotamia possono essere fatti risalire al III millennio a.C. e si protrassero fino al primo periodo accadico dove lo stesso Sargon decantava come le navi provenienti da Meluhha attraccassero nei suoi porti.

Le Maldive si collocano proprio lungo queste rotte e risulta quindi del tutto logico, oltre che naturale, ritenere che fossero state create delle vere e proprie stazioni di sosta intermedie per rendere questi viaggi meno pesanti.

Le rocce e i basamenti delle Hawitta non possono essere datate[293] perché non sono di natura organica, ma il deterioramento e l'erosione che dimostrano sono compatibili con un periodo risalente al 2000 a.C., così come le stesse

---

[291] C. J. Gadd, *Seals of Ancient Indian styles found at Ur*, Proceedings of the British Academy, 1932, XVIII, pp. 191-210.

[292] S. Parpola et altri, *The Meluhha Village. Evidence of acculturation of Harappan traders in the late Third Millennium Mesopotamia*, 1977, in «*Journal of Economic and Social History of the Orient*», 20 et altri, 1977, pp. 129-165; cfr. parpola 1994, pp. 304-492.

[293] Kon-Tiki Museum, *Archaeological Test-Excavations on the Maldive Islands*, su *Occasional Papers II*, 1991 Oslo, p. 66.

tradizioni dei maldiviani hanno tramandato nel tempo la presenza del misterioso popolo dei Redin.

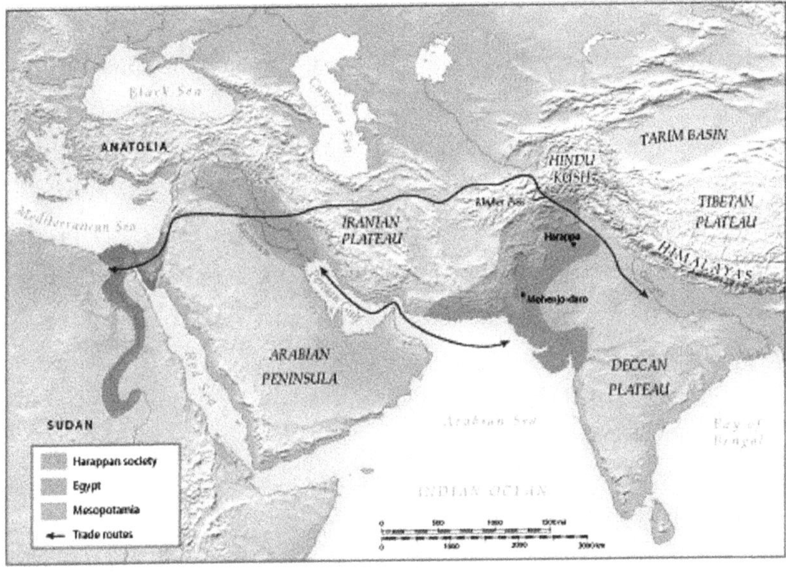

Mappa che mostra l'estensione della civiltà Harappa in rapporto a quella sumerica ed egiziana con relative rotte commerciali.

A tutto quanto fino a ora detto si deve aggiungere anche che, malgrado esista una scrittura locale risalente al XVII secolo, quasi tutti i miti maldiviani fanno parte di una tradizione orale raccolta per iscritto solo in tempi estremamente recenti.

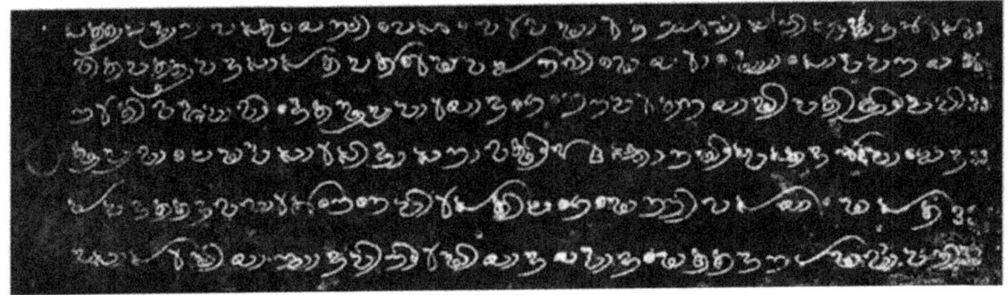

Un'ulteriore leggenda maldiviana legata ai Redin ci riporta alla mente altre tradizioni di origine indiana. Ne rende testimonianza lo studioso Peter Marshall[294] riguardo alle incredibili abilità di navigazione dei Redin. Antiche tradizioni affermano che dopo aver cucinato del cibo nella parte nord dell'arcipelago, i Redin fossero in grado di raggiungere l'estremità meridionale così in fretta da poter consumare al loro arrivo il pasto mentre era ancora caldo. L'idea di esseri umani dotati di poteri sovraumani o divini, che potevano volare sulle onde del mare a velocità incredibili e a bordo di imbarcazioni con vele e remi, ricordano stranamente le immagini evocate da un passo del *Rigveda*, al Capitolo 7, dove si parla degli Asvin lodati innumerevoli volte per aver compiuto un salvataggio incredibile nell'oceano Indiano.

«Voi Asvin [...] con la stessa repentinità di un morto che lascia i suoi beni terreni, Tugra lasciò Bhujyu nella nube delle acque [...] Lo riportaste indietro a bordo di vascelli animati [...] Bhujyu avete riportato [...] sulla sponda estrema del mare, in riva all'oceano [...] Avete compiuto quell'impresa eroica nell'oceano che non offre sostegno, né appiglio, né punto fermo, in un batter d'occhio avete riportato Bhujyu alla sua dimora su una nave con cento remi, o Asvin[295].

O Asvin [...] voi avete raggiunto il figlio di Tugra (Bhujyu), in mezzo ai flutti volando con quella nave animata con le ali, sulla quale [...] lo avete riportato indietro. E sfuggi facilmente, volando, al possente

---

[294] M. Amin, D. Willetts, P. Marshall, *Journey Through the Maldives*, Camerapix Publishers International, 1991 Nairobi, p. 16. Traduzione italiana dal titolo *Attraverso le Maldive*, Rizzoli, 1992 Milano.

[295] R. T. Griffith (a cura di), *Hymns of the Rigveda*, I, Munisharam Manoharlal Publishers, 1987 Delhi. Ristampa dell'edizione del 1889, 1.116.3-5.

moto del mare. Quattro navi, bene accette nel cuore dell'oceano, sospinte dagli Asvin, trassero in salvo il figlio di Tugra, che era precipitato a capofitto nei flutti[296][…]»

La tradizione induista riporta in molti suoi testi sacri che un tipo particolare di Vimana, i mezzi attraverso cui i Deva, gli dei indiani, si spostavano in cielo, in terra e nello spazio, fossero stati progettati per "volare" sull'acqua a velocità incredibili. I Redin e gli Asvin, erano la medesima realtà? Sarà difficile scoprirlo ma certamente ci piace pensarlo!
Senza ombra di dubbio, nonostante la loro ampia notorietà turistica, ciò che ignoriamo delle Maldive è ben maggiore di ciò che conosciamo.

---

[296] *Ibidem* 1.182.5-6

L'Autore

Enrico Baccarini di Agello è un antropologo culturale e scrittore. Ha una laurea in Psicologia e ha conseguito successivamente un Bachelor in Antropologia e un Bachelor in Studi Asiatici.

È docente di Orientalistica presso l'Università Popolare di Torino. Ha partecipato come ospite a trasmissioni per i principali canali radiotelevisivi italiani, come Mediaset e RAI, e internazionali come History Channel e l'NHK giapponese svolgendo anche consulenze come autore per alcuni programmi e diversi documentari. Ha diretto e curato per 7 anni il mensile di divulgazione storica HERA Magazine.

Ha presenziato come relatore a conferenze in Italia e all'estero, ha presentato relazioni sulle fenomenologie dell'insolito in numerosi congressi scientifici nazionali e internazionali.

È autore di oltre 20 libri pubblicati in Italia e all'estero.

Sommario